MICHEL LÉVY FRÈRES, ÉDITEURS
2 BIS, RUE VIVIENNE

NOUVELLE ÉDITION

LIBRAIRIE NOUVELLE
15, BOULEVARD DES ITALIENS

# VALENTINE

## NOTICE

*Valentine* est le second roman que j'aie publié, après *Indiana*, qui eut un succès littéraire auquel j'étais loin de m'attendre; je retournais dans le Berri en 1832, et je me plus à peindre la nature que j'avais sous les yeux depuis mon enfance. Dès ces jours-là, j'avais éprouvé le besoin de la décrire; mais, par un phénomène qui accompagne toutes les émotions profondes, dans l'ordre moral comme dans l'ordre intellectuel, c'est ce qu'on désire le plus manifester, qu'on ose le moins aborder en public. Ce pauvre coin du Berri, cette Vallée-Noire si inconnue, ce paysage sans grandeur, sans éclat, qu'il faut chercher pour le trouver, et chérir pour l'admirer, c'était le sanctuaire de mes premières, de mes longues, de mes continuelles rêveries. Il y avait vingt-deux ans que je vivais dans ces arbres mutilés, dans ces chemins raboteux, le long de ces buissons incultes, au bord de ces ruisseaux dont les rives ne sont praticables qu'aux enfants et aux troupeaux. Tout cela n'avait de charmes que pour moi, et ne méritait pas d'être révélé aux indifférents. Pourquoi trahir l'*incognito* de cette contrée modeste qu'aucun grand souvenir historique, qu'aucun grand site pittoresque, ne signalent à l'intérêt ou à la cu-

riosité? Il me semblait que la Vallée-Noire c'était moi-même, c'était le cadre, le vêtement de ma propre existence, et il y avait si loin de là à une toilette brillante et faite pour attirer les regards! Si j'avais compté sur le retentissement de mes œuvres, je crois que j'eusse voilé avec jalousie ce paysage comme un sanctuaire, où, seul jusque-là, peut-être, j'avais promené une pensée d'artiste, une rêverie de poëte; mais je n'y comptais pas, je n'y pensais même pas du tout. J'étais obligé d'écrire et j'écrivais. Je me laissais entraîner au charme secret répandu dans l'air presque natal dont j'étais enveloppé. La partie descriptive de mon roman fut goûtée. La fable souleva des critiques assez vives sur la prétendue doctrine anti-matrimoniale que j'avais déjà proclamée, disait-on, dans *Indiana*. Dans l'un et l'autre roman j'avais montré les dangers et les douleurs des unions mal assorties. Il paraît que, croyant faire de la prose, j'avais fait du saint-simonisme sans le savoir. Je n'en étais pas alors à réfléchir sur les misères sociales. J'étais encore trop jeune pour voir et constater autre chose que des faits. J'en serais peut-être toujours resté là, grâce à mon indolence naturelle et à cet amour des choses extérieures qui

PARIS. IMPRESSIONS ALBERT BORNET ET MONTIGNY AÎNÉ, 10, RUE JACQUES DE BROSSE.

est le bonheur et l'infirmité des artistes, si l'on ne m'eût poussé, par des critiques un peu pédantesques, à réfléchir davantage et à m'inquiéter des causes premières, dont je n'avais jusque-là saisi que les effets. Mais on m'accusa si aigrement de vouloir faire l'esprit fort et le philosophe, que je me posai un jour cette question : « Voyons donc ce que c'est que la philosophie ! »

GEORGE SAND.

Paris, 27 mars 1852.

## PREMIÈRE PARTIE.

### I.

La partie sud-est du Berry renferme quelques lieues d'un pays singulièrement pittoresque. La grande route qui le traverse dans la direction de Paris à Clermont étant bordée des terres les plus habitées, il est difficile au voyageur de soupçonner la beauté des sites qui l'avoisinent. Mais à celui qui, cherchant l'ombre et le silence, s'enfoncerait dans un de ces chemins tortueux et encaissés qui débouchent sur la route à chaque instant, bientôt se révéleraient de frais et calmes paysages, des prairies d'un vert tendre, des ruisseaux mélancoliques, des massifs d'aunes et de frênes, toute une nature suave et pastorale. En vain chercherait-il dans un rayon de plusieurs lieues une maison d'ardoise et de moellons. A peine une mince fumée bleue, venant à trembloter derrière le feuillage, lui annoncerait le voisinage d'un toit de chaume ; et s'il apercevait derrière les noyers de la colline la flèche d'une petite église, au bout de quelques pas il découvrirait un campanile de tuiles rongées par la mousse, douze maisonnettes éparses, entourées de leurs vergers et de leurs chenevières, un ruisseau avec son pont formé de trois soliveaux, un cimetière d'un arpent carré fermé par une haie vive, quatre ormeaux en quinconce et une tour ruinée. C'est ce qu'on appelle un bourg dans ce pays.

Rien n'égale le repos de ces campagnes ignorées. Là n'ont pénétré ni le luxe, ni les arts, ni la manie savante des recherches, ni le monstre à cent bras qu'on appelle industrie. Les révolutions s'y sont à peine fait sentir, et la dernière guerre dont le sol garde une imperceptible trace est celle des huguenots contre les catholiques ; encore la tradition en est restée si incertaine et si pâle que, si vous interrogiez les habitants, ils vous répondraient que ces choses se sont passées il y a au moins deux mille ans ; car la principale vertu de cette race de cultivateurs, c'est l'insouciance en matière d'antiquités. Vous pouvez parcourir ses domaines, prier devant ses saints, boire à ses puits, sans jamais courir le risque d'entendre la chronique féodale obligée, ou la légende miraculeuse de rigueur. Le caractère grave et silencieux du paysan n'est pas un des moindres charmes de cette contrée. Rien ne l'étonne, rien ne l'attire. Votre présence fortuite dans un sentier ne lui fera pas même détourner la tête, et si vous lui demandez le chemin d'une ville ou d'une ferme, toute sa réponse consistera dans un sourire de complaisance, comme pour vous prouver qu'il n'est pas dupe de votre facétie. Le paysan du Berri ne conçoit pas qu'on marche sans bien savoir où l'on va. A peine son chien daignera-t-il aboyer après vous ; ses enfants se cacheront derrière la haie pour échapper à vos regards ou à vos questions, et le plus petit d'entre eux, s'il n'a pu suivre ses frères en déroute, se laissera tomber de peur dans le fossé en criant de toutes ses forces. Mais la figure la plus impassible sera celle d'un grand bœuf blanc, doyen inévitable de tous les pâturages, qui, vous regardant fixement du milieu du buisson, semblera tenir en respect toute la famille moins grave et moins bienveillante des taureaux effarouchés.

A part cette première froideur à l'abord de l'étranger, le laboureur de ce pays est bon et hospitalier, comme ses ombrages paisibles, comme ses prés aromatiques.

Une partie de terrain comprise entre deux petites rivières est particulièrement remarquable par les teintes vigoureuses et sombres de sa végétation, qui lui ont fait donner le nom de *Vallée-Noire*. Elle n'est peuplée que de chaumières éparses et de quelques fermes d'un bon revenu. Celle qu'on appelle *Grangeneuve* est fort considérable ; mais la simplicité de son aspect n'offre rien qui altère celle du paysage. Une avenue d'érables y conduit, et, tout au pied des bâtiments rustiques, l'Indre, qui n'est dans cet endroit qu'un joli ruisseau, se promène doucement au milieu des joncs et des iris jaunes de la prairie.

Le 1er mai est pour les habitants de la Vallée-Noire un jour de déplacement et de fête. A l'extrémité du vallon, c'est-à-dire à deux lieues environ de la partie centrale où est situé Grangeneuve, se tient une de ces fêtes champêtres qui, en tous pays, attirent et réunissent tous les habitants des environs, depuis le sous-préfet du département jusqu'à la jolie grisette qui a plissé, la veille, le jabot administratif ; depuis la noble châtelaine jusqu'au petit *pâtour* (c'est le mot du pays) qui nourrit sa chèvre et son mouton aux dépens des haies seigneuriales. Tout cela mange sur l'herbe, danse sur l'herbe, avec plus ou moins d'appétit, plus ou moins de plaisir ; tout cela vient pour se montrer en calèche ou sur un âne, en cornette ou en chapeau de paille d'Italie, en sabots de bois de peuplier ou en souliers de satin turc, en robe de soie ou en jupe de droguet. C'est un beau jour pour les jolies filles, un jour de haute et basse justice pour la beauté, quand, à la lumière inévitable du plein soleil, les grâces un peu problématiques des salons sont appelées au concours vis-à-vis des fraîches santés, des éclatantes jeunesses du village ; alors que l'aréopage masculin est composé de juges de tout rang, et que les parties sont en présence au son du violon, à travers la poussière, sous le feu des regards. Bien des triomphes équitables, bien des beautés méritées, bien des jugements longtemps en litige, signalent dans les annales de la coquetterie le jour de la fête champêtre, et le 1er mai était là, comme partout, un grand sujet de rivalité secrète entre les dames de la ville voisine et les paysannes endimanchées de la Vallée-Noire.

Mais ce fut à Grangeneuve que s'organisa dès le matin le plus redoutable arsenal de cette séduction naïve. C'était dans une grande chambre basse, éclairée par deux croisées à petit vitrage ; les murs étaient revêtus d'un papier assez éclatant de couleur, qui jurait avec les solives noircies du plafond, les portes en plein chêne et le bahut grossier. Dans ce local imparfaitement décoré, où d'assez beaux meubles modernes faisaient ressortir la rusticité classique de sa première condition, une belle fille de seize ans, debout devant le cadre doré et découpé d'une vieille glace qui semblait se pencher vers elle pour l'admirer, mettait la dernière main à une toilette plus riche qu'élégante. Mais Athénaïs, l'héritière unique du père Lhéry, était si jeune, si rose, si réjouissante à voir, qu'elle semblait encore gracieuse et naturelle dans ses atours d'emprunt. Tandis qu'elle arrangeait les plis de sa robe de tulle, madame sa mère, accroupie devant la porte, et les manches retroussées jusqu'au coude, préparait, dans un grand chaudron, je ne sais quelle mixture d'eau et de son, autour de laquelle une demi-brigade de canards se tenait en bon ordre dans une attentive extase. Un rayon de soleil vif et joyeux entrait par cette porte ouverte, et venait tomber sur la jeune fille parée, vermeille et mignonne, si différente de sa mère, replète, hâlée, vêtue de bure.

A l'autre bout de la chambre, un jeune homme habillé de noir, assis négligemment sur un canapé, contemplait Athénaïs en silence. Mais son visage n'exprimait pas cette joie expansive, enfantine, que trahissaient tous les mouvements de la jeune fille. Parfois même une légère expression d'ironie et de pitié semblait animer sa bouche grande, mince et mobile.

M. Lhéry, ou plutôt le père Lhéry, comme l'appelaient encore par habitude les paysans dont il avait été longtemps l'égal et le compagnon, chauffait paisiblement ses tibias chaussés de bas blancs, au feu de javelles qui brûlait en toutes saisons dans la cheminée, selon l'usage des campagnes. C'était un brave homme encore vert, qui portait des culottes rayées, un grand gilet à fleurs, une veste longue et une queue. La queue est un vestige précieux des temps passés, qui s'efface chaque jour de plus en plus du sol de la France. Le Berri ayant moins souffert que toute autre province des envahissements de la civilisation, cette coiffure y règne encore sur quelques habitués fidèles, dans la classe des cultivateurs demi-bourgeois, demi-rustres. C'était, dans leur jeunesse, le premier pas vers les habitudes aristocratiques, et ils croiraient déroger aujourd'hui s'ils privaient leur chef de cette distinction sociale. M. Lhéry avait défendu la sienne contre les attaques ironiques de sa fille, et c'était peut-être, dans toute la vie d'Athénaïs, la seule de ses volontés à laquelle ce père tendre n'eût pas acquiescé.

— Allons donc, maman ! dit Athénaïs en arrangeant la boucle d'or de sa ceinture de moire, as-tu fini de donner à manger à tes canards? Tu n'es pas encore habillée? Nous ne partirons jamais !

— Patience, patience, petite ! dit la mère Lhéry en distribuant avec une noble impartialité la pâture à ses volatiles ; pendant le temps qu'on mettra *Mignon* à la patache, j'aurai tout celui de m'arranger. Ah ! dame ! il ne m'en faut pas tant qu'à toi, ma fille ! Je ne suis plus jeune ; et, quand je l'étais, je n'avais pas comme toi le loisir et le moyen de me faire belle. Je ne passais pas deux heures à ma toilette, da !

— Est-ce que c'est un reproche que vous me faites? dit Athénaïs d'un air boudeur.

— Non, ma fille, non, répondit la vieille. Amuse-toi, fais-toi *brave*, mon enfant; tu as de la fortune, profite du travail de tes parents. Nous sommes trop vieux à présent pour en jouir, nous autres.... Et puis, quand on a pris l'habitude d'être gueux, on ne s'en défait plus. Moi qui pourrais me faire servir pour mon argent, ça m'est impossible ; c'est plus fort que moi, il faut toujours que tout soit fait par moi-même dans la maison. Mais toi, fais la dame, ma fille ; tu as été élevée pour ça : c'est l'intention de ton père ; tu n'es pas pour le nez d'un valet de charrue, et le mari que tu auras sera bien aise de te trouver la main blanche, hein ?

Madame Lhéry, en achevant d'essuyer son chaudron et de débiter ce discours plus affectueux que sensé, fit une grimace au jeune homme en manière de sourire. Celui-ci affecta de n'y pas faire attention, et le père Lhéry, qui contemplait les boucles de ses souliers dans cet état de béate stupidité si doux au paysan qui se repose, leva ses yeux à demi fermés vers son futur gendre, comme pour jouir de sa satisfaction. Mais le futur gendre, pour échapper à ces prévenances muettes, se leva, changea de place, et dit enfin à madame Lhéry :

« Ma tante, voulez-vous que j'aille préparer la voiture?

— Va, mon enfant, va si tu veux. Je ne te ferai pas attendre, » répondit la bonne femme.

Le neveu allait sortir quand une cinquième personne entra, qui, par son air et son costume, contrastait singulièrement avec les habitants de la ferme.

## II.

C'était une femme petite et mince qui, au premier abord, semblait âgée de vingt-cinq ans ; mais, en la voyant de près, on pouvait lui en accorder trente sans craindre d'être trop libéral envers elle. Sa taille fluette et bien prise avait encore la grâce de la jeunesse ; mais son visage, à la fois noble et joli, portait les traces du chagrin, qui flétrit encore plus que les années. Sa mise négligée, ses cheveux plats, son air calme, témoignaient assez l'intention de ne point aller à la fête. Mais dans la petitesse de sa pantoufle, dans l'arrangement décent et gracieux de sa robe grise, dans la blancheur de son cou, dans sa démarche souple et mesurée, il y avait plus d'aristocratie véritable que dans tous les joyaux d'Athénaïs. Pourtant cette personne si imposante, devant laquelle toutes les autres se levèrent avec respect, ne portait pas

d'autre nom, chez ses hôtes de la ferme, que celui de mademoiselle Louise.

Elle tendit une main affectueuse à madame Lhéry, baisa sa fille au front, et adressa un sourire d'amitié au jeune homme.

— Eh bien ! lui dit le père Lhéry, avez-vous été vous promener bien loin ce matin, ma chère demoiselle?

— En vérité, devinez jusqu'où j'ai osé aller ! répondit mademoiselle Louise en s'asseyant près de lui familièrement.

— Pas jusqu'au château, je pense? dit vivement le neveu.

— Précisément jusqu'au château, Bénédict, répondit-elle.

— Quelle imprudence ! s'écria Athénaïs, qui oublia un instant de crêper les boucles de ses cheveux pour s'approcher avec curiosité.

— Pourquoi? répliqua Louise ; ne m'avez-vous pas dit que tous les domestiques étaient renouvelés sauf la pauvre nourrice? Et bien certainement, si j'eusse rencontré celle-là, elle ne m'eût pas trahie.

— Mais enfin vous pouviez rencontrer madame...

— A six heures du matin? *madame* est dans son lit jusqu'à midi.

— Vous vous êtes donc levée avant le jour? dit Bénédict. Il m'a semblé en effet vous entendre ouvrir la porte du jardin.

— Mais *mademoiselle !* dit madame Lhéry, on la dit fort matinale, fort active. Si vous l'eussiez rencontrée, celle-là?

— Ah ! que je l'aurais voulu ! dit Louise avec chaleur ; je n'aurai pas de repos que je ne l'aie vu ses traits, entendu le son de sa voix... Vous la connaissez, vous, Athénaïs ; dites-moi donc encore qu'elle est jolie, qu'elle est bonne, qu'elle ressemble à son père...

— Il y a quelqu'un ici à qui elle ressemble bien davantage, dit Athénaïs en regardant Louise ; c'est dire qu'elle est bonne et jolie.

La figure de Bénédict s'éclaircit, et ses regards se portèrent avec bienveillance sur sa fiancée.

— Mais écoutez, dit Athénaïs à Louise, si vous voulez tant voir mademoiselle Valentine, il faut venir à la fête avec nous ; vous vous tiendrez cachée dans la maison de notre cousine Simonio, sur la place, et de là vous verrez certainement ces dames ; car mademoiselle Valentine m'a assuré qu'elles y viendraient.

— Ma chère belle, cela est impossible, répondit Louise ; je ne descendrais pas de la carriole sans être reconnue ou devinée. D'ailleurs, il n'y a qu'une personne de cette famille que je désire voir ; la présence des autres gâterait le plaisir que je m'en promets. Mais c'est assez parler de mes projets, parlons des vôtres, Athénaïs. Il me semble que vous voulez écraser tout le pays par un tel luxe de fraîcheur et de beauté !

La jeune fermière rougit de plaisir, et embrassa Louise avec une vivacité qui prouvait assez la satisfaction naïve qu'elle éprouvait d'être admirée.

— Je vais chercher mon chapeau, dit-elle ; vous m'aiderez à le poser, n'est-ce pas?

Et elle monta vivement un escalier de bois qui conduisait à sa chambre.

Pendant ce temps, la mère Lhéry sortit par une autre porte pour aller changer de costume ; son mari prit une fourche et alla donner ses instructions au bouvier pour le régime de la journée.

Alors, Bénédict, resté seul avec Louise, se rapprocha d'elle, et parlant à demi-voix :

— Vous gâtez Athénaïs comme les autres ! lui dit-il. Vous êtes la seule ici qui auriez le droit de lui adresser quelques observations, et vous ne daignez pas le faire...

— Qu'avez-vous donc encore à reprocher à cette pauvre enfant? répondit Louise étonnée. O Bénédict ! vous êtes bien difficile !

— Voilà ce qu'ils me disent tous, et vous aussi, Madame, vous qui pourriez si bien comprendre ce que je souffre du caractère et des ridicules de cette jeune personne !

— Des ridicules ? répéta Louise. Est-ce que vous ne seriez pas amoureux d'elle ?

Bénédict ne répondit rien, et après un instant de trouble et de silence :

— Convenez, lui dit-il, que sa toilette est extravagante aujourd'hui. Aller danser au soleil et à la poussière avec une robe de bal, des souliers de satin, un cachemire et des plumes ! Outre que cette parure est hors de place, je la trouve du plus mauvais goût. A son âge, une jeune personne devrait chérir la simplicité et savoir s'embellir à peu de frais.

— Est-ce la faute d'Athénaïs si on l'a élevée ainsi ? Que vous vous attachez à peu de chose ! Occupez-vous plutôt de lui plaire et de prendre de l'empire sur son esprit et sur son cœur ; alors soyez sûr que vos désirs seront des lois pour elle. Mais vous ne songez qu'à la froisser et à la contredire, elle si choyée, si souveraine dans sa famille ! Souvenez-vous donc combien son cœur est bon et sensible...

— Son cœur, son cœur ! sans doute elle a un bon cœur ; mais son esprit est si borné ! c'est une bonté toute native, toute végétale, à la manière des légumes qui croissent bien ou mal sans en savoir la cause. Que sa coquetterie me déplaît ! Il me faudra lui donner le bras, la promener, la montrer à cette fête, entendre la sotte admiration des uns, le sot dénigrement des autres ! Quel ennui ! Je voudrais en être déjà revenu !

— Quel singulier caractère ! Savez-vous, Bénédict, que je ne vous comprends pas ? Combien d'autres à votre place s'enorgueilliraient de se montrer en public avec la plus jolie fille et la plus riche héritière de nos campagnes, d'exciter l'envie de vingt rivaux éconduits, de pouvoir se dire son fiancé ! Au lieu de cela, vous ne vous attachez qu'à la critique amère de quelques légers défauts, communs à toutes les jeunes personnes de cette classe, dont l'éducation ne s'est pas trouvée en rapport avec la naissance. Vous lui faites un crime de subir les conséquences de la vanité de ses parents ; vanité bien innocente après tout, et dont vous devriez vous plaindre moins que personne.

— Je le sais, répondit-il vivement, je sais tout ce que vous allez me dire. Ils ne me devaient rien, ils m'ont tout donné. Ils m'ont pris, moi, fils de leur frère, fils d'un paysan comme eux, mais d'un paysan pauvre, moi orphelin, moi indigent. Ils m'ont recueilli, adopté, et au lieu de me mettre à la charrue, comme l'ordre social semblait m'y destiner, ils m'ont envoyé à Paris, à leurs frais ; ils m'ont fait faire des études, ils m'ont métamorphosé en bourgeois, en étudiant, en bel esprit, et ils me destinent encore leur fille, leur fille riche, vaniteuse et belle. Ils me la réservent, ils me l'offrent ! Oh ! sans doute, ils m'ont aimé beaucoup, ces parents au cœur simple et prodigue ! mais leur aveugle tendresse s'est trompée, et tout le bien qu'ils ont voulu me faire s'est changé en mal... Maudite soit la manie de prétendre plus haut qu'on ne peut atteindre !

Bénédict frappa du pied ; Louise le regarda d'un air triste et sévère.

— Est-ce là le langage que vous teniez hier, au retour de la chasse, à ce jeune noble, ignorant et borné, qui niait les bienfaits de l'éducation et voulait arrêter les progrès des classes inférieures de la société ? Que de bonnes choses n'avez-vous pas trouvé à lui dire pour défendre la propagation des lumières et la liberté pour tous de croître et de parvenir ! Bénédict, votre esprit changeant, irrésolu, chagrin, cet esprit qui examine et déprécie tout, m'étonne et m'afflige. J'ai peur que chez vous le bon grain ne se change en ivraie, j'ai peur que vous ne soyez beaucoup au-dessous de votre éducation, ou beaucoup au-dessus, ce qui ne serait pas un moindre malheur.

— Louise, Louise ! dit Bénédict d'une voix altérée, en saisissant la main de la jeune femme.

Il la regarda fixement et avec des yeux humides ; Louise rougit et détourna les siens d'un air mécontent. Bénédict laissa tomber sa main et se mit à marcher avec agitation, avec humeur ; puis il se rapprocha d'elle et fit un effort pour redevenir calme.

— C'est vous qui êtes trop indulgente, dit-il. Vous avez vécu plus que moi, et pourtant je vous crois beaucoup plus jeune. Vous avez l'expérience de vos sentiments, qui sont grands et généreux, mais vous n'avez pas étudié le cœur des autres, vous n'en soupçonnez pas la laideur et les petitesses ; vous n'attachez aucune importance aux imperfections d'autrui, vous ne les voyez pas peut-être !... Ah ! Mademoiselle ! Mademoiselle ! vous êtes un guide bien indulgent et bien dangereux...

— Voilà de singuliers reproches, dit Louise avec une gaieté forcée. De qui me suis-je élue le mentor ici ? Ne vous ai-je pas toujours dit au contraire que je n'étais pas plus propre à diriger les autres que moi-même ? Je manque d'expérience, dites-vous !... Oh ! je ne me plains pas de cela, moi !...

Deux larmes coulèrent le long des joues de Louise. Il se fit un instant de silence pendant lequel Bénédict se rapprocha encore, et se tint ému et tremblant auprès d'elle. Puis Louise reprit en cherchant à cacher sa tristesse :

— Mais vous avez raison, j'ai trop vécu en moi-même pour observer les autres à fond. J'ai trop perdu de temps à souffrir ; ma vie a été mal employée.

Louise s'aperçut que Bénédict pleurait. Elle craignait l'impétueuse sensibilité de ce jeune homme, et, lui montrant la cour, elle lui fit signe d'aller aider son oncle qui attelait lui-même à la patache un gros bidet poitevin ; mais Bénédict ne s'aperçut pas de son intention.

— Louise ! lui dit-il avec ardeur ; puis il répéta : Louise ! d'un ton plus bas. — C'est un joli nom, dit-il, un nom si simple, si doux ! et c'est vous qui le portez ! au lieu que ma cousine, si bien faite pour traire les vaches et garder les moutons, s'appelle Athénaïs ! J'ai une autre cousine qui s'appelle Zoraïde, et qui vient de nommer son marmot Adhémar ! Les nobles ont bien raison de mépriser les ridicules ; ils sont amers ! ne trouvez-vous pas ? Voici un rouet, le rouet de ma bonne tante ; qui est-ce qui le charge de laine ? qui le fait tourner patiemment en son absence ?... Ce n'est pas Athénaïs... Oh non !... elle croirait s'être dégradée si elle avait jamais touché un fuseau ; elle craindrait de redescendre à l'état d'où elle est sortie si elle savait faire un ouvrage utile. Non, non, elle sait broder, jouer de la guitare, peindre des fleurs, danser ; mais vous savez filer, Mademoiselle, vous née dans l'opulence ; vous êtes douce, humble et laborieuse... J'entends marcher là-haut. C'est elle qui revient ; elle s'était oubliée devant son miroir sans doute !...

— Bénédict ! allez donc chercher votre chapeau, cria Athénaïs du haut de l'escalier.

— Allez donc ! dit Louise à voix basse en voyant que Bénédict ne se dérangeait pas.

— Maudite soit la fête ! répondit-il sur le même ton. Je vais partir, soit ! mais dès que j'aurai déposé ma belle cousine sur la pelouse, j'aurai soin d'avoir un pied foulé et de revenir à la ferme..... Y serez-vous, mademoiselle Louise ?

— Non, Monsieur, je n'y serai pas, répondit-elle avec sécheresse.

Bénédict devint rouge de dépit. Il se prépara à sortir. Madame Lhéry reparut avec une toilette moins somptueuse, mais encore plus ridicule que celle de sa fille. Le satin et la dentelle faisaient admirablement ressortir son teint cuivré par le soleil, ses traits prononcés et sa démarche roturière. Athénaïs passa un quart d'heure à s'arranger avec humeur dans le fond de la carriole, reprochant à sa mère de froisser ses manches en occupant trop d'espace à côté d'elle, et regrettant, dans son cœur, que la folie de ses parents n'eût pas encore été poussée jusqu'à se procurer une calèche.

Le père Lhéry mit son chapeau sur ses genoux afin de ne pas l'exposer aux cahots de la voiture en le gardant sur sa tête. Bénédict monta sur la banquette de devant, et, en prenant les rênes, osa jeter un dernier regard sur Louise ; mais il rencontra tant de froideur et de sévérité dans le sien qu'il se mordit les lèvres, et fouetta le cheval avec colère. *Mignon* partit au galop, et, coupant les profondes ornières du chemin, il imprima à la carriole de violentes secousses, funestes aux chapeaux des deux *dames* et à l'humeur d'Athénaïs.

## III.

Mais au bout de quelques pas, le bidet, naturellement peu taillé pour la course, se ralentit ; l'humeur irascible de Bénédict se calma et fit place à la honte et aux remords, et M. Lhéry s'endormit profondément.

Ils suivaient un de ces petits chemins verts qu'on appelle, en langage villageois, *traînes ;* chemin si étroit que l'étroite voiture touchait de chaque côté les branches des arbres qui le bordaient, et qu'Athénaïs put se cueillir un gros bouquet d'aubépine en passant son bras, couvert d'un gant blanc, par la lucarne latérale de la carriole. Rien ne saurait exprimer la fraîcheur et la grâce de ces petites allées sinueuses qui s'en vont serpentant capricieusement sous leurs perpétuels berceaux de feuillage, découvrant à chaque détour une nouvelle profondeur toujours plus mystérieuse et plus verte. Quand le soleil de midi embrase, jusqu'à la tige, l'herbe profonde et serrée des prairies, quand les insectes bruissent avec force et que la caille *glousse* avec amour dans les sillons, la fraîcheur et le silence semblent se réfugier dans les traînes. Vous y pouvez marcher une heure sans entendre d'autre bruit que le vol d'un merle effarouché à votre approche, ou le saut d'une petite grenouille verte et brillante comme une émeraude, qui dormait dans son hamac de joncs entrelacés. Ce fossé lui-même renferme tout un monde d'habitants, toute une forêt de végétations ; son eau limpide court sans bruit en s'épurant sur la glaise, et caresse mollement des bordures de cresson, de baume et d'hépatiques ; les fontinales, les longues herbes appelées *rubans d'eau*, les mousses aquatiques pendantes et chevelues, tremblent incessamment dans ses petits remous silencieux ; la bergeronnette jaune y trotte sur le sable d'un air à la fois espiègle et peureux ; la clématite et le chèvrefeuille l'ombragent de berceaux où le rossignol cache son nid. Au printemps ce ne sont que fleurs et parfums ; à l'automne, les prunelles violettes couvrent ces rameaux qui, en avril, blanchirent les premiers ; la senelle rouge, dont les grives sont friandes, remplace la fleur d'aubépine, et les ronces, toutes chargées des flocons de laine qu'y ont laissés les brebis en passant, s'empourprent de petites mûres sauvages d'une agréable saveur.

Bénédict, laissant flotter les guides du paisible coursier, tomba dans une rêverie profonde. Ce jeune homme était d'un caractère étrange ; ceux qui l'entouraient, faute de pouvoir le comparer à un autre de même trempe, le considéraient comme absolument hors de la ligne commune. La plupart le méprisaient comme un être incapable d'exécuter rien d'utile et de solide ; et, s'ils ne lui témoignaient pas le peu de cas qu'ils faisaient de lui, c'est qu'ils étaient forcés de lui accorder une véritable bravoure physique et une grande fermeté de ressentiments. En revanche, la famille Lhéry, simple et bienveillante qu'elle était, n'hésitait pas à l'élever au premier rang pour l'esprit et le savoir. Aveugles pour ses défauts, ces braves gens ne voyaient dans leur neveu qu'un jeune homme trop riche d'imagination et de connaissances pour goûter le repos de l'esprit. Cependant Bénédict, à vingt-deux ans, n'avait point acquis ce qu'on appelle une instruction positive. A Paris, tour à tour possédé de l'amour des arts et des sciences, il ne s'était enrichi d'aucune spécialité. Il avait travaillé beaucoup ; mais il s'était arrêté lorsque la pratique devenait nécessaire. Il avait senti le dégoût au moment où les autres recueillent le fruit de leurs peines. Pour lui, l'amour de l'étude finissait là où la nécessité du métier commençait. Les trésors de l'art et de la science une fois conquis, il ne s'était plus senti la constance égoïste d'en faire l'application à ses intérêts propres ; et, comme il ne savait pas être utile à lui-même, chacun disait en le voyant inoccupé : « A quoi est-il bon ? »

De tout temps sa cousine lui avait été destinée en mariage ; c'était la meilleure réponse qu'on pût faire aux envieux qui accusaient les Lhéry d'avoir laissé corrompre leur cœur autant que leur esprit par les richesses. Il est bien vrai que leur bon sens, ce bon sens des payans, ordinairement si sûr et si droit, avait reçu une rude atteinte au sein de la prospérité. Ils avaient cessé d'estimer les vertus simples et modestes, et, après de vains efforts pour les détruire en eux-mêmes, ils avaient tout fait pour en étouffer le germe chez leurs enfants ; mais ils n'avaient pas cessé de les chérir presque également, et en travaillant à leur perte ils avaient cru travailler à leur bonheur.

Cette éducation avait assez bien fructifié pour le malheur de l'un et de l'autre. Athénaïs, comme une cire molle et flexible, avait pris dans un pensionnat d'Orléans tous les défauts des jeunes provinciales : la vanité, l'ambition, l'envie, la petitesse. Cependant la bonté du cœur était en elle comme un héritage sacré transmis par sa mère, et les influences du dehors n'avaient pu l'étouffer. Il y avait donc beaucoup à espérer pour elle des leçons de l'expérience et de l'avenir.

Le mal était plus grand chez Bénédict. Au lieu d'engourdir les sentiments généreux, l'éducation les-avait développés outre mesure, et les avait changés en irritation douloureuse et fébrile. Ce caractère ardent, cette âme impressionnable, auraient eu besoin d'un ordre d'idées calmantes, de principes répressifs. Peut-être même que le travail des champs, la fatigue du corps, eussent avantageusement employé l'excès de force qui fermentait dans cette organisation énergique. Les lumières de la civilisation, qui ont développé tant de qualités précieuses, en ont vicié peut-être autant. C'est un malheur des générations placées entre celles qui ne savent rien et celles qui sauront assez : elles savent trop.

Lhéry et sa femme ne pouvaient comprendre le malheur de cette situation. Ils se flatsaient à le pressentir, et, n'imaginant pas d'autres félicités que celles qu'ils pouvaient dispenser, ils se vantaient naïvement d'avoir la puissance consolatrice des ennuis de Bénédict : c'était, selon eux, une bonne ferme, une jolie fermière, et une dot de deux cent mille francs comptants pour entrer en ménage. Mais Bénédict était insensible à ces flatteries de leur affection. L'argent excitait en lui ce mépris profond, enthousiaste exagération d'une jeunesse souvent trop prompte à changer de principes et à plier un genou converti devant le dieu de l'univers. Bénédict se sentait dévoré d'une ambition secrète ; mais ce n'était pas celle-là : c'était celle de son âge, celle des choses qui flattent l'amour-propre d'une manière plus noble.

Le but particulier de cette attente vague et pénible, il l'ignorait encore. Il avait cru deux ou trois fois la reconnaître aux vives fantaisies qui s'étaient emparées de son imagination. Ces fantaisies s'étaient évanouies sans lui avoir apporté de jouissances durables. Maintenant il la sentait toujours comme un mal ennemi renfermé dans son sein, et jamais elle ne l'avait torturé si cruellement qu'alors qu'il savait moins à quoi la faire servir. L'ennui, ce mal horrible qui s'est attaché à la génération présente plus qu'à toute autre époque de l'histoire sociale, avait envahi la destinée de Bénédict dans sa fleur ; il s'étendait comme un nuage noir sur tout son avenir. Il avait déjà flétri la plus précieuse faculté de son âge, l'espérance.

A Paris, la solitude l'avait rebuté. Toute préférable à la société qu'elle lui semblait, il l'avait trouvée, au fond de sa petite chambre d'étudiant, trop solennelle, trop dangereuse d'une part des facultés aussi actives que l'étaient les siennes. Sa santé en avait souffert, et ses bons parents effrayés l'avaient rappelé auprès d'eux. Il y était depuis un mois, et déjà son teint avait repris le ton vigoureux de la santé, mais son cœur était plus agité que jamais. La poésie des champs, à laquelle il était si sensible, portait jusqu'au délire l'ardeur de ces besoins ignorés qui le rongeaient. Sa vie de famille, si bienfaisante et si douce dans les premiers jours, chaque fois qu'il venait en faire l'essai, lui était devenue déjà plus fastidieuse que de coutume. Il ne se sentait aucun goût pour Athénaïs. Elle était trop au-dessous des chimères de sa pensée, et l'idée de se fixer au sein de ces habitudes extravagantes ou triviales dont sa famille offrait le contraste et l'assemblage lui était odieuse. Son cœur s'ouvrait bien à la tendresse et à la reconnaissance; mais ces sentiments étaient pour lui la source de combats et de remords perpétuels. Il ne pouvait se défendre d'une ironie intérieure, implacable et cruelle, à la vue de toutes ces petitesses qui l'entouraient, de ce mélange de parcimonie et de prodigalité qui rendent si ridicules les mœurs des parvenus. M. et M^{me} Lhéry, à la fois paternels et despotiques, donnaient le dimanche d'excellent vin à leurs laboureurs; dans la semaine ils leur reprochaient le filet de vinaigre qu'ils mettaient dans leur eau. Ils accordaient avec empressement à leur fille un superbe piano, une toilette en bois de citronnier, des livres richement reliés; ils la grondaient pour un fagot de trop qu'elle faisait jeter dans l'âtre. Chez eux, ils se faisaient petits et pauvres pour inspirer à leurs serviteurs le zèle et l'économie; au dehors, ils s'enflaient avec orgueil, et eussent regardé comme une insulte le moindre doute sur leur opulence. Eux, si bons, si charitables, si faciles à gagner, ils avaient réussi, à force de sottise, à se faire détester de tous leurs voisins, encore plus sots et plus vains qu'eux.

Voilà les défauts que Bénédict ne pouvait endurer. La jeunesse est âpre et intolérante pour la vieillesse, bien plus que celle-ci ne l'est envers elle. Cependant, au milieu de son découragement, des mouvements vagues et confus étaient venus jeter quelques éclairs d'espoir sur sa vie. Louise, *madame* ou *mademoiselle* Louise (on l'appelait également de ces deux noms), était venue s'installer à Grangeneuve depuis environ trois semaines. D'abord, la différence de leurs âges avait rendu cette liaison calme et imprévoyante; quelques préventions de Bénédict, défavorables à Louise qu'il voyait pour la première fois depuis douze ans, s'étaient effacées dans le charme pur et attachant de son commerce. Leurs goûts, leur instruction, leurs sympathies, les avaient rapidement rapprochés, et Louise, à la faveur de son âge, de ses malheurs et de ses vertus, avait pris un ascendant complet sur l'esprit de son jeune ami. Mais les douceurs de cette intimité furent de courte durée. Bénédict, toujours prompt à dépasser le but, toujours avide de diviniser ses admirations et d'empoisonner ses joies par leur excès, s'imagina qu'il était amoureux de Louise, qu'elle était la femme selon son cœur, et qu'il ne pourrait plus vivre là où elle ne serait pas. Ce fut l'erreur d'un jour. La froideur avec laquelle Louise accueillit ses aveux timides lui inspira plus de dépit que de douleur. Dans son ressentiment, il l'accusa intérieurement d'orgueil et de sécheresse. Puis il se sentit désarmé par le souvenir des malheurs de Louise, et s'avoua qu'elle était digne de respect autant que de pitié. Deux ou trois fois encore il sentit se ranimer auprès d'elle ces impétueuses aspirations d'une âme trop passionnée pour l'amitié; mais Louise sut le calmer. Elle n'y employa point la raison qui s'égare en transigeant; son expérience lui apprit à se méfier de la compassion; elle ne lui en témoigna aucune, et quoique la dureté fût loin de son âme, elle la fit servir à la guérison de ce jeune homme. L'émotion que Bénédict avait témoignée le matin, durant leur entretien, avait été comme sa dernière tentative de révolte. Maintenant il se repentait de sa folie, et, enfoncé dans ses réflexions, il sentait à son inquiétude toujours croissante, que le moment n'était pas venu pour lui d'aimer exclusivement quelque chose ou quelqu'un.

Madame Lhéry rompit le silence par une remarque frivole :

— Tu vas tacher tes gants avec ces fleurs, dit-elle à sa fille. Rappelle-toi donc que *madame* disait l'autre jour devant toi : « On reconnaît toujours une personne du commun en province à ses pieds et à ses mains. » Elle ne faisait pas attention, la chère dame, que nous pouvions prendre cela pour nous, au moins !

— Je crois bien, au contraire, qu'elle le disait exprès pour nous. Ma pauvre maman, tu connais bien madame de Raimbault, si tu penses qu'elle regretterait de nous avoir fait un affront.

— Un affront! reprit madame Lhéry avec aigreur. Elle aurait voulu nous *faire affront!* Je voudrais bien voir cela! Ah! bien oui! Est-ce que je souffrirais un affront de la part de qui que ce fût?

— Il faudra pourtant bien nous attendre à essuyer plus d'une impertinence tant que nous serons ses fermiers. Fermiers, toujours fermiers! quand nous avons une propriété au moins aussi belle que celle de madame la comtesse! Mon papa, je ne vous laisserai pas tranquille que vous n'ayez envoyé promener cette vilaine ferme. Je m'y déplais, je ne m'y puis souffrir.

Le père Lhéry hocha la tête.

— Mille écus de profit tous les ans sont toujours bons à prendre, répondit-il.

— Il vaudrait mieux gagner mille écus de moins et recouvrer notre liberté, jouir de notre fortune, nous affranchir de l'espèce de domination que cette femme orgueilleuse et dure exerce sur nous.

— Bah! dit madame Lhéry, nous n'avons presque jamais affaire à elle. Depuis ce malheureux événement elle ne vient plus dans le pays que tous les cinq ou six ans. Encore cette fois elle n'y est venue que par l'occasion du mariage de sa *demoiselle*. Qui sait si ce n'est pas la dernière! M'est avis que mademoiselle Valentine aura le château et la ferme en dot. Alors nous aurions affaire à une si bonne maîtresse!

— Il est vrai que Valentine est une bonne enfant, dit Athénaïs fière de pouvoir employer ce ton de familiarité en parlant d'une personne dont elle enviait le rang. Oh! celle-là n'est pas fière; elle n'a pas oublié que nous avons joué ensemble étant petites. Et puis elle a le bon sens de comprendre que la seule distinction, c'est l'argent, et que le nôtre est aussi honorable que le sien.

— Au moins! reprit madame Lhéry; car elle n'a eu que la peine de naître, au lieu que nous, nous l'avons gagné à nos risques et peines. Mais enfin il n'y a pas de reproche à lui faire; c'est une bonne demoiselle, et une jolie fille, da! Tu ne l'as jamais vue, Bénédict?

— Jamais, ma tante.

— Et puis je suis attachée à cette famille-là, moi, reprit madame Lhéry. Le père était si bon! C'était là un homme! et beau! Un général, ma foi, tout chamarré d'or et de croix, et qui me faisait danser aux fêtes patronales tout comme si j'avais été une duchesse. Cela ne faisait pas tout plaisir à madame...

— Ni à moi non plus, objecta le père Lhéry avec naïveté.

— Ce père Lhéry, reprit la femme, il a toujours le mot pour rire! Mais enfin c'est pour vous dire qu'excepté madame, qui est un peu haute, c'est une famille de braves gens. Peut-on voir une meilleure femme que la grand'mère!

— Ah! celle-là, dit Athénaïs, c'est encore la meilleure de toutes. Elle a toujours quelque chose d'agréable à vous dire; elle ne vous appelle jamais que *mon cœur*, *ma toute belle*, *mon joli minois*.

— Et cela fait toujours plaisir! dit Bénédict d'un air moqueur. Allons, allons, cela joint aux mille écus de profit sur la ferme, qui peuvent payer bien des chiffons...

— Eh! ce n'est pas à dédaigner, n'est-ce pas, mon garçon? dit le père Lhéry. Dis-lui donc cela, toi; elle t'écoutera.

— Non, non, je n'écouterai rien, s'écria la jeune fille. Je ne vous laisserai pas tranquille que vous n'ayez laissé la ferme. Votre bail expire dans six mois; il ne faut pas le renouveler, entends-tu, mon papa?

— Mais qu'est-ce que je ferai? dit le vieillard ébranlé par le ton à la fois patelin et impératif de sa fille. Il faudra donc que je me croise les bras? Je ne peux pas m'amuser comme toi à lire et à chanter, moi; l'ennui me tuera.

— Mais, mon papa, n'avez-vous pas vos biens à faire valoir?

— Tout cela marchait si bien de front! il ne me restera pas de quoi m'occuper. Et d'ailleurs où demeurerons-nous? Tu ne veux pas habiter avec les métayers?

— Non certes! vous ferez bâtir; nous aurons une maison à nous; nous la ferons décorer autrement que cette vilaine ferme; vous verrez comme je m'y entends!

— Oui, sans doute, tu t'entends fort bien à manger de l'argent, répondit le père.

Athénaïs prit un air boudeur.

— Au reste, dit-elle d'un ton dépité, faites comme il vous plaira; vous vous repentirez peut-être de ne pas m'avoir écoutée; mais il ne sera plus temps.

— Que voulez-vous dire? demanda Bénédict.

— Je veux dire, reprit-elle, que quand madame de Raimbault saura quelle est la personne que nous avons reçue à la ferme et que nous logeons depuis trois semaines, elle sera furieuse contre nous, et nous congédiera dès la fin du bail avec toutes sortes de chicanes et de mauvais procédés. Ne vaudrait-il pas mieux avoir pour nous les honneurs de la guerre et nous retirer avant qu'on nous chasse?

Cette réflexion parut faire impression sur les Lhéry. Ils gardèrent le silence, et Bénédict, à qui le discours d'Athénaïs déplaisaient de plus en plus, n'hésita pas à prendre en mauvaise part sa dernière objection.

— Est-ce à dire, reprit-il, que vous faites un reproche à vos parents d'avoir accueilli madame Louise?

Athénaïs tressaillit, regarda Bénédict avec surprise, le visage animé par la colère et le chagrin. Puis elle pâlit et fondit en larmes.

Bénédict la comprit et lui prit la main.

— Ah! c'est affreux! s'écria-t-elle d'une voix entrecoupée par les pleurs; interpréter ainsi mes paroles! moi qui aime madame Louise comme ma sœur!

— Allons! allons! c'est un malentendu! dit le père Lhéry; embrassez-vous, et que tout soit dit.

Bénédict embrassa sa cousine, dont les belles couleurs reparurent aussitôt.

— Allons, enfant! essuie tes larmes, dit madame Lhéry, voici que nous arrivons; ne va pas te montrer avec tes yeux rouges; voilà déjà du monde qui te cherche.

En effet le son des vielles et des cornemuses se faisait entendre, et plusieurs jeunes gens en embuscade sur la route, attendaient l'arrivée des demoiselles pour les inviter à danser les premiers.

## IV.

C'étaient des garçons de la même classe que Bénédict, sauf la supériorité de l'éducation qu'il avait sur eux, et dont ils étaient plus portés à lui faire un reproche qu'un avantage. Plusieurs d'entre eux n'étaient pas sans prétentions à la main d'Athénaïs.

— Bonne prise! s'écria celui qui était monté sur un tertre pour découvrir l'arrivée des voitures; c'est mademoiselle Lhéry, la beauté de la Vallée-Noire.

— Doucement, Simonneau! celle-là me revient; je lui fais la cour depuis un an. Par droit d'ancienneté, s'il vous plaît!

Celui qui parla ainsi était un grand et robuste garçon à l'œil noir, au teint cuivré, aux larges épaules; c'était le fils du plus riche marchand de bœufs du pays.

— C'est fort bien, Pierre Blutty, dit le premier, mais son futur est avec elle.

— Comment? son futur! s'écrièrent tous les autres.

— Sans doute; le cousin Bénédict.

— Ah! Bénédict l'avocat, le beau parleur, le savant!

— Oh! le père Lhéry lui donnera assez d'écus pour en faire quelque chose de bon.

— Il l'épouse?

— Il l'épouse.

— Oh! ce n'est pas fait!

— Les parents veulent, la fille veut; ce serait bien le diable si le garçon ne voulait pas.

— Il ne faut pas souffrir cela, vous autres, s'écria Georges Moret. Eh bien, oui! nous aurions là un joli voisin! Ce serait pour le coup qu'il se donnerait de grands airs, ce cracheur de grec. A lui la plus belle fille et la plus belle dot? non, que Dieu me confonde plutôt!

— La petite est coquette, le grand pâle (c'est ainsi qu'ils appelaient Bénédict) n'est ni beau ni galant. C'est à nous d'empêcher cela! Allons, frères, le plus heureux

de nous régalera les autres le jour de ses noces. Mais, avant tout, il faut savoir à quoi nous en tenir sur les prétentions de Bénédict.

En parlant ainsi, Pierre Blutty s'avança vers le milieu du chemin, s'empara de la bride du cheval, et, l'ayant forcé de s'arrêter, présenta son salut et son invitation à la jeune fermière. Bénédict tenait à réparer son injustice envers elle; en outre, quoiqu'il ne se souciât pas de la disputer à ses nombreux rivaux, il était bien aise de les mortifier un peu. Il se pencha donc sur le devant de la carriole, de manière à leur cacher Athénaïs.

— Messieurs, ma cousine vous remercie de tout son cœur, leur dit-il; mais vous trouverez bon que la première contredanse soit pour moi. Elle vient de m'être promise, vous arrivez un peu tard.

Et, sans écouter une seconde proposition, il fouetta le cheval et entra dans le hameau en soulevant des tourbillons de poussière.

Athénaïs ne s'attendait pas à tant de joie; la veille et le matin encore Bénédict, qui ne voulait pas danser avec elle, avait feint d'avoir pris une entorse et de boiter. Quand elle le vit marcher à ses côtés d'un air résolu, son sein bondit de joie; car, outre qu'il eût été humiliant pour l'amour-propre d'une si jolie fille de ne pas ouvrir la danse avec son prétendu, Athénaïs aimait réellement Bénédict. Elle reconnaissait instinctivement toute sa supériorité sur elle, et, comme il entre toujours une bonne part de vanité dans l'amour, elle était flattée d'être destinée à un homme mieux élevé que tous ceux qui la courtisaient. Elle parut donc éblouissante de fraîcheur et de vivacité; sa parure, que Bénédict avait si sévèrement condamnée, sembla charmante à des goûts moins épurés. Les femmes en devinrent laides de jalousie, et les hommes proclamèrent Athénaïs Lhéry la reine du bal.

Cependant vers le soir cette brillante étoile pâlit devant l'astre plus pur et plus radieux de mademoiselle de Raimbault. En entendant ce nom passer de bouche en bouche, Bénédict, poussé par un sentiment de curiosité, suivit les flots d'admirateurs qui se jetaient sur ses pas. Pour la voir, il fut forcé de monter sur un piédestal de pierre brute surmonté d'une croix fort en vénération dans le village. Cet acte d'impiété, ou plutôt d'étourderie, attira les regards vers lui, et ceux de mademoiselle de Raimbault suivant la même direction que la foule, elle se présenta à lui de face et sans obstacle.

Elle ne lui plut pas. Il s'était fait un type de femme brune, pâle, ardente, espagnole, mobile, dont il ne voulait pas se départir. Mademoiselle Valentine ne réalisait point son idéal; elle était blanche, blonde, calme, grande, fraîche, admirablement belle de tous points. Elle n'avait aucun des défauts dont le cerveau malade de Bénédict s'était épris à la vue de ces œuvres d'art où la peinture, en poétisant la laideur, l'a rendue plus attrayante que la beauté même. Et puis, mademoiselle de Raimbault avait une dignité douce et réelle qui imposait tout d'abord. Dans la courbe de son profil, dans la finesse de ses cheveux, dans la grâce de son cou, dans la largeur de ses blanches épaules, il y avait mille souvenirs de la cour de Louis XIV. On sentait qu'il avait fallu toute une race de preux pour produire cette combinaison de traits purs et nobles, toutes ces grâces presque royales, qui se révélaient lentement, comme celle du cygne jouant au soleil avec une langueur majestueuse.

Bénédict descendit de son poste au pied de la croix, et, malgré les murmures des bonnes femmes de l'endroit, vingt autres jeunes gens se succédèrent sur cette place enviée qui permettait de voir et d'être vu. Bénédict se trouva, une heure après, porté vers mesdames de Raimbault. Un oncle, qui était occupé à leur parler chapeau bas, l'ayant aperçu, vint le prendre par le bras et le leur présenta.

Valentine était assise sur le gazon, entre sa mère la comtesse de Raimbault et sa grand'mère la marquise de Raimbault. Bénédict ne connaissait aucune de ces trois femmes; mais il avait si souvent entendu parler d'elles à la ferme, qu'il s'attendait au salut dédaigneux et glacé de l'une, à l'accueil familier et communicatif de l'autre.

T. JOHANNOT                H. DELAVILLE

Madame sa mère. (Page 9.)

semblait que la vieille marquise voulût réparer, à force de démonstrations, le silence méprisant de sa belle-fille. Mais, dans cette affectation de popularité, on retrouvait l'habitude d'une protection toute féodale.

— Comment! c'est là Bénédict? s'écria-t-elle, c'est là ce marmot que j'ai vu tout petit sur le sein de sa mère? Eh! bonjour, *mon garçon!* je suis charmée de te voir si grand et si bien mis. Tu ressembles à ta mère que c'est effrayant. Ah çà, sais-tu que nous sommes d'anciennes connaissances? tu es le filleul de mon pauvre fils, le général qui est mort à Waterloo. C'est moi qui t'ai fait présent de ton premier fourreau; mais tu ne t'en souviens guère. Combien y a-t-il de cela? Tu dois avoir au moins dix-huit ans?

— J'en ai vingt-deux, Madame, répondit Bénédict.

— Sangodémi! s'écria la marquise, déjà vingt-deux ans! Voyez comme le temps passe! Je te croyais de l'âge de ma petite-fille. Tu ne la connais pas, ma petite-fille? Tiens, regarde-la; nous savons faire des enfants aussi, nous autres! Valentine, dis donc bonjour à Bénédict; c'est le neveu du bon Lhéry, c'est le prétendu de ta petite camarade Athénaïs. Parle-lui, ma fille.

Cette interpellation pouvait se traduire ainsi : « Imite-moi, héritière de mon nom; sois populaire, afin de sauver ta tête à travers les révolutions à venir, comme j'ai su faire dans les révolutions passées. » Néanmoins, mademoiselle de Raimbault, soit adresse, soit usage, soit franchise, effaça, par son regard et son sourire, tout ce que la bienveillance impertinente de la marquise avait excité de colère dans l'âme de Bénédict. Il avait fixé sur elle des yeux hardis et railleurs; car sa fierté blessée avait fait disparaître un instant la timide sauvagerie de son âge. Mais l'expression de ce beau visage était si douce et si sereine, le son de cette voix si pur et si calmant, que le jeune homme baissa les yeux et devint rouge comme une jeune fille.

— Ah! Monsieur, lui dit-elle, ce que je puis vous dire de plus sincère, c'est que j'aime Athénaïs comme ma sœur; ayez donc la bonté de me l'amener. Je la cherche depuis longtemps sans pouvoir la joindre. Je voudrais pourtant bien l'embrasser.

Bénédict s'inclina profondément et revint bientôt avec sa cousine. Athénaïs se promena à travers la fête, bras dessus bras dessous avec la noble fille des comtes de

Une belle fille de seize ans. (Page 2.)

Raimbault. Quoiqu'elle affectât de trouver la chose toute naturelle et que Valentine la comprît ainsi, il lui fut impossible de cacher le triomphe de sa joie orgueilleuse en face de ces autres femmes qui l'enviaient en s'efforçant de la dénigrer.

Cependant la vielle donna le signal de la bourrée. Athénaïs s'était engagée cette fois à la danser avec celui des jeunes gens qui l'avait arrêtée sur le chemin. Elle pria mademoiselle de Raimbault de lui servir de vis-à-vis.

— J'attendrai pour cela qu'on m'invite, répondit Valentine en souriant.

— Eh bien donc! Bénédict, s'écria vivement Athénaïs, allez inviter mademoiselle.

Bénédict intimidé, consulta des yeux le visage de Valentine. Il lut dans sa douce et candide expression le désir d'accepter son offre. Alors il fit un pas vers elle. Mais tout à coup la comtesse sa mère lui saisit brusquement le bras en lui disant assez haut pour que Bénédict pût l'entendre :

— Ma fille, je vous défends de danser la bourrée avec tout autre qu'avec M. de Lansac.

Bénédict remarqua alors pour la première fois un grand jeune homme de la plus belle figure, qui donnait le bras à la comtesse ; et il se rappela que ce nom était celui du fiancé de mademoiselle de Raimbault.

Il comprit bientôt le motif de l'effroi de sa mère. A un certain *trille* que la vielle exécute avant de commencer la bourrée, chaque danseur, selon un usage immémorial, doit embrasser sa danseuse. Le comte de Lansac, trop bien élevé pour se permettre cette liberté en public, transigea avec la coutume du Berri en baisant respectueusement la main de Valentine.

Ensuite le comte essaya quelques pas en avant et en arrière ; mais sentant aussitôt qu'il ne pouvait saisir la mesure de cette danse, qu'il n'est donné à aucun étranger de bien exécuter, il s'arrêta et dit à Valentine :

— A présent, j'ai fait mon devoir, je vous ai installée ici selon la volonté de votre mère ; mais je ne veux pas gâter votre plaisir par ma maladresse. Vous aviez un danseur tout prêt il y a un instant, permettez que je lui cède mes droits.

Et se tournant vers Bénédict :

— Voulez-vous bien me remplacer, Monsieur ? lui dit-il avec un ton d'exquise politesse. Vous vous acquitterez de mon rôle beaucoup mieux que moi.

Et comme Bénédict, partagé entre la timidité et l'orgueil, hésitait à prendre cette place, dont on lui avait ravi le plus beau droit :

— Allons, Monsieur, ajouta M. de Lansac avec aménité, vous serez assez payé du service que je vous demande, et c'est à vous peut-être à m'en remercier.

Bénédict ne se fit pas prier plus longtemps ; la main de Valentine vint sans répugnance trouver la sienne qui tremblait. La comtesse était satisfaite de la manière diplomatique dont son futur gendre avait arrangé l'affaire ; mais tout d'un coup le joueur de vielle, facétieux et goguenard comme le sont les vrais artistes, interrompt le refrain de la bourrée, et fait entendre avec une affectation maligne le trille impératif. Il est enjoint au nouveau danseur d'embrasser sa partenaire. Bénédict devient pâle et perd contenance. Le père Lhéry, épouvanté de la colère qu'il lit dans les yeux de la comtesse, s'élance vers le *vielleux* et le conjure de passer outre. Le musicien villageois n'écoute rien, triomphe de ses rires et des bravos, et s'obstine à ne reprendre l'air qu'après la formalité de rigueur. Les autres danseurs s'impatientent. Madame de Raimbault se prépare à emmener sa fille. Mais M. de Lansac, homme de cour et homme d'esprit, sentant tout le ridicule de cette scène, s'avance de nouveau vers Bénédict avec une courtoisie un peu moqueuse :

— Eh bien, Monsieur, lui dit-il, faudra-t-il encore vous autoriser à prendre un droit dont je n'avais pas osé profiter ? Vous n'épargnez rien à votre triomphe.

Bénédict imprima ses lèvres tremblantes sur les joues veloutées de la jeune comtesse. Un rapide sentiment d'orgueil et de plaisir l'anima un instant ; mais il remarqua que Valentine, tout en rougissant, riait comme une bonne fille de toute cette aventure. Il se rappela qu'elle avait rougi aussi, mais qu'elle n'avait pas ri lorsque M. de Lansac lui avait baisé la main. Il se dit que ce beau comte, si poli, si adroit, si sensé, devait être aimé ; et il n'eut plus aucun plaisir à danser avec elle, quoiqu'elle dansât la bourrée à merveille avec tout l'aplomb et le laisser-aller d'une villageoise.

Mais Athénaïs y portait encore plus de charme et de coquetterie ; sa beauté était du genre de celles qui plaisent plus généralement. Les hommes d'une éducation vulgaire aiment les grâces qui attirent, les yeux qui préviennent, le sourire qui encourage. La jeune fermière trouvait dans son innocence même une assurance espiègle et piquante. En un instant elle fut entourée et comme enlevée par ses adorateurs campagnards. Bénédict la suivit encore quelque temps à travers le bal. Puis, mécontent de la voir s'éloigner de sa mère et se mêler à un essaim de jeunes étourdis autour duquel bourdonnaient des volées d'amoureux, il essaya de lui faire comprendre par les signes et par ses regards, qu'elle s'abandonnait trop à sa pétulance naturelle. Athénaïs ne s'en aperçut ou ne voulut point s'en apercevoir. Bénédict prit de l'humeur, haussa les épaules, et quitta la fête. Il trouva dans l'auberge le valet de ferme de son oncle, qui s'était rendu là sur la petite jument grise que Bénédict montait ordinairement. Il le chargea de ramener le soir M. Lhéry et sa famille dans la patache, et, s'emparant de sa monture, il reprit seul le chemin de Grangeneuve à l'entrée de la nuit.

## V.

Valentine, après avoir remercié Bénédict par un salut gracieux, quitta la danse, et, se tournant vers la comtesse, elle comprit à sa pâleur, à la contraction de ses lèvres, à la sécheresse de son regard, qu'un orage couvait contre elle dans le cœur vindicatif de sa mère. M. de Lansac, qui se sentait responsable de la conduite de sa fiancée, voulut lui épargner les âcres reproches du premier moment, et, lui offrant son bras, il suivit avec elle, à une certaine distance, madame de Raimbault, qui en-

traînait sa belle-mère et se dirigeait vers le lieu où l'attendait sa calèche. Valentine était émue, elle craignait la colère amassée sur sa tête ; M. de Lansac, avec l'adresse et la grâce de son esprit, chercha à la distraire, et, affectant de regarder ce qui venait de se passer comme une niaiserie, il se chargea d'apaiser la comtesse. Valentine, reconnaissante de cet intérêt délicat qui semblait l'entourer toujours sans égoïsme et sans ridicule, sentit augmenter l'affection sincère que son futur époux lui inspirait.

Cependant la comtesse, outrée de n'avoir personne à quereller, s'en prit à la marquise sa belle-mère. Comme elle ne trouva pas ses gens au lieu indiqué parce qu'ils ne l'attendaient pas si tôt, il fallut faire quelques tours de promenade sur un chemin poudreux et pierreux, épreuve douloureuse pour des pieds qui avaient foulé des tapis de cachemire dans les appartements de Joséphine et de Marie-Louise. L'humeur de la comtesse en augmenta ; elle repoussa presque la vieille marquise, qui, trébuchant à chaque pas, cherchait à s'appuyer sur son bras.

— Voilà une jolie fête, une charmante partie de plaisir ! lui dit-elle. C'est vous qui l'avez voulu ; vous m'avez amenée ici à mon corps défendant. Vous aimez la canaille, vous ; mais, moi, je la déteste. Vous êtes-vous bien amusée, dites ? Extasiez-vous donc sur les délices des champs ! Trouvez-vous cette chaleur bien agréable ?

— Oui, oui, répondit la vieille, j'ai quatre-vingts ans.

— Moi, je ne les ai pas ; j'étouffe. Et cette poussière, ces grès qui vous percent la plante des pieds ! Tout cela est gracieux !

— Mais, ma belle, est-ce ma faute, à moi, s'il fait chaud, si le chemin est mauvais, si vous avez de l'humeur ?

— De l'humeur ! vous n'en avez jamais, vous, je le conçois, ne vous occupant de rien, laissant agir votre famille comme il plaît à Dieu. Aussi, les fleurs dont vous avez semé votre vie ont porté leurs fruits, et des fruits précoces, on peut le dire.

— Madame, dit la marquise avec amertume, vous êtes féroce dans la colère, je le sais.

— Sans doute, Madame, reprit la comtesse, vous appelez férocité le juste orgueil d'une mère offensée ?

— Et qui donc vous a offensée, bon Dieu ?

— Ah ! vous me le demandez. Vous ne me trouvez pas assez insultée dans la personne de ma fille, quand toute la canaille de la province a battu des mains en la voyant embrassée par un paysan, sous mes yeux, contre mon gré ! quand ils diront demain : « Nous avons fait un affront sanglant à la comtesse de Raimbault ! »

— Quelle exagération ! quel puritanisme ! Votre fille est déshonorée pour avoir été embrassée devant trois mille personnes ! Le beau crime ! De mon temps, Madame, et du vôtre aussi, je gage, on ne faisait pas ainsi, j'en conviens ; mais on ne faisait pas mieux. D'ailleurs, ce garçon n'est pas un rustre.

— C'est bien pis, Madame ; c'est un rustre enrichi, c'est un manant *éclairé*.

— Parlez donc moins haut ; si l'on vous entendait !...

— Oh ! vous rêvez toujours la guillotine ; vous croyez qu'elle marche derrière vous, prête à vous saisir à la moindre marque de courage et de fierté. Mais je veux bien parler bas, Madame ; écoutez ce que j'ai à vous dire : Mêlez-vous de Valentine le moins possible, et n'oubliez pas si vite les résultats de l'éducation de *l'autre*.

— Toujours ! toujours ! dit la vieille femme en joignant les mains avec angoisse. Vous n'épargnerez jamais l'occasion de réveiller cette douleur ! Eh ! laissez-moi mourir en paix, Madame ; j'ai quatre-vingts ans.

— Tout le monde voudrait avoir cet âge, s'il autorisait tous les écarts du cœur et de la raison. Si vieille et si inoffensive que vous vous fassiez, vous avez encore sur ma fille et sur ma maison une influence très-grande. Faites-la servir au bien commun ; éloignez Valentine de ce funeste exemple, et le souvenir ne s'est malheureusement pas éteint chez elle.

— Eh ! il n'y a pas de danger ! Valentine n'est-elle pas à la veille d'être mariée ? Que craignez-vous ensuite ?...

Ses fautes, si elle en fait, ne regarderont que son mari ; notre tâche sera remplie...

— Oui, Madame, je sais que vous raisonnez ainsi ; je ne perdrai pas mon temps à discuter vos principes ; mais, je vous le répète, effacez autour de vous jusqu'à la dernière trace de l'existence qui nous a souillés tous.

— Grand Dieu ! Madame, avez-vous fini ? Celle dont vous parlez est ma petite-fille, la fille de mon propre fils, la sœur unique et légitime de Valentine. Ce sont des titres qui me feront toujours pleurer sa faute au lieu de la maudire. Ne l'a-t-elle pas expiée cruellement ? Votre haine implacable la poursuivra-t-elle sur la terre d'exil et de misère ? Pourquoi cette insistance à tirailler une plaie qui saignera jusqu'à mon dernier soupir ?

— Madame, écoutez-moi bien : votre *estimable* petite-fille n'est pas si loin que vous feignez de le croire. Vous voyez que je ne suis pas votre dupe.

— Grand Dieu ! s'écria la vieille femme en se redressant, que voulez-vous dire ? Expliquez-vous ; ma fille ! ma pauvre fille ! où est-elle ? dites-le-moi, je vous le demande à mains jointes.

Madame de Raimbault, qui venait de plaider le faux pour savoir le vrai, fut satisfaite du ton de sincérité pathétique avec lequel la marquise détruisit ses doutes.

— Vous le saurez, Madame, répondit-elle ; mais pas avant moi. Je jure que je découvrirai bientôt la retraite qu'elle s'est choisie dans le voisinage, et que je l'en ferai sortir. Essuyez vos larmes, voici nos gens.

Valentine monta dans la calèche et en redescendit après avoir passé sur ses vêtements une grande jupe de mérinos bleu qui remplaçait l'amazone trop lourde pour la saison. M. de Lansac lui présenta la main pour monter sur un beau cheval anglais, et les dames s'installèrent dans la calèche ; mais au moment où l'on voulut sortir le cheval de M. de Lansac de l'écurie villageoise, il tomba à terre et ne put se relever. Soit que ce fût l'effet de la chaleur ou de la quantité d'eau qu'on lui avait laissé boire, il était en proie à de violentes tranchées et absolument hors d'état de marcher. Il fallut laisser le jockey à l'auberge pour le soigner, et M. de Lansac fut forcé de monter en voiture.

— Eh bien ! s'écria la comtesse, est-ce que Valentine va faire la route seule à cheval ?

— Pourquoi pas ? dit le comte de Lansac, qui voulut épargner à Valentine le malaise de passer deux heures en présence de sa mère irritée. Mademoiselle ne sera pas seule en trottant à côté de la voiture, et nous pourrons fort bien causer avec elle. Son cheval est si sage que je ne vois pas le moindre inconvénient à lui en laisser tout le gouvernement.

— Mais cela ne se fait guère, dit la comtesse, sur l'esprit de laquelle M. de Lansac avait un grand ascendant.

— Tout se fait dans ce pays-ci, où il n'y a personne pour juger ce qui est convenable et ce qui ne l'est pas. Nous allons, au détour du chemin, entrer dans la Vallée-Noire, où nous ne rencontrerons pas un chat. D'ailleurs il fera assez sombre dans dix minutes pour que nous n'ayons pas à craindre les regards.

Cette grave contestation terminée à l'avantage de M. de Lansac, la calèche s'enfonça dans une traîne de la vallée ; Valentine la suivit au petit galop, et la nuit s'épaissit.

A mesure que l'on avançait dans la vallée, la route devenait plus étroite. Bientôt il fut impossible à Valentine de la côtoyer parallèlement à la voiture. Elle se tint quelque temps par derrière ; mais, comme les inégalités du terrain forçaient souvent le cocher à retenir brusquement ses chevaux, celui de Valentine s'effarouchait chaque fois de la voiture qui s'arrêtait presque sur son poitrail. Elle profita donc d'un endroit où le fossé disparaissait pour passer devant, et alors elle galopa beaucoup plus agréablement, n'étant gênée par aucune appréhension, et laissant à son vigoureux et noble cheval toute la liberté de ses mouvements.

Le temps était délicieux ; la lune, n'étant pas levée, laissait encore le chemin enseveli sous ses obscurs ombrages ; de temps en temps un ver-luisant chatoyait dans l'herbe, un lézard rampait dans le buisson, un sphinx bourdonnait sur une fleur humide. Une brise tiède s'était levée toute chargée de l'odeur de vanille qui s'exhale des champs de fèves en fleurs. La jeune Valentine, élevée tour à tour par sa sœur bannie, par sa mère orgueilleuse, par les religieuses de son couvent, par sa grand'mère étourdie et jeune, n'avait été définitivement élevée par personne, elle s'était faite elle-même ce qu'elle était, et, faute de trouver des sympathies bien réelles dans sa famille, elle avait pris le goût de l'étude et de la rêverie. Son esprit naturellement calme, son jugement sain, l'avaient également préservée des erreurs de la société et de celles de la solitude. Livrée à des pensées douces et pures comme son cœur, elle savourait le bien-être de cette soirée de mai si pleine de chastes voluptés pour une âme poétique et jeune. Peut-être aussi songeait-elle à son fiancé, à cet homme qui, le premier, lui avait témoigné de la confiance et du respect, choses si douces à un cœur qui s'estime et qui n'a pas encore été compris. Valentine ne rêvait pas la passion ; elle ne partageait pas l'empressement altier des jeunes cerveaux qui la regardent comme un besoin impérieux de leur organisation. Plus modeste, Valentine ne se croyait pas destinée à ces énergiques et violentes épreuves. Elle se pliait facilement à la réserve dont le monde lui faisait un devoir ; elle l'acceptait comme un bienfait et non comme une loi. Elle se promettait d'échapper à ces inclinations ardentes qui faisaient sous ses yeux le malheur des autres, à l'amour du luxe auquel sa grand'mère sacrifiait toute dignité, à l'ambition dont les espérances déçues torturaient sa mère, à l'amour qui avait si cruellement égaré sa sœur. Cette dernière pensée amena une larme au bord de sa paupière. C'était là le seul événement de la vie de Valentine qui l'avait remplie ; il avait influé sur son caractère, il lui avait donné à la fois de la timidité et de la hardiesse : de la timidité pour elle-même, de la hardiesse quand il s'agissait de sa sœur. Elle n'avait, il est vrai, jamais pu lui prouver le dévouement courageux dont elle se sentait animée ; jamais le nom de sa sœur n'avait été prononcé par sa mère devant elle ; jamais on ne lui avait fourni une seule occasion de la servir et de la défendre. Son désir en était d'autant plus vif, et cette sorte de tendresse passionnée, qu'elle nourrissait pour une personne dont l'image se présentait à elle à travers les vagues souvenirs de l'enfance, était réellement la seule affection romanesque qui eût trouvé place dans son âme.

L'espèce d'agitation que cette amitié comprimée avait mise dans son existence s'était exaltée encore depuis quelques jours. Un bruit vague s'était répandu dans le pays que sa sœur avait été vue à huit lieues de là, dans une ville où jadis elle avait demeuré provisoirement pendant quelques mois. Cette fois elle n'y avait passé qu'une nuit et ne s'était pas nommée ; mais les gens de l'auberge assuraient l'avoir reconnue. Ce bruit était arrivé jusqu'au château de Raimbault, situé à l'autre extrémité de la Vallée-Noire. Un domestique, empressé de faire sa cour, était venu faire ce rapport à la comtesse. Le hasard voulut que, dans ce moment, Valentine, occupée à travailler dans une pièce voisine, entendit sa mère élever la voix, prononcer un nom qui la fit tressaillir. Alors, incapable de maîtriser son inquiétude et sa curiosité, elle prêta l'oreille et pénétra le secret de la conférence. Cet incident s'était passé la veille du 1er mai ; et maintenant Valentine, émue et troublée, se demandait si cette nouvelle était vraisemblable, et s'il ne serait pas bien possible que l'on se fût trompé en croyant reconnaître une personne exilée du pays depuis quinze ans.

En se livrant à ces réflexions, mademoiselle de Raimbault, légèrement emportée par son cheval qu'elle ne songeait point à ralentir, avait pris une avance assez considérable sur la calèche. Lorsque la pensée lui en vint, elle s'arrêta, et ne pouvant rien distinguer dans l'obscurité, elle se pencha pour écouter ; mais, soit que le bruit des roues fût amorti par l'herbe longue et humide qui croissait dans le chemin, soit que la respiration haute et pressée de son cheval, impatient de cette pause, empêchât un son lointain de parvenir jusqu'à elle, son oreille ne put rien saisir dans le silence solennel de la nuit. Elle

retourna aussitôt sur ses pas, jugeant qu'elle s'était fort
éloignée, et s'arrêta de nouveau pour écouter, après avoir
fait un temps de galop sans rencontrer personne.

Elle n'entendit encore cette fois que le chant du grillon
qui s'éveillait au lever de la lune, et les aboiements lointains de quelques chiens.

Elle poussa de nouveau son cheval jusqu'à l'embran-
chement de deux chemins qui formaient comme une
fourche devant elle. Elle essaya de reconnaître celui par
lequel elle était venue; mais l'obscurité rendait toute
observation impossible. Le plus sage eût été d'attendre en
cet endroit l'arrivée de la calèche, qui ne pouvait manquer de s'y rendre par l'un ou l'autre côté. Mais la peur
commençait à troubler la raison de la jeune fille; rester
en place dans cet état d'inquiétude lui semblait la pire
situation. Elle s'imagina que son cheval aurait l'instinct
de se diriger vers ceux de la voiture, et que l'odorat le
guiderait à défaut de mémoire. Le cheval, livré à sa
propre décision, prit à gauche. Après une course inutile
et de plus en plus incertaine, Valentine crut reconnaître
un gros arbre qu'elle avait remarqué dans la matinée.
Cette circonstance lui rendit un peu de courage; elle
sourit même de sa poltronnerie et pressa le pas de son
cheval.

Mais elle vit bientôt que le chemin descendait de plus
en plus rapidement vers le fond de la vallée. Elle ne connaissait point le pays, qu'elle avait à peu près abandonné
depuis son enfance, et pourtant il lui sembla que dans la
matinée elle avait côtoyé la partie la plus élevée du terrain. L'aspect du paysage avait changé; la lune, qui s'é-
levait lentement à l'horizon, jetait des lueurs transver-
sales dans les interstices des branches, et Valentine pouvait distinguer des objets qui ne l'avaient pas frappée
précédemment. Le chemin était plus large, plus découvert, plus défoncé par les pieds des bestiaux et les roues
des chariots; de gros saules ébranchés se dressaient aux
deux côtés de la haie, et, dessinant sur le ciel leurs mu-
tilations bizarres, semblaient autant de créations hideuses
prêtes à mouvoir leurs têtes monstrueuses et leurs corps
privés de bras.

## VI.

Tout à coup Valentine entendit un bruit sourd et pro-
longé semblable au roulement d'une voiture. Elle quitta
le chemin, et se dirigea à travers un sentier vers le lieu
d'où partait ce bruit, qui augmentait toujours, mais chan-
geait de nature. Si Valentine eût pu percer le dôme de
pommiers en fleurs où se glissaient les rayons de la lune,
elle eût vu la ligne blanche et brillante de la rivière s'é-
lançant dans une écluse à quelque distance. Cependant la
fraîcheur croissante de l'atmosphère et une douce odeur
de menthe lui révélèrent le rivage de l'Indre. Elle jugea
qu'elle s'était écartée considérablement de son chemin;
mais elle se décida à descendre le cours de l'eau, espérant
trouver bientôt un moulin ou une chaumière où elle pût
demander des renseignements. En effet, elle s'arrêta devant une vieille grange isolée et sans lumière, que les
aboiements d'un chien enfermé dans le clos lui firent supposer habitée. Elle appela en vain, personne ne bougea.
Elle fit approcher son cheval de la porte et frappa avec le
pommeau d'acier de sa cravache. Un bêlement plaintif lui
répondit : c'était une bergerie. Et dans ce pays-là, comme
il n'y a ni loups ni voleurs, il n'y a point non plus de ber-
gers. Valentine continua son chemin.

Son cheval, comme s'il eût partagé le sentiment de découragement qui s'était emparé d'elle, se mit à marcher
lentement et avec négligence. De temps en temps il heur-
tait son sabot retentissant contre un caillou et jaillissait
un éclair, ou il allongeait sa bouche altérée vers les petites pousses tendres des ormilles.

Tout à coup, dans ce silence, dans cette campagne déserte, sur ces prairies qui n'avaient jamais ouï d'autre
mélodie que le pipeau de quelque enfant-désœuvré, ou la
chanson rauque et graveleuse d'un meunier attardé; tout
à coup, au murmure de l'eau et aux soupirs de la brise,

vint se joindre une voix pure, suave, enchanteresse, une
voix d'homme, jeune et vibrante comme celle d'un haut-
bois. Elle chantait un air du pays bien simple, bien lent,
bien triste comme ils le sont tous. Mais comme elle le
chantait! Certes, ce n'était pas un villageois qui savait
ainsi poser et moduler les sons. Ce n'était pas non plus
un chanteur de profession qui s'abandonnait ainsi à la pureté du rhythme, sans ornement et sans système. C'était
quelqu'un qui sentait la musique et qui ne la savait pas;
ou, s'il la savait, c'était le premier chanteur du monde,
car il paraissait ne pas la savoir, et sa mélodie, comme
une voix des éléments, s'élevait vers les cieux sans autre
poésie que celle du sentiment. Si, dans une forêt vierge,
loin des œuvres de l'art, loin des quinquets de l'orchestre
et des réminiscences de Rossini, parmi ces sapins alpestres
où jamais le pied de l'homme n'a laissé d'empreinte, les
créations idéales de Manfred venaient à se réveiller, c'est
ainsi qu'elles chanteraient, pensa Valentine.

Elle avait laissé tomber les rênes; son cheval broutait
les marges du sentier; Valentine n'avait plus peur, elle
était sous le charme de ce chant mystérieux, et son émotion était si douce qu'elle ne songeait point à s'étonner de
l'entendre en ce lieu et à cette heure.

Le chant cessa. Valentine crut avoir fait un rêve; mais
il recommença en se rapprochant, et chaque instant l'apportait plus net à l'oreille de la belle voyageuse; puis il
s'éteignit encore, et elle ne distingua plus que le trot d'un
cheval. A la manière lourde et décousue dont il rasait la
terre, il était facile d'affirmer que c'était le cheval d'un
paysan.

Valentine eut un sentiment de peur en songeant qu'elle
allait se trouver, dans cet endroit isolé, tête à tête avec un
homme qui pouvait bien être un rustre, un ivrogne; car
était-ce lui qui venait de chanter, ou le bruit de sa marche
avait-il fait envoler le sylphe mélodieux? Cependant le valait mieux l'aborder que de passer la nuit dans les champs.
Valentine songea que, dans le cas d'une insulte, son cheval avait de meilleures jambes que celui qui venait à elle,
et, cherchant à se donner une assurance qu'elle n'avait
pas, elle marcha droit à lui.

— Qui va là? cria une voix ferme.

— Valentine de Raimbault, répondit la jeune fille, qui
n'était peut-être pas tout à fait exempte de l'orgueil de
porter le nom le plus honoré du pays. Cette petite vanité
n'avait rien de ridicule, puisqu'elle tirait toute sa considération des vertus et de la bravoure de son père.

— Mademoiselle de Raimbault! toute seule ici! reprit
le voyageur. Et où donc est M. de Lansac?... Est-il tombé
de cheval? est-il mort?...

— Non, grâce au ciel, répondit Valentine, rassurée
par cette voix qu'elle croyait reconnaître. Mais si je ne me
trompe pas, Monsieur, l'on vous nomme Bénédict, et
nous avons dansé aujourd'hui ensemble.

Bénédict tressaillit. Il trouva qu'il n'y avait point de
pudeur à rappeler une circonstance si délicate, et dont la
seule pensée en ce moment et dans cette solitude faisait
refluer tout son sang vers sa poitrine. Mais l'extrême
candeur ressemble parfois à de l'effronterie. Le fait est
que Valentine, absorbée par l'agitation de sa course noc-
turne, avait complétement oublié l'anecdote du baiser.
Elle s'en souvint au ton dont Bénédict lui répondit :

— Oui, Mademoiselle, je suis Bénédict.

— Eh bien, dit-elle, rendez-moi le service de me remettre dans mon chemin.

Et elle lui raconta comment elle s'était égarée.

— Vous êtes à une lieue de la route que vous deviez
tenir, lui répondit-il, et pour la rejoindre il faut que vous
passiez par la ferme de Grangeneuve. Comme c'est là
que je dois me rendre, j'aurai l'honneur de vous servir
de guide; peut-être retrouverons-nous à l'entrée de la
route la calèche qui vous aura attendue.

— Cela n'est pas probable, reprit Valentine; ma mère,
qui m'a vue passer devant, croit sans doute que je dois
arriver au château avant elle.

— En ce cas, Mademoiselle, si vous le permettez, je
vous accompagnerai jusque chez vous. Mon oncle serait
sans doute un guide plus convenable; mais il n'est point

revenu de la fête, et je ne sais pas à quelle heure il rentrera.

Valentine pensa tristement au redoublement de colère que cette circonstance causerait à sa mère; mais comme elle était fort innocente de tous les événements de cette journée, elle accepta l'offre de Bénédict avec une franchise qui commandait l'estime. Bénédict fut touché de ses manières simples et douces. Ce qui l'avait choqué d'abord en elle, cette aisance qu'elle devait à l'idée de supériorité sociale où on l'avait élevée, finit par le gagner. Il trouva qu'elle était fille noble de bonne foi, sans morgue et sans fausse humilité. Elle était comme le terme moyen entre sa mère et sa grand'mère; elle savait se faire respecter sans offenser jamais. Bénédict était surpris de ne plus sentir auprès d'elle cette timidité, ces palpitations qu'un homme de vingt ans, élevé loin du monde, éprouve toujours dans le tête-à-tête d'une femme jeune et belle. Il en conclut que mademoiselle de Raimbault, avec sa beauté calme et son caractère candide, était digne d'inspirer une amitié solide. Aucune pensée d'amour ne lui vint auprès d'elle.

Après quelques questions réciproques, relatives à l'heure, à la route, à la bonté de leurs chevaux, Valentine demanda à Bénédict si c'était lui qui avait chanté. Bénédict savait qu'il chantait admirablement bien, et ce fut avec une secrète satisfaction qu'il se ressouvint d'avoir fait entendre sa voix dans la vallée. Néanmoins, avec cette profonde hypocrisie que nous donne l'amour-propre, il répondit négligemment :

— Avez-vous entendu quelque chose? C'était moi, je pense, ou les grenouilles des roseaux.

Valentine garda le silence. Elle avait tant admiré cette voix, qu'elle craignait d'en dire trop ou trop peu. Cependant, après une pause, elle lui demanda ingénument :

— Et où avez-vous appris à chanter?

— Si j'avais du talent, je serais en droit de répondre que cela ne s'apprend pas; mais chez moi ce serait une fatuité. J'ai pris quelques leçons à Paris.

— C'est une belle chose que la musique! reprit Valentine.

Et à propos de musique ils parlèrent de tous les arts.

— Je vois que vous êtes extrêmement musicienne, dit Bénédict à une remarque assez savante qu'elle venait de faire.

— On m'a appris cela comme on m'a tout appris, répondit-elle, c'est-à-dire superficiellement;..... mais, comme j'avais le goût et l'instinct de cet art, je l'ai facilement compris.

— Et sans doute vous avez un grand talent?

— Moi! je joue des contredanses; voilà tout.

— Vous n'avez pas de voix?

— J'ai de la voix, j'ai chanté, et l'on trouvait que j'avais des dispositions; mais j'y ai renoncé.

— Comment! avec l'amour de l'art?

— Oui, je me suis livrée à la peinture, que j'aimais beaucoup moins, et pour laquelle j'avais moins de facilité.

— Cela est étrange!

— Non. Dans le temps où nous vivons, il faut une spécialité. Notre rang, notre fortune ne tiennent à rien. Dans quelques années peut-être la terre de Raimbault, mon patrimoine sera un bien de l'État, comme elle l'a été il n'y a pas un demi-siècle. L'éducation que nous recevons est misérable; ou nous donne les éléments de tout, et l'on ne nous permet de rien approfondir. On veut que nous soyons instruites; mais du jour où nous deviendrions savantes, nous serions ridicules. On nous élève toujours pour être riches, jamais pour être pauvres. L'éducation si bornée de nos aïeules valait beaucoup mieux; du moins elles savaient tricoter. La révolution les a trouvées femmes médiocres; elles se sont résignées à vivre en femmes médiocres; elles ont fait sans répugnance du filet pour vivre. Nous qui savons imparfaitement l'anglais, le dessin et la musique; nous qui faisons des peintures en laque, des écrans à l'aquarelle, des fleurs en velours, et vingt autres futilités ruineuses que les mœurs somptuaires d'une république repousseraient de la consommation, que ferions-nous? Laquelle de nous s'abaissera sans douleur à une profession mécanique? Car sur vingt d'entre nous, il n'en est souvent pas une qui possède à fond une connaissance quelconque. Je ne sache qu'un état qui leur convienne, c'est d'être femme de chambre. J'ai senti de bonne heure, aux récits de ma grand'mère et à ceux de ma mère (deux existences si opposées : l'émigration et l'empire, Coblentz et Marie-Louise), que je devais me garantir des malheurs de l'une, des prospérités de l'autre. Et quand j'ai été à peu près libre de suivre mon opinion, j'ai supprimé de mes talents ceux qui ne pouvaient me servir à rien. Je me suis adonnée à un seul, parce que j'ai remarqué que, quels que soient les temps et les modes, une personne qui fait très-bien une chose se soutient toujours dans la société.

— Vous pensez donc que la peinture sera moins négligée, moins inutile que la musique dans les mœurs lacédémoniennes que vous prévoyez, puisque vous l'avez rigidement embrassée contre votre vocation?

— Peut-être; mais ce n'est pas là la question. Comme profession, la musique ne m'eût pas convenu; elle met une femme trop en évidence; elle la pousse sur le théâtre ou dans les salons; elle en fait une actrice ou une subalterne à qui l'on confie l'éducation d'une demoiselle de province. La peinture donne plus de liberté; elle permet une existence plus retirée, et les jouissances qu'elle procure doublent de prix dans la solitude. J'imagine que vous ne désapprouverez plus mon choix... Mais allons un peu plus vite, je vous prie; ma mère m'attend peut-être avec inquiétude.

Bénédict, plein d'estime et d'admiration pour le bon sens de cette jeune fille, flatté de la confiance avec laquelle elle lui exposait ses pensées et son caractère, doubla le pas à regret. Mais comme la ferme de Grangeneuve étalait son grand pignon blanc au clair de la lune, une idée subite vint le frapper. Il s'arrêta brusquement, et, dominé par cette pensée qui l'agitait, il avança machinalement le bras pour arrêter le cheval de Valentine.

— Qu'est-ce? lui dit-elle en retenant sa monture; n'est-ce pas par ici?

Bénédict resta plongé dans un grand embarras. Puis tout d'un coup prenant courage :

— Mademoiselle, dit-il, ce que j'ai à vous dire me cause une grande anxiété, parce que je ne sais pas bien comment vous l'accueillerez venant de moi. C'est la première fois de ma vie que je vous parle, et le ciel m'est témoin que je vous quitterai pénétré de vénération. Cependant ce peut être aussi la seule, la dernière fois que j'aurai ce bonheur, et si ce que j'ai à vous annoncer vous offense, il vous sera facile de ne jamais rencontrer la figure d'un homme qui aura eu le malheur de vous déplaire...

Ce début solennel jeta autant de crainte que de surprise dans l'esprit de Valentine. Bénédict avait dans tous les temps une physionomie particulièrement bizarre. Son esprit avait la même teinte de singularité; elle s'en était aperçue dans l'entretien qu'ils venaient d'avoir ensemble. Ce talent supérieur pour la musique, ces traits dont on ne pouvait saisir l'expression dominante, cet esprit cultivé et déjà sceptique à propos de tout, faisaient de lui un être étrange aux yeux de Valentine, qui n'avait jamais eu aucun rapport aussi direct avec un jeune homme d'une autre classe que la sienne. L'espèce de préface qu'il venait de lui débiter lui causa donc de l'épouvante. Quoique étrangère à de pures vanités, elle craignait une déclaration, et n'eut pas la présence d'esprit de répondre un seul mot.

— Je vois que je vous effraie, Mademoiselle, reprit Bénédict. C'est que, dans la position délicate où je me trouve jeté par le hasard, je n'ai pas assez d'usage ou d'esprit pour me faire comprendre à demi-mot.

Ces paroles augmentèrent l'effroi et la terreur de Valentine.

— Monsieur, lui dit-elle, je ne pense pas que vous puissiez avoir à me dire quelque chose que je puisse en tendre, puisque j'avoue que vous faites de votre embarras. Puisque vous craignez de m'offenser, je dois craindre de vous laisser commettre une gaucherie. Brisons là, je vous prie ; et comme me voici dans mon chemin, agréez mes remerciements et ne prenez pas la peine d'a'ler plus loin...

. — J'aurais dû m'attendre à cette réponse, dit Bénédict profondément offensé. J'aurais dû moins compter sur ces apparences de raison et de sensibilité que je voyais chez mademoiselle de Raimbault...

Valentine ne daigna pas lui répondre. Elle lui jeta un froid salut, et, tout épouvantée de la situation où elle se trouvait, elle fouetta son cheval et partit.

Bénédict consterné la regardait fuir. Tout d'un coup il se frappa la tête avec dépit.

— Je ne suis qu'un animal stupide, s'écria-t-il ; elle ne me comprend pas !

Et, faisant sauter le fossé à son cheval, il coupe à angle droit l'enclos que Valentine côtoyait : en trois minutes il se trouve vis-à-vis d'elle et lui barre le chemin. Valentine eut tellement peur qu'elle faillit tomber à la renverse.

## VII.

Bénédict se jette à bas de son cheval.

— Mademoiselle, s'écrie-t-il, je tombe à vos genoux. N'ayez pas peur de moi. Vous voyez bien qu'à pied je ne puis vous poursuivre. Daignez m'écouter un moment. Je ne suis qu'un sot ; je vous ai fait une mortelle injure en m'imaginant que vous ne vouliez pas me comprendre ; et comme en voulant vous préparer je ne ferais qu'accumuler sottise sur sottise, je vais droit au but. N'avez-vous pas entendu parler dernièrement d'une personne qui vous est chère ?

— Ah ! parlez, s'écria Valentine avec un cri parti du cœur.

— Je le savais bien, dit Bénédict avec joie ; vous l'aimez, vous la plaignez ; on ne nous a pas trompés ; vous désirez la revoir, vous seriez prête à lui tendre les bras. N'est-ce pas, Mademoiselle, que tout ce qu'on dit de vous est vrai ?

Il ne vint pas à la pensée de Valentine de se méfier de la sincérité de Bénédict. Il venait de toucher la corde la plus sensible de son âme ; la prudence ne lui eût plus paru que de la lâcheté ; c'est le propre des générosités enthousiastes.

— Si vous savez où elle est, Monsieur, s'écria-t-elle en joignant les mains, héni soyez-vous, car vous allez me l'apprendre.

— Je ferai peut-être une chose coupable aux yeux de la société ; car je vous détournerai de l'obéissance filiale. Et pourtant je vais le faire sans remords ; l'amitié que j'ai pour cette personne m'en fait un devoir, et l'admiration que j'ai pour vous me fait croire que vous ne me le reprocherez jamais. Ce matin elle a fait quatre lieues à pied dans la rosée des prés, sur les cailloux des guérets, enveloppée d'une mante de paysanne, pour vous apercevoir à votre fenêtre ou dans votre jardin. Elle est revenue sans y avoir réussi. Voulez-vous la dédommager ce soir, et la payer de toutes les peines de sa vie ?

— Conduisez-moi vers elle, Monsieur, je vous le demande au nom de ce que vous avez de plus cher au monde.

— Eh bien, dit Bénédict, fiez-vous à moi. Vous ne devez pas vous montrer à la ferme. Quoique mes parents en soient encore absents, les serviteurs vous verraient ; ils parleraient, et demain votre mère, informée de cette visite, susciterait de nouvelles persécutions à votre sœur. Laissez-moi attacher votre cheval avec le mien sous ces arbres et suivez-moi.

Valentine sauta légèrement à terre sans attendre que Bénédict lui offrît la main. Mais à peine y fut-elle que l'instinct du danger, naturel aux femmes les plus pures, se réveilla en elle ; elle eut peur. Bénédict attacha les chevaux sous un massif d'érables touffus. En revenant vers elle, il s'écria d'un ton de franchise :

— Oh ! qu'elle va être heureuse, et qu'elle s'attend peu aux joies qui s'approchent d'elle !

Ces paroles rassurèrent Valentine. Elle suivit son guide dans un sentier tout humide de la rosée du soir, jusqu'à l'entrée d'une chènevière dont un fossé formait la clôture. Il fallait passer sur une planche toute tremblante. Bénédict sauta dans le fossé et lui servit d'appui, tandis que Valentine le franchissait.

— Ici, Perdreau ! à bas ! taisez-vous ! dit-il à un gros chien qui s'avançait sur eux en grondant, et qui, en reconnaissant son maître, fit autant de bruit par ses caresses qu'il en avait fait par sa méfiance.

Bénédict le renvoya d'un coup de pied, et fit entrer sa compagne émue dans le jardin de la ferme situé sur le derrière des bâtiments, comme dans la plupart des habitations rustiques. Ce jardin était fort touffu. Les ronces, les rosiers, les arbres fruitiers y croissaient pêle-mêle, et leurs pousses vigoureuses, que ne mutilait jamais le ciseau du jardinier, s'entre-croisaient sur les allées jusqu'à les rendre impraticables. Valentine accrochait sa longue jupe d'amazone à toutes les épines ; l'obscurité profonde de toute cette libre végétation augmentait son embarras, et l'émotion violente qu'elle éprouvait dans un tel moment lui ôtait presque la force de marcher.

— Si vous voulez me donner la main, lui dit son guide, nous irons plus vite. .

Valentine avait perdu son gant dans cette agitation ; elle mit sa main nue dans celle de Bénédict. Pour une jeune fille élevée comme elle, c'était une étrange situation. Le jeune homme marchait devant elle, l'attirait doucement après lui, écartant les branches avec son autre bras pour qu'elles ne vinssent pas fouetter le visage de sa belle compagne.

— Mon Dieu ! comme vous tremblez ! lui dit-il en lâchant sa main lorsqu'ils eurent atteint un endroit découvert.

— Ah ! Monsieur, c'est de joie et d'impatience, répondit Valentine.

Il restait encore un obstacle à franchir. Bénédict n'avait pas la clef du jardin ; il fallut, pour en sortir, sauter une haie vive. Il lui proposa de l'aider, et il fallut bien accepter. Alors le neveu du fermier prit dans ses bras la fiancée du comte de Lansac. Il porta dans ses mains émues sur sa taille charmante. Il respira de près son haleine entrecoupée ; et cela dura assez longtemps, car la haie était large, hérissée de joncs épineux, les pierres du glacis croulaient, et Bénédict n'avait pas bien toute sa présence d'esprit.

Cependant, telle est la pudique timidité de cet âge ! son imagination alla beaucoup moins loin que la réalité, et la peur de manquer à sa conscience lui ôta le sentiment de son bonheur.

Arrivé à la porte de la maison, Bénédict poussa le loquet sans bruit, fit entrer Valentine dans la salle basse, et s'approcha du foyer à tâtons. Il eut bientôt allumé un flambeau, et, montrant à mademoiselle de Raimbault un escalier de bois assez semblable à une échelle, il lui dit :

— C'est là.

Il se jeta sur une chaise, s'installa en sentinelle, et la pria de ne pas rester plus d'un quart d'heure avec Louise.

Fatiguée d'une longue course de la matinée, Louise s'était endormie de bonne heure. La petite chambre qu'elle occupait était une des plus mauvaises de la ferme ; mais comme elle passait pour une pauvre parente que les Lhéry avaient longtemps assistée en Poitou, elle n'avait pas voulu qu'on détruisit l'erreur des domestiques du fermier en lui faisant une réception brillante. Elle s'était volontairement accommodée d'une sorte de petit grenier dont la lucarne donnait sur le plus ravissant aspect de prairies et d'îlots, coupé par les sinuosités de l'Indre et planté des plus beaux arbres. On lui avait composé à la hâte un assez bon lit sur un méchant grabat ; des bottes de pois séchaient sur une claie, des grappes d'oignons dorés pendaient au plancher, des pelotons de fil bis dormaient au fond d'un dévidoir invalide. Louise, élevée dans l'opulence, trouvait du charme dans ces attributs de la vie champêtre. À la grande surprise de madame Lhéry, elle avait voulu laisser à sa chambrette cet air de désordre et d'encombrement rustique qui lui rappelait les peintures flamandes de Van-Ostade et de Gérard Dow. Mais les objets qu'elle aimait le mieux dans ce modeste réduit, c'était un vieux rideau de perse à ramages fanés, et deux antiques fauteuils de point dont les bois avaient été jadis dorés. Par le plus grand hasard du monde, ces meubles avaient été retirés du château environ dix années auparavant, et Louise les reconnut pour les avoir vus dans son enfance. Elle versa des larmes et faillit les embrasser comme de vieux amis, en se rappelant combien de fois, dans ces heureux jours de calme et d'ignorance à jamais perdus, elle s'était blottie, petite fille blonde et rieuse, dans les larges bras de ces vieux fauteuils.

Ce soir-là elle s'était endormie en regardant machinalement les fleurs du rideau; et cette vue avait retracé à sa mémoire tous les menus détails de sa vie passée. Après un long exil, cette vive sensation de ses anciennes douleurs, de ses anciennes joies, se réveillait avec force. Elle se croyait au lendemain des événements qu'elle avait expiés et pleurés dans un triste pèlerinage de quinze années. Elle s'imaginait revoir, derrière ce rideau que le vent agitait à travers le déjeté de la fenêtre, toute la scène brillante et magique de ses jeunes années, la tourelle de son vieux manoir, les chênes séculaires du grand parc, la chèvre blanche qu'elle avait aimée, le champ où elle avait cueilli des bluets. Quelquefois l'image de sa grand'mère, égoïste et débonnaire créature, se dressait devant elle avec des larmes dans les yeux comme au jour de son bannissement. Mais ce cœur, qui ne savait aimer qu'à demi, se refermait pour elle, et cette apparition consolante s'éloignait avec indifférence et légèreté.

La seule image pure et toujours délicieuse de ce tableau fantastique, c'était celle de Valentine, de ce bel enfant de quatre ans, aux longs cheveux dorés, aux joues vermeilles, que Louise avait connu. Elle la voyait encore courir au travers des blés plus hauts qu'elle, comme une perdrix dans un sillon; se jeter dans ses bras avec ce rire expansif et caressant de l'enfance qui fait venir des larmes dans les yeux de la personne aimée; passer ses mains rondelettes et blanches sur le cou de sa sœur, et l'entretenir de ces mille riens naïfs dont se compose la vie d'un enfant, dans ce langage primitif, rationnel et piquant qui nous charme et nous surprend toujours. Depuis ce temps-là, Louise avait été mère; elle avait aimé l'enfance non plus comme un amusement, mais comme un sentiment. Cet amour d'autrefois pour sa petite sœur, s'était réveillé plus intense et plus maternel avec celui qu'elle avait eu pour son fils. Elle se la représentait toujours telle qu'elle l'avait laissée; et quand on lui disait qu'elle était maintenant une grande et belle personne plus robuste et plus élancée qu'elle, Louise ne pouvait parvenir à le croire plus d'un instant; bientôt son imagination se reportait à la petite Valentine, et elle formait le souhait de la tenir sur ses genoux.

Cette riante et fraîche apparition se mêlait à tous ses rêves depuis que tous ses jours étaient occupés à chercher le moyen de la voir. Au moment où Valentine monta légèrement l'échelle et souleva la trappe qui servait d'entrée à sa chambre, Louise croyait voir, au milieu des roseaux qui bordent l'Indre, Valentine, enfant de quatre ans, courant après les longues demoiselles bleues qui rasent l'eau du bout de leurs ailes. Tout à coup l'enfant tombait dans la rivière. Louise s'élançait pour la ressaisir; mais madame de Raimbault, la fière comtesse, sa belle-mère, son inflexible ennemie, apparaissait, et, repoussant ses efforts, laissait périr l'enfant.

— Ma sœur! cria Louise d'une voix étouffée en se débattant contre les chimères de son pénible sommeil.

— Ma sœur! répondit une voix inconnue et douce comme celle des anges que nous entendons chanter dans nos songes.

Louise, en se redressant sur son chevet, perdit le mouchoir de soie qui retenait ses longs cheveux bruns. Dans ce désordre, pâle, effrayée, éclairée par un rayon de la lune qui perçait furtivement entre les fentes du rideau, elle se pencha vers la voix qui l'appelait. Deux bras l'enlacent; une bouche fraîche et jeune couvre ses joues de saintes caresses; Louise, interdite, se sent inondée de larmes et de baisers; Valentine, près de défaillir, se laisse tomber, épuisée d'émotion, sur le lit de sa sœur. Quand Louise comprit que ce n'était plus un rêve, que Valentine était dans ses bras, qu'elle y était venue, que son cœur était rempli de tendresse et de joie comme le sien, elle ne put exprimer ce qu'elle sentait que par des étreintes et des sanglots. Enfin, quand elles purent se parler :

— C'est donc toi? s'écria Louise, toi que j'ai si longtemps rêvée ?

— C'est donc vous? s'écria Valentine, vous qui m'aimez encore !

— Pourquoi ce *vous* ? dit Louise ; ne sommes-nous pas sœurs ?

— Oh ! c'est que vous êtes ma mère aussi ! répondit Valentine. Allez, je n'ai rien oublié ! Vous êtes encore présente à ma mémoire comme si c'était hier ; je vous aurais reconnue entre mille. Oh ! oui, c'est vous, c'est bien vous ! Voilà vos grands cheveux bruns dont je crois voir encore les bandeaux sur votre front ; voilà vos petites mains blanches et menues, voilà votre teint pâle. C'est ainsi que je vous rêvais.

— Oh ! Valentine ! ma Valentine ! écarte donc ce rideau, que je te voie aussi. Ils m'avaient bien dit que tu étais belle ! mais tu l'es cent fois plus qu'ils n'ont pu l'exprimer. Tu es toujours blonde, toujours blanche ; voilà tes yeux bleus si doux, ton sourire si caressant ! C'est moi qui t'ai élevée, Valentine ; tu t'en souviens ! c'est moi qui préservais ton teint du hâle et des gerçures ; c'est moi qui prenais soin de tes cheveux et les roulais chaque jour en spirales dorées ; c'est à moi que tu dois d'être restée si belle, Valentine ; car ta mère ne s'occupait guère de toi ; moi seule je veillais sur tous tes instants...

— Oh ! je le sais, je le sais ! Je me rappelle encore les chansons avec lesquelles vous m'endormiez ; je me souviens qu'à mon réveil je trouvais toujours votre visage penché vers le mien. Oh ! comme je vous ai pleurée, Louise ! Comme j'ai été longtemps sans savoir me passer de vous ! Comme je repoussais les soins des autres femmes ! Ma mère ne m'a jamais pardonné l'espèce de haine que je lui témoignais alors, parce que ma nourrice m'avait dit : « Ta pauvre sœur s'en va, c'est ta mère qui la chasse.» Oh ! Louise ! Louise ! vous m'êtes enfin rendue !

— Et nous ne nous séparerons plus, n'est-ce pas ? s'écria Louise ; nous trouverons le moyen de nous voir souvent, de nous écrire. Tu ne te laisseras pas effrayer par les menaces ; nous ne redeviendrons jamais étrangères l'une à l'autre ?

— Est-ce que nous l'avons jamais été ! répondit-elle ; est-ce que cela est au pouvoir de quelqu'un ! Tu me connais bien mal, Louise, si tu crois que l'on pourra te bannir de mon cœur quand on ne l'a pas du même dès les jours de ma faible enfance. Mais, sois tranquille, nos maux sont finis. Dans un mois je serai mariée ; j'épouse un homme doux, sensible, raisonnable, à qui j'ai parlé de toi souvent, qui approuve ma tendresse, et qui me permettra de vivre auprès de toi. Alors, Louise, tu n'auras plus de chagrin, n'est-ce pas? tu oublieras tes malheurs en les répandant dans mon sein? Tu élèveras mes enfants si j'ai le bonheur d'être mère ; nous croirons revivre en eux.... Je sécherai toutes tes larmes, je consacrerai ma vie à réparer toutes les souffrances de la tienne.

— Sublime enfant, cœur d'ange ! dit Louise en pleurant de joie ; ce jour les efface toutes. Va, je ne me plaindrai pas du sort qui m'a donné un tel instant de joie ineffable ! N'as-tu pas adouci déjà pour moi les années d'exil? Tiens, vois ! dit-elle en prenant sous son chevet un petit paquet soigneusement enveloppé d'un carré de velours, reconnais-tu ces quatre lettres? C'est toi qui me les as écrites à diverses époques de notre séparation. J'étais en Italie quand j'ai reçu celle-ci ; tu n'avais pas dix ans.

— Oh ! je m'en souviens bien ! dit Valentine ; j'ai encore les vôtres aussi. Je les ai tant relues, tant baignées de mes larmes ! Celle-là, tenez, je vous l'ai écrite du couvent. Comme j'ai tremblé, comme j'ai tressailli de peur et de joie, quand une femme que je ne connaissais pas me remit la vôtre au parloir ! Elle me la glissa avec un signe

C'était un brave homme encore vert. (Page 3.)

d'intelligence, en me donnant des friandises qu'elle feignait d'apporter de la part de ma grand'mère. Et quand, deux ans après, étant aux environs de Paris, j'aperçus contre la grille du jardin une femme qui avait l'air de demander l'aumône, quoique je ne l'eusse vue qu'une seule fois, qu'un seul instant, je la reconnus tout de suite. Je lui dis : « Vous avez une lettre pour moi ? — Oui, me dit-elle, et je viendrai chercher la réponse demain. » Alors je courus m'enfermer dans ma chambre ; mais on m'appela, on me surveilla tout le reste de la journée. Le soir, ma gouvernante resta auprès de mon lit à travailler jusqu'à près de minuit. Il fallut que je feignisse de dormir tout ce temps ; et quand elle me laissa pour passer dans sa chambre, elle emporta la lumière. Avec combien de peine et de précautions je parvins à me procurer une allumette, un flambeau, et tout ce qu'il fallait pour écrire, sans faire de bruit, sans éveiller ma surveillante ! J'y réussis cependant ; mais je laissai tomber quelques gouttes d'encre sur mon drap, et le lendemain je fus questionnée, menacée, grondée ! Avec quelle impudence je sus mentir ! comme je subis de bon cœur la pénitence qui me fut infligée ! La vieille femme revint et

demanda à me vendre un petit chevreau. Je lui remis la lettre, et j'élevai la chèvre. Quoiqu'elle ne vînt pas directement de vous, je l'aimais à cause de vous. O Louise ! je vous dois peut-être de n'avoir pas un mauvais cœur ; on a tâché de dessécher le mien de bonne heure ; on a tout fait pour éteindre le germe de ma sensibilité ; mais votre image chérie, vos tendres caresses, votre bonté pour moi, avaient laissé dans ma mémoire des traces ineffaçables. Vos lettres vinrent réveiller en moi le sentiment de reconnaissance que vous y aviez laissé ; ces quatre lettres marquèrent quatre époques bien senties dans ma vie ; chacune d'elles m'inspira plus fortement la volonté d'être bonne, la haine de l'intolérance, le mépris des préjugés, et j'ose dire que chacune d'elles marqua un progrès dans mon existence morale. Louise, ma sœur, c'est vous qui réellement m'avez élevée jusqu'à ce jour.

— Tu es un ange de candeur et de vertu, s'écria Louise ; c'est moi qui devrais être à tes genoux...

— Eh ! vite, cria la voix de Bénédict au bas de l'escalier ! séparez-vous ! Mademoiselle de Raimbault, M. de Lansac vous cherche.

C'était une petite femme mince. (Page 3.)

## VIII.

Valentine s'élança hors de la chambre. L'arrivée de M. de Lansac était pour elle un incident agréable ; elle voulait lui faire prendre part à son bonheur ; mais, à son grand déplaisir, Bénédict lui apprit qu'il l'avait dérouté en lui répondant qu'il n'avait pas entendu parler de mademoiselle de Raimbault depuis la fête. Bénédict s'excusa en disant qu'il ne savait pas quelles étaient les dispositions de M. de Lansac à l'égard de Louise. Mais au fond du cœur il avait éprouvé je ne sais quelle joie maligne à envoyer ce pauvre fiancé courir les champs au milieu de la nuit, tandis que lui, Bénédict, tenait la fiancée sous sa garde.

— Ce mensonge est peut-être maladroit, lui dit-il ; mais je l'ai fait dans de bonnes intentions, et il n'est plus temps de le rétracter. Permettez-moi, Mademoiselle, de vous engager à retourner au château tout de suite ; je vous accompagnerai jusqu'à la porte du parc, et vous direz qu'après vous avoir égaré le hasard vous a fait retrouver votre chemin toute seule.

— Sans doute, répondit Valentine troublée : c'est ce qu'il y a de moins inconvenant a faire, après avoir trompé et renvoyé M. de Lansac. Mais si nous le rencontrons ?

— Je dirai, reprit vivement Bénédict, que, prenant part à sa peine, je suis monté à cheval pour l'aider à vous retrouver, et que la fortune m'a mieux servi que lui.

Valentine était bien un peu tourmentée de toutes les conséquences de cette aventure ; mais, après tout, il n'était guère en son pouvoir de s'en occuper. Louise avait jeté une pelisse sur ses épaules, et elle était descendue avec elle dans la salle. Là, saisissant le flambeau que Bénédict avait à la main, elle l'approcha du visage de sa sœur pour le bien voir, et l'ayant contemplée avec ravissement :

— Mon Dieu ! s'écria-t-elle avec enthousiasme en s'adressant à Bénédict, voyez donc comme est belle ma Valentine !

Valentine rougit, et Bénédict plus qu'elle encore. Louise était trop livrée à sa joie pour deviner leur embarras. Elle la couvrit de caresses ; et quand Bénédict voulut l'arracher de ses bras, elle accabla ce dernier de reproches.

Mais, passant subitement à un sentiment plus juste, elle se jeta avec effusion au cou de son jeune ami, en lui disant que tout son sang ne paierait pas le bonheur qu'il venait de lui donner.

— Pour votre récompense, ajouta-t-elle, je vais la prier de faire comme moi; veux-tu, Valentine, donner aussi un baiser de sœur à ce pauvre Bénédict, qui, se trouvant seul avec toi, s'est souvenu de Louise?

— Mais, dit Valentine en rougissant, ce sera donc pour la seconde fois aujourd'hui?

— Et pour la dernière de ma vie, dit Bénédict en ployant un genou devant la jeune comtesse. Que celui-ci efface toute la souffrance que j'ai partagée en obtenant le premier malgré vous.

La belle Valentine reprit sa sérénité; mais, avec une noble pudeur sur le front, elle leva les yeux au ciel.

— Dieu m'est témoin, dit-elle, que du fond de mon âme je vous donne cette marque de la plus pure estime; et, se penchant vers le jeune homme, elle déposa légèrement sur son front un baiser qu'il n'osa pas même lui rendre sur la main. Il se releva pénétré d'un indicible sentiment de respect et d'orgueil. Il n'avait pas connu de recueillement si suave, d'émotion si douce, depuis le jour où, jeune villageois crédule et pieux, il avait fait sa première communion, dans un beau jour de printemps, au parfum de l'encens et des fleurs effeuillées.

Ils retournèrent par le chemin d'où ils étaient venus, et cette fois Bénédict se sentit entièrement calme auprès de Valentine. Ce baiser avait formé entre eux un lien sacré de fraternité. Ils s'établirent dans une confiance réciproque, et, lorsqu'ils se quittèrent à l'entrée du parc, Bénédict promit d'aller bientôt porter à Raimbault des nouvelles de Louise.

— J'ose à peine vous en prier, répondit Valentine, et pourtant je le désire bien vivement. Mais ma mère est si sévère dans ses préjugés!

— Je saurai braver toutes les humiliations pour vous servir, répondit Bénédict, et je me flatte de savoir m'exposer sans compromettre personne.

Il la salua profondément et disparut.

Valentine rentra par l'allée la plus sombre du parc; mais elle aperçut bientôt à travers le feuillage, sous ces longues galeries de verdure, la lueur et le mouvement des flambeaux. Elle trouva toute la maison en émoi, et sa mère, qui pressait les mains du cocher, brutalisait le valet de chambre, se faisait humble avec les uns, se laissait aller à la fureur avec les autres, pleurait comme une mère, puis commandait en reine, et, pour la première fois de sa vie peut-être, semblait par intervalles appeler la pitié d'autrui à son secours. Mais dès qu'elle reconnut le pas du cheval qui lui ramenait Valentine, au lieu de se livrer à la joie, elle céda à sa colère longtemps comprimée par l'inquiétude. Sa fille ne trouva dans ses yeux que le ressentiment d'avoir souffert.

— D'où venez-vous? lui cria-t-elle d'une voix forte, en la tirant de sa selle avec une violence qui faillit la faire tomber. Vous jouez-vous de mes tourments? Pensez-vous que le moment soit bien choisi pour rêver à la lune et vous oublier dans les chemins? A l'heure qu'il est, et lorsque, pour me prêter à vos caprices, je suis brisée de fatigue, croyez-vous qu'il soit convenable de vous faire attendre? Est-ce ainsi que vous respectez votre mère, si vous ne la chérissez pas?

Elle la conduisit ainsi jusqu'au salon en l'accablant des reproches les plus aigres et des accusations les plus dures. Valentine bégaya quelques mots pour sa défense, et fut dispensée de la présence d'esprit qu'elle aurait été forcée d'apporter à des explications qu'heureusement on ne lui demanda pas. Elle trouva au salon sa grand'mère, qui prenait du thé, et qui, lui tendant les bras, s'écria:

— Ah! te voilà, ma petite! Mais sais-tu que tu as donné bien de l'inquiétude à ta mère? Pour moi, je savais bien qu'il ne pouvait t'être rien arrivé de fâcheux dans ce pays-ci, où tout le monde révère le nom que tu portes. Allons, embrasse-moi, et que tout soit oublié. Puisque te voilà retrouvée, je vais manger de meilleur appétit. Cette course en calèche m'a donné une faim d'enfer.

En parlant ainsi, la vieille marquise, qui avait encore de fort bonnes dents, mordit dans un *tost* à l'anglaise que sa demoiselle de compagnie lui préparait. Le soin minutieux qu'elle y apportait prouvait l'importance que sa maîtresse attachait à l'assaisonnement de ce mets. Quant à la comtesse, chez qui l'orgueil et la violence étaient au moins les vices d'une âme impressionnable, cédant à la force de ses sensations, elle se laissa tomber à demi évanouie sur un fauteuil.

Valentine se jeta à ses genoux, aida à la délacer, couvrit ses mains de larmes et de baisers, et regretta sincèrement le bonheur qu'elle avait goûté en voyant combien il avait fait souffrir sa mère. La marquise quitta son souper, dissimulant mal la contrariété qu'elle éprouvait, et vint, alerte et vive qu'elle était, tourner autour de sa belle-fille en assurant que ce ne serait rien.

Lorsque la comtesse ouvrit les yeux, elle repoussa rudement Valentine, lui dit qu'elle avait trop à se plaindre d'elle pour agréer ses soins; et comme la pauvre enfant exprimait sa douleur et demandait son pardon à mains jointes, il lui fut impérieusement ordonné d'aller se coucher sans avoir obtenu le baiser maternel.

La marquise, qui se piquait d'être l'ange consolateur de la famille, s'appuya sur le bras de sa petite-fille pour remonter à sa chambre, et lui dit en la quittant, après l'avoir embrassée au front:

— Allons, ma chère petite, console-toi. Ta mère a un peu d'humeur ce soir, mais ce n'est rien. Ne va pas t'amuser à prendre du chagrin; tu serais couperosée demain, et cela ne ferait pas les affaires de notre bon Lansac.

Valentine s'efforça de sourire, et quand elle se trouva seule, elle se jeta sur son lit, accablée de chagrin, de bonheur, de lassitude, de crainte, d'espoir, de mille sentiments divers qui se pressaient dans son cœur.

Au bout d'une heure, elle entendit retentir dans le corridor le bruit des bottes éperonnées de M. de Lansac. La marquise, qui ne se couchait jamais avant minuit, l'appela dans sa chambre entr'ouverte, et Valentine, entendant leurs voix mêlées, alla sur-le-champ les rejoindre.

— Ah! dit la marquise avec cette joie maligne de la vieillesse qui ne respecte aucune des délicatesses de la pudeur parce qu'elle n'en a plus le sentiment, j'étais bien sûre que la friponne, au lieu de dormir, attendait le retour de son fiancé, le cœur agité, l'oreille au guet! Allons, allons, mes enfants, je crois qu'il est temps de vous marier.

Rien n'allait si mal que cette idée à l'attachement calme et digne que Valentine éprouvait pour M. de Lansac. Elle rougit de mécontentement; mais la physionomie respectueuse et douce de son fiancé la rassura.

— Je n'ai pas pu dormir en effet, lui dit-elle, avant de vous avoir demandé pardon de toute l'inquiétude que je vous ai causée.

— On aime, des personnes qui nous sont chères, répondit M. de Lansac avec une grâce parfaite, jusqu'aux tourments qu'elles nous causent.

Valentine se retira confuse et agitée. Elle sentit qu'elle avait de grands torts involontaires envers M. de Lansac, et sa conscience s'impatientait d'avoir encore quelques heures à attendre pour lui en faire l'aveu. Si elle avait eu moins de délicatesse et plus de connaissance du monde, elle se fût bien gardée de faire cette confession.

M. de Lansac avait, dans l'aventure de la soirée, joué le rôle le plus déplaisant, et, quelle que fût la candeur de Valentine, il eût peut-être semblé difficile à cet homme du monde de pardonner bien sincèrement à sa fiancée l'espèce de pacte fait avec un autre pour le tromper. Mais Valentine rougissait de rester complice d'un mensonge envers celui qui allait être son époux.

Le lendemain, dès le matin, elle courut le rejoindre au salon.

— Évariste, lui dit-elle en allant droit au but, j'ai sur le cœur un secret qui me pèse; il faut que je vous le dise. Si je suis coupable, vous me blâmerez, mais au moins vous ne me reprocherez pas d'avoir manqué de loyauté.

— Eh! mon Dieu! ma chère Valentine, vous me faites frémir! Où voulez-vous arriver avec ce préambule solennel? Songez dans quelle position nous nous trouvons!... Non, non, je ne veux rien entendre. C'est aujourd'hui que je vous quitte pour aller à mon poste attendre tristement la fin de l'éternel mois qui s'oppose à mon bonheur, et je ne veux pas attrister ce jour déjà si triste par une confidence qui semble vous être pénible. Quoi que vous ayez à me dire, quoi que vous ayez fait de *criminel*, je vous absous. Allez, Valentine, votre âme est trop belle, votre vie est trop pure pour que j'aie l'insolence de vouloir vous confesser.

— Cette confidence ne vous attristera pas, répondit Valentine en retrouvant toute sa confiance dans la raison de M. de Lansac. Au contraire, lorsque même vous m'accuseriez d'avoir agi avec précipitation, vous vous réjouiriez encore avec moi, j'en suis sûre, d'un événement qui me comble de joie. J'ai retrouvé ma sœur...

— Taisez-vous! dit vivement M. de Lansac en affectant une terreur comique. Ne prononcez pas ce nom ici! Votre mère a des doutes qui déjà la mettent au désespoir. Que serait-ce, grand Dieu! si elle savait où vous en êtes? Croyez-moi, ma chère Valentine, gardez ce secret bien avant dans votre cœur, et n'en parlez pas même à moi. Vous m'ôteriez par là tous les moyens de conviction que mon air d'innocence doit me donner auprès de votre mère. Et puis, ajouta-t-il en souriant d'un air qui ôtait à ses paroles toute la rigidité de leur sens, je ne suis pas encore assez votre maître, c'est-à-dire votre protecteur, pour me croire bien fondé à autoriser un acte de rébellion ouverte contre la volonté maternelle. Attendez un mois. Cela vous semblera bien moins long qu'à moi.

Valentine, qui tenait à dégager sa conscience de la circonstance la plus délicate de son secret, voulut en vain insister. M. de Lansac ne voulut rien entendre, et finit par lui persuader qu'elle ne devait rien lui dire.

Le fait est que M. de Lansac était bien né, qu'il occupait de belles fonctions diplomatiques, qu'il était plein d'esprit, de séduction et de ruse; mais qu'il avait des dettes à payer, et que pour rien au monde il n'eût voulu perdre la main et la fortune de mademoiselle de Raimbault. Dans la crainte continuelle de s'aliéner la mère ou la fille, il transigeait secrètement avec l'une et l'autre, il flattait leurs sentiments, leurs opinions, et, peu intéressé dans l'affaire de Louise, il était décidé à n'y intervenir que lorsqu'il deviendrait maître de la terminer à son gré.

Valentine prit sa prudence pour une autorisation tacite, et, se rassurant de ce côté, elle dirigea toutes ses pensées vers l'orage qui allait éclater du côté de sa mère.

La veille au soir, le laquais adroit et bas qui avait déjà insinué quelques soupçons sur l'apparition de Louise dans le pays était entré chez la comtesse, sous le prétexte d'apporter une limonade, et il avait eu avec elle l'entretien suivant.

## IX.

— Madame m'avait ordonné hier de m'informer de la personne...

— Il suffit. Ne la nommez jamais devant moi. L'avez-vous vue fait?

— Oui, Madame, et je crois être sur la voie.

— Parlez donc.

— Je n'oserais pas affirmer à madame que la chose soit aussi certaine que je le désirerais. Mais voici ce que je sais : il y a à la ferme de Grangeneuve, depuis à peu près trois semaines, une femme qui passe pour la nièce du père Lhéry, et qui m'a bien l'air d'être celle que nous cherchons.

— L'avez-vous vue?

— Non, Madame. D'ailleurs je ne connais pas la personne... et personne ici n'est plus avancé que moi.

— Mais que disent les paysans?

— Les uns disent que c'est une parente des Lhéry; à preuve, disent-ils, qu'elle n'est pas vêtue comme une demoiselle, et puis, parce qu'elle occupe chez eux une chambre de laboureur. Ils pensent que si c'était mademoiselle... on lui aurait fait une autre réception à la ferme. Les Lhéry lui étaient tout dévoués, comme madame sait.

— Sans doute. La mère Lhéry a été sa nourrice dans un temps où elle était fort heureuse de trouver ce moyen d'existence. Mais que disent les autres?... Comment se fait-il que l'on ne puisse affirmer si cette personne est ou n'est pas celle que tout le monde a vue autrefois?

— D'abord peu de gens l'ont vue à Grangeneuve, qui est un endroit fort isolé. Elle n'en sort presque pas, et, lorsqu'elle sort, elle est toujours enveloppée d'une mante, parce que, dit-on, elle est malade. Ceux qui l'ont rencontrée l'ont à peine aperçue, et disent qu'il leur est impossible de savoir si la personne fraîche et replète qu'ils ont vue, il y a quinze ans, est la personne maigre et pâle qu'ils voient maintenant. C'est une chose embarrassante à éclaircir, et qui demande beaucoup d'adresse et de persévérance.

— Joseph! je vous donne cent francs si vous voulez vous en charger.

— Il suffit d'un ordre de madame, répondit le valet d'un air hypocrite. Mais si je n'en viens pas à bout aussi vite que madame le désire, elle voudra bien se rappeler que les paysans d'ici sont rusés, méfiants; qu'ils ont un fort mauvais esprit, aucun attachement pour leurs anciens devoirs, et qu'ils ne seraient pas fâchés de montrer une opposition quelconque à la volonté de madame...

— Je sais qu'ils ne m'aiment pas, et je m'en félicite. La haine de ces gens-là m'honore au lieu de m'inquiéter. Mais le maire de la commune n'a-t-il point fait amener cette étrangère pour la questionner?

— Madame sait que le maire est un Lhéry, un cousin de son fermier; dans cette famille-là, ils sont unis comme les doigts de la main, et ils s'entendent comme larrons en foire...

Joseph sourit de complaisance en se trouvant tant de causticité dans le discours. La comtesse ne daigna pas partager son sentiment; mais elle reprit :

— Oh! c'est un grand désagrément que ces fonctions de maire soient remplies par des paysans, à qui elles donnent une certaine autorité sur nous!

— Il faudra, pensa-t-elle, que je m'occupe de faire destituer celui-là, et que mon gendre prenne l'ennui de le remplacer. Il fera faire la besogne par les adjoints.

Puis, revenant tout à coup au sujet de l'entretien par un de ces aperçus clairs et prompts que donne la haine :

— Il y a un moyen, dit-elle : c'est d'envoyer Catherine à la ferme, et de la faire parler.

— La nourrice de mademoiselle!... Oh! c'est une femme plus rusée que madame ne pense. Peut-être sait-elle déjà fort bien ce qui en est.

— Enfin, il faut trouver un moyen, dit la comtesse avec humeur.

— Si madame me permet d'agir...

— Eh! certainement!

— En ce cas, j'espère être instruit demain de ce qui intéresse madame.

Le lendemain, vers six heures du matin, au moment où l'*Angelus* sonnait au fond de la vallée et où le soleil enluminait tous les toits d'alentour, Joseph se dirigea vers la partie du pays la plus déserte, et en même temps la mieux cultivée; c'était sur les terres de Raimbault, terres considérables et fertiles, jadis domaines communaux nationaux, rachetées sous l'empire par la dot de mademoiselle Chignon, fille d'un riche manufacturier, que le général comte de Raimbault avait épousée en secondes noces. L'empereur aimait à unir les anciens noms aux nouvelles fortunes; ce mariage s'était conclu sous son influence suprême; et la nouvelle comtesse avait bientôt dépassé dans son cœur tout l'orgueil de la vieille noblesse qu'elle haïssait, et dont cependant elle avait voulu à tout prix obtenir les honneurs et les titres.

Joseph avait sans doute tissu une fable bien savante pour se présenter à la ferme sans effaroucher personne. Il avait dans son sac bien des tours de Scapin pour abuser de la simplicité des habitants; mais, par malheur, la première personne qu'il rencontra à cent pas de la ferme fut

Bénédict; homme bien plus fin, bien plus méfiant que lui. Le jeune homme se souvint aussitôt de l'avoir vu quelque temps auparavant à une autre fête de village, où, quoiqu'il portât fort bien son habit noir, bien qu'il affectât des manières de supériorité sur les fermiers qui prenaient de la bière avec lui, il avait été persiflé et humilié comme un vrai laquais qu'il était. Aussitôt Bénédict comprit qu'il fallait écarter de la ferme ce témoin dangereux, et, s'emparant de lui avec force politesses ironiques, il le força d'aller visiter avec lui une vigne située à quelque distance. Il affecta de le croire, sur sa parole, homme de confiance et régisseur du château, et feignit une grande disposition au bavardage. Joseph abusa bien vite de l'occasion, et, au bout de dix minutes, ses intentions et ses projets devinrent clairs comme le jour pour Bénédict. Alors celui-ci se tint sur ses gardes, et le désabusa de ses doutes relativement à Louise avec un air de candeur dont Joseph fut parfaitement dupe. Cependant Bénédict comprit que ce n'était pas assez, qu'il fallait se débarrasser entièrement des intentions malfaisantes de ce mouchard, et il retrouva tout à coup dans sa mémoire un moyen de le dominer.

— Parbleu, monsieur Joseph! lui dit-il, je suis fort aise de vous avoir rencontré. J'avais précisément à vous communiquer une affaire intéressante pour vous.

Joseph ouvrit deux larges oreilles, de ces oreilles de laquais, profondes, mobiles, habiles à saisir, vigilantes à conserver; de ces oreilles où rien ne se perd, où tout se retrouve.

— M. le chevalier de Trigaud, continua Bénédict, ce gentilhomme campagnard qui demeure à trois lieues d'ici, et qui fait un si énorme massacre de lièvres et de perdrix qu'on n'en trouve plus là où il a passé, me disait avanthier ( nous venions précisément de tuer dans les buissons une vingtaine de cailles vertes; car le bon chevalier est braconnier comme un garde-chasse), il disait donc avant hier qu'il serait bien aise d'avoir un homme intelligent comme vous à son service...

— M. le chevalier de Trigaud a dit cela? repartit l'auditeur ému.

— Sans doute, reprit Bénédict. C'est un homme riche, libéral, insouciant, ne se mêlant de rien, n'aimant que la chasse et la table, sévère à ses chiens, doux à ses serviteurs, ennemi des embarras domestiques, volé depuis qu'il est au monde, volable s'il en fut. Une personne qui aurait, comme vous, reçu une certaine instruction, qui tiendrait ses comptes, qui réformerait les abus de sa maison, et qui ne le contrarierait pas au sortir de table, pourrait à jeun obtenir tout de son humeur facile, régner en prince chez lui, et gagner quatre fois autant que chez madame la comtesse de Raimbault. Or, tous ces avantages sont à votre disposition, monsieur Joseph, si vous voulez, de ce pas, aller vous présenter au chevalier.

— J'y vais au plus vite! s'écria Joseph, qui connaissait fort bien la place et qui la savait bonne.

— Un instant! dit Bénédict. Il faudra vous rappeler que, grâce à mon goût pour la chasse et à la morale bien connue de ma famille, le bon chevalier nous témoigne à tous une amitié vraiment extraordinaire, et que quiconque aurait le malheur de me déplaire ou de rendre un mauvais office à quelqu'un des miens ne *pourrirait* pas sur le seuil de sa maison.

Le ton dont ces paroles furent prononcées les rendit très-intelligibles pour Joseph. Il rentra au château, rassura complétement la comtesse, eut l'adresse de se faire donner les cent francs de gratification pour son zèle et ses peines, et sauva Valentine de l'interrogatoire terrible que sa mère lui réservait. Huit jours après il entra au service du chevalier de Trigaud, qu'il ne vola pas ( il avait trop d'esprit à son goût pour le maître était trop bête pour qu'il s'en donnât la peine), mais qu'il pilla comme un pays conquis.

Dans son désir de ne pas manquer une si excellente aubaine, il avait poussé l'adresse et le dévouement aux intentions de Bénédict jusqu'à donner de faux renseignements à la comtesse sur la résidence de Louise. En trois jours il lui avait improvisé un voyage et un départ dont madame de Raimbault avait été la dupe. Il avait réussi

encore à ne pas perdre sa confiance en quittant son service. Il s'était fait octroyer de bon gré la permission de changer de maître, et madame de Raimbault ne pensa bientôt plus à lui ni à ses révélations antérieures. La marquise, qui aimait Louise plus peut-être qu'elle n'avait aimé personne, questionna Valentine. Mais celle-ci connaissait trop le caractère faible et la légèreté de sa grand'mère pour confier à son impuissante affection un secret de si haute importance. M. de Lansac était parti, les trois femmes étaient fixées à Raimbault, où le mariage devait se conclure dans un mois. Louise, qui ne se fiait peut-être pas autant que Valentine aux bonnes intentions de M. de Lansac, résolut de mettre à profit ce temps, où elle était à peu près libre, pour la voir souvent; et trois jours après la journée du 1er mai, Bénédict, chargé d'une lettre, se présenta au château.

Hautain et fier, il n'avait jamais voulu s'y présenter pour traiter d'aucune affaire au nom de son oncle; mais pour Louise, pour Valentine, pour ces deux femmes qu'il ne savait comment qualifier sans affection, il se faisait une sorte de gloire d'aller affronter les regards dédaigneux de la comtesse et les affabilités insolentes de la marquise. Il profita d'un jour chaud qui devait confiner Valentine chez elle, et, s'étant muni d'une carnassière bien remplie de gibier, ayant pris pour vêtement une blouse, un chapeau de paille et des guêtres, il partit ainsi équipé en chasseur villageois, certain que ce costume choquerait moins les yeux de la comtesse que ne le ferait un extérieur plus soigné.

Valentine écrivait dans sa chambre. Je ne sais quelle attente vague faisait trembler sa main; tout en traçant des lignes destinées à sa sœur, il lui semblait que le messager qui devait s'en charger n'était pas loin. Le moindre bruit dans la campagne, le trot d'un cheval, la voix d'un chien la faisait tressaillir; elle se levait et courait à la fenêtre; appelant dans son cœur Louise et Bénédict; car Bénédict, ce n'était pour elle, du moins elle le croyait ainsi, qu'une partie de sa sœur détachée vers elle.

Comme elle commençait à se lasser de cette émotion involontaire et cherchait à en distraire sa pensée, cette voix si belle et si pure, cette voix de Bénédict, qu'elle avait entendue la nuit sur les bords de l'Indre, vint de nouveau charmer son oreille. La plume tomba de ses doigts; elle écouta, ravie, ce chant naïf et simple qui avait tant d'empire sur ses nerfs. La voix de Bénédict partait d'un sentier qui tournait en dehors du parc sur une colline assez rapide. Le chanteur, se trouvant élevé au-dessus des jardins, pouvait faire entendre distinctement ces vers de sa chanson villageoise, qui renfermaient peut-être un avertissement pour Valentine :

Bergère Solange, écoutez ,
L'alouette aux champs vous appelle.

Valentine était assez romanesque; elle ne pensait pas l'être parce que son cœur vierge n'avait pas encore conçu l'amour. Mais lorsqu'elle croyait pouvoir s'abandonner sans réserve à un sentiment pur et honnête, sa jeune tête ne se défendait point d'aimer tout ce qui ressemblait à une aventure. Élevée sous des regards si rigides, dans une atmosphère aussi froides et si guindés, elle avait si peu joui de la fraîcheur et de la poésie de son âge!

Collée au store de sa fenêtre, elle vit bientôt Bénédict descendre le sentier. Bénédict n'était pas beau; mais sa taille était remarquablement élégante. Son costume rustique, qu'il portait un peu théâtralement, sa marche légère et assurée sur le bord du ravin, son grand chien blanc tacheté qui bondissait devant lui, et surtout son chant, assez flatteur et assez puissant pour suppléer chez lui à la beauté du visage, toute cette apparition dans une scène champêtre qui, par les soins de l'art, spoliateur de la nature, ressemblait assez à un décor d'opéra, c'était de quoi émouvoir un jeune cerveau, et donner je ne sais quel accessoire de coquetterie au prix de la missive.

Valentine fut bien tentée de s'enfoncer dans le parc, d'aller ouvrir une petite porte qui donnait sur le sentier, de tendre une main avide vers la lettre qu'elle croyait déjà voir dans celle de Bénédict. Tout cela était assez imprudent. Une pensée plus louable que celle du danger la retint : ce fut la crainte de désobéir deux fois en allant au-devant d'une aventure qu'elle ne pouvait pas repousser.

Elle résolut donc d'attendre un nouvel avertissement pour descendre, et bientôt une grande rumeur de chiens animés les uns contre les autres fit glapir tous les échos du préau. C'était Bénédict qui avait mis le sien aux prises avec ceux de la maison, afin d'annoncer son arrivée de la manière la plus bruyante possible.

Valentine descendit aussitôt ; son instinct lui fit deviner que Bénédict se présenterait de préférence à la marquise, comme étant la plus abordable. Elle rejoignit donc sa grand'mère, qui avait coutume de faire la sieste sur le canapé du salon, et, après l'avoir doucement éveillée, elle prit un prétexte pour s'asseoir à ses côtés.

Au bout de quelques minutes, un domestique vint annoncer que le neveu de M. Lhéry demandait à présenter son respect et son gibier à la marquise.

— Je me passerais bien de son respect, répondit la vieille folle ; mais que son gibier soit le bienvenu. Faites entrer.

---

## DEUXIÈME PARTIE.

### X.

En voyant paraître ce jeune homme dont elle se savait complice et qu'elle allait encourager, sous les yeux de sa grand'mère, à lui remettre un secret message, Valentine eut un remords. Elle sentit qu'elle rougissait, et le pourpre de ses joues alla se refléter sur celles de Bénédict.

— Ah ! c'est toi, mon garçon ! dit la marquise qui était sur le sofa sa jambe courte et replète croisée avec des grâces du temps de Louis XV. Sois le bienvenu. Comment va-t-on à la ferme ? Et cette bonne mère Lhéry ? et cette jolie petite cousine ? et tout le monde ?

Puis, sans se soucier de la réponse, elle enfonça la main dans la carnassière que Bénédict détachait de son épaule.

— Ah ! vraiment, c'est fort beau, ce gibier-là ! Est-ce toi qui l'as tué ? On dit que tu laisses un peu braconner le Trigaud sur nos terres ? Mais voilà de quoi te faire absoudre...

— Ceci , dit Bénédict en tirant de son sein une petite mésange vivante, je l'ai prise au filet par hasard. Comme elle est d'une espèce rare, j'ai pensé que mademoiselle, qui s'occupe d'histoire naturelle, la joindrait à sa collection.

Et, tout en remettant le petit oiseau à Valentine, il affecta d'avoir beaucoup de peine à le glisser dans ses doigts sans le laisser échapper. Il profita de ce moment pour lui remettre la lettre. Valentine s'approcha d'une fenêtre, comme pour examiner l'oiseau de près, et cacha le papier dans sa poche.

— Mais tu dois avoir bien chaud , mon cher ? dit la marquise. Va donc te désaltérer à l'office.

Valentine vit le sourire de dédain qui effleurait les lèvres de Bénédict.

— Monsieur aimerait peut-être mieux, dit-elle vivement , prendre un verre d'eau de grenades ?

Et elle souleva la carafe qui était sur un guéridon derrière sa grand'mère , pour en verser elle-même à son hôte. Bénédict la remercia d'un regard , et , passant derrière le dossier du sofa , il accepta , heureux de toucher le verre de cristal que la blanche main de Valentine lui offrit.

La marquise eut une petite quinte de toux pendant laquelle il dit vivement à Valentine :

— Que faudra-t-il répondre de votre part à la demande contenue dans cette lettre ?

— Quoi que ce soit, oui, répondit Valentine , effrayée de tant d'audace.

Bénédict promenait un regard grave sur ce salon élégant et spacieux , sur ces glaces limpides, sur ces parquets luisants, sur mille recherches de luxe dont l'usage même était ignoré encore à la ferme. Ce n'était pas la première fois qu'il pénétrait dans la demeure du riche, et son cœur était loin de se prendre d'envie pour tous ces hochets de la fortune, comme eût fait celui d'Athénaïs. Mais il ne pouvait s'empêcher de faire une remarque qui n'avait pas encore pénétré chez lui si avant ; c'est que la société avait mis entre lui et mademoiselle de Raimbault des obstacles immenses.

« Heureusement, se disait-il, je puis braver le danger de la voir sans en souffrir. Jamais je ne serai amoureux d'elle. »

— Eh bien ! ma fille , veux-tu te mettre au piano, et continuer cette romance que tu m'avais commencée tout à l'heure ?

C'était un ingénieux mensonge de la vieille marquise pour faire entendre à Bénédict qu'il était temps de se retirer à l'office.

— Bonne maman, répondit Valentine, vous savez que je ne chante guère ; mais vous qui aimez la bonne musique, si vous voulez vous donner un très-grand plaisir, priez monsieur de chanter.

— En vérité ? dit la marquise. Mais comment sais-tu cela, ma fille ?

— C'est Athénaïs qui me l'a dit, répondit Valentine en baissant les yeux.

— Eh bien ! s'il en est ainsi, mon garçon, fais-moi ce plaisir-là, dit la marquise. Régale-moi d'un petit air villageois ; cela me reposera du Rossini, auquel je n'entends rien.

— Je vous accompagnerai si vous voulez, dit Valentine au jeune homme avec timidité.

Bénédict était bien un peu troublé de l'idée que sa voix allait peut-être appeler au salon la fière comtesse. Mais il était plus touché encore des efforts de Valentine pour le retenir et le faire asseoir ; car la marquise, malgré toute sa popularité, n'avait pu se décider à offrir un siège au neveu de son fermier.

Le piano fut ouvert. Valentine s'y plaça après avoir tiré un pliant auprès du sien. Bénédict, pour lui prouver qu'il ne s'apercevait pas de l'affront qu'il avait reçu, préféra chanter debout.

Dès les premières notes, Valentine rougit et pâlit, des larmes vinrent au bord de sa paupière ; peu à peu elle se calma, ses doigts suivirent le chant, et son oreille le recueillit avec intérêt.

La marquise écouta d'abord avec plaisir. Puis, comme elle avait sans cesse l'esprit oisif et ne pouvait rester en place, elle sortit, rentra, et ressortit encore.

— Cet air, dit Valentine dans un instant où elle fut seule avec Bénédict, est celui que ma sœur me chantait de prédilection lorsque j'étais enfant, et que je la faisais asseoir sur le haut de la colline pour l'entendre répéter à l'écho. Je ne l'ai jamais oublié, et tout à l'heure j'ai failli pleurer quand vous l'avez commencée.

— Je l'ai chanté à dessein, répondit Bénédict ; c'était vous murmurer au nom de Louise...

La comtesse entra comme ce nom expirait sur les lèvres de Bénédict. À la vue de sa fille assise auprès d'un homme en tête-à-tête, elle attacha sur ce groupe des yeux clairs, fixes, stupéfaits. D'abord, elle ne reconnut pas Bénédict, qu'elle avait à peine regardé à la fête, et sa surprise la pétrifia sur place. Puis, quand elle se rappela l'impudent vassal qui avait osé porter ses lèvres sur les joues de sa fille, elle fit un pas en avant, pâle et tremblante, essayant de parler et retenue par une strangulation subite. Heureusement un incident ridicule préserva Bénédict de l'explosion. Le beau lévrier gris de la comtesse s'était approché avec insolence du chien de chasse de Bénédict, qui, tout poudreux , tout haletant, s'était couché sans façon sous le piano. Perdreau, patiente et raisonnable bête, se laissa flairer des pieds à la tête, et se contenta de répondre aux avanies de son hôte en lui montrant silencieusement une longue rangée de dents blanches. Mais quand le lévrier, hautain et discourtois, voulut passer aux injures, Perdreau, qui n'avait jamais souffert un affront et qui venait de faire tête à trois dogues quelques instants auparavant, se dressa sur ses pattes, et, d'un coup de boutoir, roula son frêle adversaire sur le parquet. Celui-ci virt, en jetant des cris aigus, se réfugier aux pieds de sa maîtresse. Ce fut une occasion pour Bénédict, qui vit la comtesse éperdue, de s'élancer hors de l'appartement en feignant d'entraîner et de châtier Perdreau, qu'au fond du cœur il remerciait sincèrement de son inconvenance.

Comme il sortait escorté des glapissements du lévrier, des sourds grognements de son propre chien et des exclamations douloureuses de la comtesse, il rencontra la marquise, qui, étonnée de ce vacarme, lui demanda ce que cela signifiait.

— Mon chien a étranglé celui de madame, répondit-il d'un air piteux en s'enfuyant.

Il retourna à la ferme, emportant un grand fonds d'ironie et de haine contre la noblesse, et riant du bout des lèvres de son aventure. Cependant il eut pitié de lui-même en se rappelant quels affronts bien plus grands il avait prévus, et de quel sang-froid moqueur il s'était vanté en quittant Louise quelques heures auparavant. Peu à peu tout le ridicule de cette scène lui parut retomber sur la comtesse, et il arriva à la ferme en veine de gaieté. Son récit fit rire Athénaïs jusqu'aux larmes. Louise pleura en apprenant comment Valentine avait accueilli son message et reconnu la chanson que Bénédict lui avait chantée. Mais Bénédict ne se vanta pas de sa visite au château devant le père Lhéry. Celui-ci n'était pas homme à s'amuser d'une plaisanterie qui pouvait lui faire perdre mille écus de profits *par chacun an.*

— Qu'est-ce donc que tout cela signifie? répéta la marquise en entrant dans le salon.

— C'est vous, Madame, qui me l'expliquerez, j'espère, répondit la comtesse. N'étiez-vous pas ici quand cet homme est entré?

— Quel *homme?* demanda la marquise.

— M. Bénédict, répondit Valentine toute confuse et cherchant à prendre de l'aplomb. Maman, il vous apportait du gibier ; ma bonne maman l'a prié de chanter, et je l'accompagnais...

— C'est pour vous qu'il chantait, Madame? dit la comtesse à sa belle-mère. Mais vous l'écoutiez de bien loin, ce me semble.

— D'abord, répondit la vieille, ce n'est pas moi qui l'en ai prié, c'est Valentine.

— Cela est fort étrange, dit la comtesse en attachant des yeux perçants sur sa fille.

— Maman, dit Valentine en rougissant, je vais vous expliquer cela. Mon piano est horriblement faux, vous le savez ; nous n'avons pas de facteur dans les environs ; ce *jeune homme* est musicien ; en outre, il accorde très-bien les instruments... Je savais cela par Athénaïs, qui a un piano chez elle, et qui a souvent recours à l'adresse de son cousin...

— Athénaïs a un piano! ce jeune homme est musicien! Quelle étrange histoire me faites-vous là?

— Rien n'est plus vrai, Madame, dit la marquise. Vous ne voulez jamais comprendre qu'à présent tout le monde en France reçoit de l'éducation! Ces gens-là sont riches; ils ont fait donner des talents à leurs enfants. C'est fort bien fait; c'est la mode : il n'y a rien à dire. Ce garçon chante très-bien, ma foi ! Je l'écoutais du vestibule avec beaucoup de plaisir. Eh bien ! qu'y a-t-il ? Croyez-vous que Valentine fût en danger auprès de lui quand moi j'étais à deux pas?

— Oh ! Madame, dit la comtesse, vous avez une manière d'interpréter mes idées !...

— Mais c'est que vous en avez de si bizarres ! Vous voilà tout effarouchée parce que vous avez trouvé votre fille au piano avec un homme ! Est-ce qu'on fait du mal quand on est occupé à chanter? Vous me faites un crime de les avoir laissés seuls un instant, comme si... Eh ! mon Dieu ! vous ne l'avez donc pas regardé, ce garçon ? Il est laid à faire peur !

— Madame, répondit la comtesse avec le sentiment d'un profond mépris, il est tout simple que vous vous traduisiez ainsi mon mécontentement. Comme il nous est impossible de nous entendre sur certaines choses, c'est

à ma fille que je m'adresse. Valentine, je n'ai pas besoin de vous dire que je n'ai point les idées grossières qu'on me prête. Je vous connais assez , ma fille , pour savoir qu'un homme de cette sorte n'est pas un *homme* pour vous, et qu'il n'est pas en son pouvoir de vous compromettre. Mais je hais l'inconvenance, et je trouve que vous la bravez beaucoup trop légèrement. Songez que rien n'est pire dans le monde que les situations ridicules. Vous avez trop de bienveillance dans le caractère; trop de laisser-aller avec les inférieurs. Rappelez-vous qu'ils ne vous en sauront aucun gré, qu'ils en abuseront toujours, et que les mieux traités seront les plus ingrats. Croyez-en l'expérience de votre mère et observez-vous davantage. Déjà plusieurs fois j'ai eu l'occasion de vous faire ce reproche : vous manquez de dignité. Vous en sentirez les inconvénients. Ces *gens-là* ne comprennent pas jusqu'où il leur est permis d'aller et le point fixe où ils doivent s'arrêter. Cette petite Athénaïs est avec vous d'une familiarité révoltante. Je le tolère, parce qu'après tout c'est une femme. Mais je ne serais pas très-flattée que son fiancé vînt, dans un endroit public, vous aborder d'un petit air dégagé. C'est un jeune homme fort mal élevé, comme ils le sont tous dans cette classe-là , manquant de tact absolument..... M. de Lansac, qui fait quelquefois un peu trop le libéral, a beaucoup trop auguré de lui en lui parlant l'autre jour comme à un homme d'esprit... Un autre se fût retiré de la danse ; lui, vous a très-cavalièrement embrassée, ma fille... Je ne vous en fais pas un reproche, ajouta la comtesse en voyant que Valentine rougissait à perdre contenance ; je sais que vous avez assez souffert de cette impertinence, et, si je vous la rappelle, c'est pour vous montrer combien il faut tenir à distance les gens *de peu.*

Pendant ce discours, la marquise, assise dans un coin, haussait les épaules. Valentine, écrasée sous le poids de la logique de sa mère, répondit en balbutiant :

— Maman, c'est seulement à cause du piano que je pensais... Je ne pensais pas aux inconvénients...

— En s'y prenant bien, reprit la comtesse désarmée par sa soumission, il peut n'y en avoir aucun à le faire venir. Le lui avez-vous proposé?

— J'allais le faire lorsque...

— En ce cas il faut le faire rentrer...

La comtesse sonna et demanda Bénédict; mais on lui dit qu'il était déjà loin sur la colline.

— Tant pis, dit-elle quand le domestique fut sorti ; il ne faut pour rien au monde qu'il croie avoir été admis ici pour sa belle voix. Je tiens à ce qu'il revienne en subalterne, et je me charge de le recevoir sur ce pied-là. Donnez-moi cette écritoire. Je vais lui expliquer ce qu'on attend de lui.

— Mettez-y de la politesse au moins, dit la marquise à qui la peur tenait lieu de raison.

— Je sais les usages, Madame, répondit la comtesse.

Elle traça quelques mots à la hâte, et les remettant à Valentine :

— Lisez, dit-elle, et faites porter à la ferme.

Valentine jeta les yeux sur le billet. Le voici :

« Monsieur Bénédict, voulez-vous accorder le piano de « ma fille? vous me ferez plaisir.

« J'ai l'honneur de vous saluer.

« F. Cesse DE RAIMBAULT. »

Valentine prit dans sa main le pain à cacheter, et feignit de le placer sous le feuillet; mais elle sortit en gardant la lettre ouverte. Allait-elle donc envoyer cette insolente signification? était-ce ainsi qu'il fallait payer Bénédict de son dévouement? Fallait-il traiter en laquais l'homme qu'elle n'avait pas craint de marquer au front d'un baiser fraternel? Le cœur l'emporta sur la prudence; elle tira un crayon de sa poche, et, entre les doubles portes de l'antichambre déserte, elle traça ces mots au bas du billet de sa mère :

« Oh ! pardon ! pardon, Monsieur ! Je vous expliquerai « cette invitation. Venez ; ne refusez pas de venir. Au « nom de Louise, pardon ! »

Elle cacheta le billet et le remit à un domestique.

## XI.

Elle ne put ouvrir la lettre de Louise que le soir. C'était une longue paraphrase du peu de mots qu'elles avaient pu échanger à leur gré dans l'entrevue de la ferme. Cette lettre toute palpitante de joie et d'espoir était l'expression d'une véritable amitié de femme romanesque, expansive, sœur de l'amour, amitié pleine d'adorables puérilités et de platoniques ardeurs.

Elle terminait par ces mots:

« Le hasard m'a fait découvrir que ta mère allait demain rendre une visite dans le voisinage. Elle n'ira que vers la nuit à cause de la chaleur. Tâche de te dispenser de l'accompagner, et, dès que la nuit sera sombre, viens me trouver au bout de la grande prairie, à l'endroit du petit bois de Vavray. La lune ne se lève qu'à minuit, et cet endroit est toujours désert. »

Le lendemain, la comtesse partit vers six heures du soir, engageant Valentine à se mettre au lit, et recommandant à la marquise de veiller à ce qu'elle prît un bain de pieds bien chaud. Mais la vieille femme, tout en disant qu'elle avait élevé sept enfants et qu'elle savait soigner une migraine, oublia bien vite tout ce qui n'était pas elle. Fidèle à ses habitudes de mollesse antique, elle se mit au bain à la place de sa petite-fille, et fit appeler sa demoiselle de compagnie pour lui lire un roman de Crébillon fils. Valentine s'échappa dès que l'ombre commença à descendre sur la colline. Elle prit une robe brune afin d'être moins aperçue dans la campagne assombrie, et, coiffée seulement de ses beaux cheveux blonds qu'agitaient les tièdes brises du soir, elle franchit la prairie d'un pied rapide.

Cette prairie avait bien une demi-lieue de long; elle était coupée de larges ruisseaux auxquels des arbres renversés servaient de ponts. Dans l'obscurité, Valentine faillit plusieurs fois se laisser tomber. Tantôt elle accrochait sa robe à d'invisibles épines, tantôt son pied s'enfonçait dans la vase trompeuse du ruisseau. Sa marche légère éveillait des milliers de phalènes bourdonnantes; le grillon babillard se taisait à son approche, et quelquefois une chouette endormie dans le tronc d'un vieux saule s'en échappait, et la faisait tressaillir en rasant son front de son aile souple et cotonneuse.

C'était la première fois de sa vie que Valentine se hasardait seule, la nuit, volontairement, hors du toit paternel. Quoiqu'une grande exaltation morale lui prêtât des forces, la peur s'empara d'elle parfois, et lui donnait des ailes pour raser l'herbe et franchir les ruisseaux.

Au lieu indiqué elle trouva sa sœur, qui l'attendait avec impatience. Après mille tendres caresses, elles s'assirent sur la marge d'un fossé et se mirent à causer.

— Conte-moi donc ta vie depuis que je t'ai perdue, dit Valentine à Louise.

Louise raconta ses voyages, ses chagrins, son isolement, sa misère. A peine âgée de seize ans, lorsqu'elle se trouva exilée en Allemagne auprès d'une vieille parente de sa famille, elle n'avait touché qu'une faible pension alimentaire qui ne suffisait point à la rendre indépendante. Tyrannisée par cette duègne, elle s'était enfuie en Italie, où, à force de travail et d'économie, elle avait réussi à subsister. Enfin, sa majorité étant arrivée, elle avait joui de son patrimoine, héritage fort modique, car toute la fortune de cette famille venait de la comtesse; la terre même de Raimbault, ayant été rachetée par elle, lui appartenait en propre, et la vieille mère du général ne devait une existence agréable qu'aux bons procédés de sa belle-fille. C'est pour cette raison qu'elle la ménageait et avait abandonné entièrement Louise, afin de ne pas tomber dans l'indigence.

Quelque mince que fût la somme que toucha cette malheureuse fille, elle fut accueillie comme une richesse, et suffit de reste à des besoins qu'elle avait su restreindre. Une circonstance, qu'elle n'expliquait pas à sa sœur, l'ayant engagée à revenir à Paris, elle y était depuis six mois lorsqu'elle apprit le prochain mariage de Valentine. Dévorée du désir de revoir sa patrie et sa sœur, elle avait

écrit à sa nourrice madame Lhéry; et celle-ci, bonne et aimante femme, qui n'avait jamais cessé de correspondre de loin en loin avec elle, se hâta de l'inviter à venir secrètement passer quelques semaines à la ferme. Louise accepta avec empressement, dans la crainte que le mariage de Valentine ne mît bientôt une plus invincible barrière entre elles deux.

— A Dieu ne plaise! répondit Valentine; ce sera au contraire le signal de notre rapprochement. Mais, dis-moi, Louise, dans tout ce que tu viens de me raconter, tu as omis une circonstance bien intéressante pour moi... Tu ne m'as pas dit si...

Et Valentine, embarrassée de prononcer un seul mot qui eût rapport à cette terrible faute de sa sœur, qu'elle eût voulu effacer au prix de tout son sang, sentit sa langue se paralyser et son front se couvrir d'une sueur brûlante.

Louise comprit, et malgré les déchirants remords de sa vie, aucun reproche n'enfonça dans son cœur une pointe si acérée que cet embarras et ce silence. Elle laissa tomber sa tête sur ses mains, et, facile à aigrir après une vie de malheur, elle trouva que Valentine lui faisait plus de mal à elle seule que tous les autres ensemble. Mais, revenant bientôt à la raison, elle se dit que Valentine souffrait par excès de délicatesse; elle comprit qu'il en avait déjà bien coûté à cette jeune fille si pudique pour appeler une confidence plus intime et pour oser seulement la désirer.

— Eh bien! Valentine, dit-elle en passant un de ses bras au cou de sa jeune sœur.

Valentine se précipita dans son sein, et toutes deux fondirent en larmes.

Puis Valentine, essuyant ses yeux, réussit par un sublime effort à dépouiller la rigidité de la jeune vierge pour s'élever au rôle de l'amie généreuse et forte.

— Dis-moi, s'écria-t-elle; il est dans tout cela un être qui a dû étendre son influence sacrée sur toute ta vie, un être que je ne connais pas, dont j'ignore le nom, mais qu'il m'a semblé parfois aimer de toute la force du sang et de toute la volonté de ma tendresse pour toi...

— Tu veux donc que je t'en parle, ô ma courageuse sœur! J'ai cru que je n'oserais jamais te rappeler son existence. Eh bien! ta grandeur d'âme surpasse tout ce que j'en espérais. Mon fils existe, il ne m'a jamais quittée; c'est moi qui l'ai élevé. Je n'ai point essayé de dissimuler ma faute en l'éloignant de moi ou en lui refusant mon nom. Partout il m'a suivie, partout sa présence a révélé mon malheur et mon repentir. Et, le croiras-tu, Valentine? j'ai fini par mettre ma gloire à me proclamer sa mère, et dans toutes les âmes justes j'ai trouvé mon absolution en faveur de mon courage.

— Et quand même je ne serais pas ta sœur et ta fille aussi, répondit Valentine, je voudrais être au nombre de ces justes. Mais où est-il?

— Mon Valentin est à Paris, dans un collège. C'est pour l'y conduire que j'ai quitté l'Italie, c'est pour te voir que je me suis séparée de lui depuis un mois. Il est beau, mon fils, Valentine; il est aimant; il te connaît; il désire ardemment embrasser celle dont il porte le nom, et il te ressemble. Il est blond et calme comme toi; à quatorze ans, il est presque de ta taille... Dis, voudras-tu, quand tu seras mariée, que je te le présente?

Valentine répondit par mille caresses.

Deux heures s'étaient écoulées rapidement, non-seulement à se rappeler le passé, mais encore à faire des projets pour l'avenir. Valentine y portait toute la confiance de son âge; Louise y croyait moins, mais elle ne le disait pas. Une ombre noire se dessina tout d'un coup dans l'air bleu au-dessus du fossé. Valentine tressaillit et laissa échapper un cri d'effroi. Louise, posant sa main sur la sienne, lui dit:

— Rassure-toi, c'est un ami, c'est Bénédict.

Valentine fut d'abord contrariée de sa présence au rendez-vous. Il semblait que désormais tous les actes de sa vie amenassent un rapprochement forcé entre elle et ce jeune homme. Cependant elle fut forcée de comprendre que son voisinage n'était pas inutile à deux femmes dans

*Il fallait passer sur une planche toute tremblante.* (Page 14.)

cet endroit écarté, et surtout que son escorte devait agréer à Louise, qui était à plus d'une lieue de son gîte. Elle ne put pas non plus s'empêcher de remarquer le sentiment de délicatesse respectueuse qui l'avait fait s'abstenir de paraître durant leur entretien. Ne fallait-il pas du dévouement, d'ailleurs, pour monter ainsi la garde pendant deux heures? Tout bien considéré, il y aurait eu de l'ingratitude à lui faire un froid accueil. Elle lui expliqua le billet de sa mère, prit tout le tort sur elle, et le supplia de ne venir au château qu'avec une forte dose de patience et de philosophie. Bénédict jura en riant que rien ne l'ébranlerait; et, après l'avoir reconduite avec Louise jusqu'au bout de la prairie, il reprit avec celle-ci le chemin de la ferme.

Le lendemain il se présenta au château. Par un hasard dont Bénédict ne se plaignait pas, c'était au tour de madame de Raimbault à avoir la migraine; mais celle-là n'était pas feinte, elle la força de garder le lit. Les choses se passèrent donc mieux que Bénédict ne l'avait espéré. Quand il sut que la comtesse ne se lèverait pas de la journée, il commença par démonter le piano et enlever toutes les touches; puis il trouva qu'il fallait remettre des

*buffles* à tous les marteaux; quantité de cordes rouillées étaient à renouveler; enfin il se créa de l'ouvrage pour tout un jour; car Valentine était là, lui présentant les ciseaux, l'aidant à rouler le laiton sur la bobine, lui donnant la note au diapason, et s'occupant de son piano peut-être plus ce jour-là qu'elle n'avait fait dans toute sa vie. De son côté, Bénédict était beaucoup moins habile à cette besogne que Valentine ne l'avait annoncé. Il cassa plus d'une corde en la montant, il tourna plus d'une cheville pour une autre, et souvent dérangea l'accord de toute une gamme pour remettre celui d'une note. Pendant ce temps, la vieille marquise allait, venait, toussait, dormait, et ne s'occupait d'eux que pour les mettre plus à l'aise encore. Ce fut une délicieuse journée pour Bénédict. Valentine était si douce, elle avait une gaieté si naïve, si vraie, une politesse si obligeante, qu'il était impossible de ne pas respirer à l'aise auprès d'elle. Et puis je ne sais comment il se fit qu'au bout d'une heure, par un accord tacite, toute politesse disparut entre eux. Une sorte de camaraderie enfantine et rieuse s'établit. Ils se raillaient de leurs mutuelles maladresses, leurs mains se rencontraient sur le clavier, et, la gaieté chassant l'émo-

Ma sœur ! ( Page 15.)

tion, ils se querellaient comme de vieux amis. Enfin, vers cinq heures, le piano se trouvant accordé, Valentine imagina un moyen de retenir Bénédict. Un peu d'hypocrisie s'improvisa dans ce cœur de jeune fille, et, sachant que sa mère accordait tout à l'extérieur de la déférence, elle se glissa dans son alcôve.

— Maman, lui dit-elle, M. Bénédict a passé six heures à mon piano, et il n'a pas fini; cependant nous allons nous mettre à table : j'ai pensé qu'il était impossible d'envoyer ce jeune homme à l'office, puisque vous n'y envoyez jamais son oncle, et que vous lui faites servir du vin sur votre propre table. Que dois-je faire? Je n'ai pas osé l'inviter à dîner avec nous sans savoir de vous si cela était convenable.

La même demande, faite en d'autres termes, n'eût obtenu qu'une sèche désapprobation. Mais la comtesse était toujours plus satisfaite d'obtenir la soumission à ses principes que l'obéissance passive à ses volontés. C'est le propre de la vanité de vouloir imposer le respect et l'amour de sa domination.

— Je trouve la chose assez convenable, répondit-elle. Puisqu'il s'est rendu à mon billet sans hésiter, et qu'il

s'est exécuté de bonne grâce, il est juste de lui montrer quelque égard. Allez, ma fille, invitez-le vous-même de ma part.

Valentine, triomphante, retourna au salon, heureuse de pouvoir faire quelque chose d'agréable au nom de sa mère, et lui laissa tout l'honneur de cette invitation. Bénédict, surpris, hésita à l'accepter. Valentine outre-passa un peu les pouvoirs dont elle était investie en insistant. Comme ils passaient tous trois à table, la marquise dit à l'oreille de Valentine :

— Est-ce que vraiment ta mère a eu l'idée de cette honnêteté? Cela m'inquiète pour sa vie. Est-ce qu'elle est sérieusement malade?

Valentine ne se permit pas de sourire à cette âcre plaisanterie. Tour à tour dépositaire des plaintes et des inimitiés de ces deux femmes, elle était entre elles comme un rocher battu de deux courants contraires.

Le repas fut court, mais enjoué. On passa ensuite sous la charmille pour prendre le café. La marquise était toujours d'assez bonne humeur en sortant de table. De son temps, quelques jeunes femmes, dont on tolérait la légèreté en faveur de leurs grâces, et peut-être aussi de la diversion que leurs inconvenânces apportaient à l'ennui d'une société oisive et blasée, se faisaient fanfaronnes de mauvais ton ; à certains visages l'air *mauvais sujet* allait bien. Madame de Provence était le noyau d'une coterie féminine qui *sablait fort bien le champagne.* Un siècle auparavant, *Madame*, belle-sœur de Louis XIV, bonne et grave Allemande qui n'aimait que les *saucisses à l'ail* et la *soupe à la bière*, admirait chez les dames de la cour de France, et surtout chez madame la duchesse de Berry, la faculté de boire beaucoup sans qu'il y parût, et de supporter à merveille le vin de Constance et le marasquin de Hongrie.

La marquise était gaie au dessert. Elle racontait avec cette aisance, ce naturel propre aux gens qui ont vu beaucoup de monde, et qui leur tient lieu d'esprit. Bénédict l'écouta avec surprise. Elle lui parlait une langue qu'il croyait étrangère à sa classe et à son sexe. Elle se servait de mots crus qui ne choquaient pas, tant elle les disait d'un air simple et sans façon. Elle racontait aussi des histoires avec une merveilleuse lucidité de mémoire et une admirable présence d'esprit pour en sauver les situations graveleuses à l'oreille de Valentine. Bénédict levait quelquefois les yeux sur elle avec effroi, et, à l'air paisible de la pauvre enfant, il voyait si clairement qu'elle n'avait pas compris qu'il se demandait s'il avait bien compris lui-même, si son imagination n'avait pas été au delà du vrai sens. Enfin il était confondu, étourdi de tant d'usage avec tant de démoralisation, d'un tel mépris des principes joint à un tel respect des convenances. Le monde que la marquise lui peignait était devant lui comme un rêve auquel il refusait de croire.

Ils restèrent assez longtemps sous la charmille. Ensuite Bénédict essaya le piano et chanta. Enfin il se retira assez tard, tout surpris de son intimité avec Valentine, tout ému sans en savoir la cause, mais emplissant son cerveau avec délices de l'image de cette belle et bonne fille, qu'il était impossible de ne pas aimer.

## XII.

A quelques jours de là, madame de Raimbault fut engagée par le préfet à une brillante réunion qui se préparait au chef-lieu du département. C'était à l'occasion du passage de madame la duchesse de Berry qui s'en allait ou qui revenait d'un de ses joyeux voyages ; femme étourdie et gracieuse, qui avait réussi à se faire aimer malgré l'inclémence des temps, et qui longtemps se fit pardonner ses prodigalités par un sourire.

Madame de Raimbault devait être du petit nombre des dames choisies qui seraient présentées à la princesse, et qui prendraient place à sa table privilégiée. Il était donc, selon elle, impossible qu'elle se dispensât de ce petit voyage, et pour rien au monde elle n'eût voulu en être dispensée.

Fille d'un riche marchand, mademoiselle Chignon avait aspiré aux grandeurs dès son enfance ; elle s'était indignée de voir sa beauté, ses grâces de reine, son esprit d'intrigue et d'ambition *s'étioler* dans l'atmosphère bourgeoise d'un gros capitaliste. Mariée au général comte de Raimbault, elle avait volé avec transport dans le tourbillon des grandeurs de l'Empire ; elle était justement la femme qui devait y briller. Vaine, bornée, ignorante, mais sachant ramper devant la royauté, belle de cette beauté imposante et froide pour laquelle semblait avoir été choisi le costume du temps, prompte à s'instruire de l'étiquette, habile à s'y conformer, amoureuse de parures, de luxe, de pompes et de cérémonies, jamais elle n'avait pu concevoir les charmes de la vie intérieure ; jamais son cœur vide et altier n'avait goûté les douceurs de la famille. Louise avait déjà dix ans, elle était même très-développée pour son âge, lorsque madame de Raimbault devint sa belle-mère, et comprit avec effroi qu'avant cinq ans la fille de son mari serait pour elle une rivale. Elle la relégua donc avec sa grand'mère au château de Raimbault, et se promit de ne jamais la présenter dans le monde. Chaque fois qu'on la revoyant elle s'aperçut des progrès de sa beauté, sa froideur pour cette enfant se

changea en aversion. Enfin, dès qu'elle put reprocher à cette malheureuse une faute que l'abandon où elle l'avait laissée rendait excusable peut-être, elle se livra à une haine implacable, et la chassa ignominieusement de chez elle. Quelques personnes dans le monde assuraient savoir la cause plus positive de cette inimitié. M. de Neuville, l'homme qui avait séduit Louise, et qui fut tué en duel par le père de cette infortunée, avait été en même temps, dit-on, l'amant de la comtesse et celui de sa belle-fille.

Avec l'Empire s'était évanouie toute la brillante existence de madame de Raimbault ; honneurs, fêtes, plaisirs, flatteries, représentation, tout avait disparu comme un songe, et elle s'éveilla un matin, oubliée et délaissée dans la France légitimiste. Plusieurs furent plus habiles, et, n'ayant pas perdu de temps pour saluer la nouvelle puissance, remontèrent au faîte des grandeurs ; mais la comtesse, qui n'avait jamais eu de présence d'esprit et chez qui les premières impressions étaient violentes, perdit absolument la tête. Elle laissa voir à celles qui avaient été ses compagnes et ses amies toute l'amertume de ses regrets, tout son mépris pour les *têtes poudrées*, toute son irrévérence pour la dévotion réédifiée. Ses amies accueillirent ces blasphèmes par des cris d'horreur ; elles lui tournèrent le dos comme à une hérétique, et répandirent leur indignation dans les cabinets de toilette, dans les appartements secrets de la famille royale, où elles étaient admises et où leurs voix disposaient des places et des fortunes.

Dans le système des compensations de la couronne, la comtesse de Raimbault fut oubliée ; il n'y eut pas pour elle la plus petite charge de *dame d'atours.* Forcée de renoncer à l'état de domesticité si cher aux courtisans, qui n'avait jamais eu de présence d'esprit et che se retira dans ses terres, et se fit *franchement bonapartiste.* Le faubourg Saint-Germain, qu'elle avait vu jusqu'alors, rompit avec elle comme *mal pensante.* Ses égaux, les *parvenus* et elle les accepta faute de mieux ; mais elle les avait si fort méprisés dans sa prospérité, qu'elle ne trouva autour d'elle aucune affection solide pour la consoler de ses pertes.

A trente-cinq ans il lui avait fallu ouvrir les yeux sur le néant des choses humaines, et c'était un peu tard pour cette femme qui avait perdu sa jeunesse, sans la sentir passer, dans l'enivrement des joies puériles. Forcé lui fut de vieillir tout d'un coup. L'expérience ne l'ayant pas détachée de ses illusions une par une, comme cela arrive dans le cours des générations ordinaires, elle ne connut du déclin de l'âge que les regrets et la mauvaise humeur.

Depuis ce temps, sa vie fut un continuel supplice ; tout lui devint sujet d'envie et d'irritation. En vain son ironie la vengeait des ridicules de la Restauration ; en vain elle trouvait dans sa mémoire mille brillants souvenirs du passé pour faire la critique, par opposition, de ces semblants de royauté nouvelle ; l'ennui rongeait cette femme dont la vie avait été une fête perpétuelle, et qui maintenant se voyait forcée de végéter à l'ombre de la vie privée.

Les soins domestiques, qui lui avaient toujours été étrangers, lui devinrent odieux ; sa fille, qu'elle connaissait à peine, versa peu de consolations sur ses blessures. Il fallait former cette enfant pour l'avenir, et madame de Raimbault ne pouvait vivre que dans le passé. Le monde de Paris, qui tout d'un coup changea si étrangement de mœurs et de manières, parlait une langue nouvelle qu'elle ne comprenait plus ; ses plaisirs l'ennuyaient ou la révoltaient, la solitude l'écrasait de fièvre et d'épouvante. Elle languissait malade de colère et de douleur sur son ottomane, autour de laquelle ne venait plus ramper une cour en sous-ordre, miniature de la grande cour du souverain. Ses compagnons de disgrâce venaient chez elle pour gémir sur leurs propres chagrins et pour insulter aux siens en les niant. Chacun voulait avoir accaparé à lui seul toute la disgrâce des temps et l'ingratitude de la France. C'était un monde de victimes et d'outragés qui se dévoraient entre eux.

Ces égoïstes récriminations augmentaient l'aigreur fébrile de madame de Raimbault.

Si de plus heureux venaient lui tendre encore une main amie, et lui dire que les faveurs de Louis XVIII n'avaient point effacé en eux les souvenirs de la cour de Napoléon, elle se vengeait de leur prospérité en les accablant de reproches, en les accusant de trahison envers le grand homme, elle qui n'avait pas pu le trahir de la même manière! Enfin, pour combler de douleur et de consternation, à force de se voir passer au jour devant ses glaces vides et immobiles, à force de se regarder sans parure, sans rouge et sans diamants, boudeuse et flétrie, la comtesse de Raimbault s'aperçut que sa jeunesse et sa beauté avaient fini avec l'Empire.

Maintenant elle avait cinquante ans, et quoique cette beauté passée ne fût plus écrite sur son front qu'en signes hiéroglyphiques, la vanité, qui ne meurt point au cœur de certaines femmes, lui créait de plus vives souffrances qu'en aucun temps de sa vie. Sa fille, qu'elle aimait de cet instinct que la nécessité imprime aux plus perverses natures, était pour elle un continuel sujet de retour vers le passé et de haine vers le temps présent. Elle ne la produisait dans le monde qu'avec une mortelle répugnance, et si, en la voyant admirée, son premier mouvement était une pensée d'orgueil maternel, le second était une pensée de désespoir. « Son existence de femme commence, se disait-elle, c'en est fait de la mienne! » Aussi, lorsqu'elle pouvait se montrer sans Valentine, elle se sentait moins malheureuse. Il n'y avait plus autour d'elle de ces regards maladroitement complimenteurs qui lui disaient : « C'est ainsi que vous fûtes jadis; et vous aussi, je vous ai vue belle. »

Elle ne raisonnait pas sa coquetterie au point d'enfermer sa fille lorsqu'elle allait dans le monde; mais, pour peu que celle-ci témoignât son humeur sédentaire, la comtesse, sans peut-être s'en rendre bien compte, admettait son refus, partait plus légère, et respirait plus à l'aise dans l'atmosphère agitée des salons.

Garrottée à ce monde oublieux et sans pitié qui n'avait plus pour elle que des déceptions et des déboires, elle se laissait traîner encore comme un cadavre à son char. Où vivre? comment tuer le temps, et arriver à la fin de ces jours qui la vieillissaient et qu'elle regrettait dès qu'ils étaient passés? Aux esclaves de la mode, quand toute jouissance d'amour-propre est enlevée, quand tout intérêt de passion est ravi, il reste pour plaisir le mouvement, la clarté des lustres, le bourdonnement de la foule. Après tous les rêves de l'amour ou de l'ambition subsiste encore le besoin de bruire, de remuer, de veiller, de dire : « J'y étais hier, j'y serai demain. » C'est un triste spectacle que celui de ces femmes flétries qui cachent leurs rides sous des fleurs et couronnent leurs fronts hâves de diamants et de plumes. Chez elles tout est faux : la taille, le teint, les cheveux, le sourire; tout est triste : la parure, le fard, la gaieté. Spectres échappés aux saturnales d'une autre époque, elles viennent s'asseoir aux banquets d'aujourd'hui comme pour donner à la jeunesse une triste leçon de philosophie, comme pour lui dire : « C'est ainsi que vous passerez ». Elles semblent se cramponner à la vie qui les abandonne, et repoussent les outrages de la décrépitude en l'étalant nue aux outrages des regards. Femmes dignes de pitié, presque toute sans famille ou sans cœur, qu'on voit dans toutes les fêtes s'enivrer de fumée, de souvenirs et de bruit!

La comtesse, malgré l'ennui qu'elle y trouvait, n'avait pu se détacher de cette vie creuse et éventée. Tout en disant qu'elle y avait renoncé pour jamais, elle ne manquait pas une occasion de s'y replonger. Lorsqu'elle fut invitée à cette réunion de province que devait présider la princesse, elle ne se sentit pas d'aise; mais elle cacha sa joie sous un air de condescendance dédaigneuse. Elle se flatta même en secret de rentrer en faveur, si elle pouvait fixer l'attention de la duchesse, et lui faire voir combien elle était supérieure, pour le ton et l'usage, à tout ce qui l'entourait. D'ailleurs, sa fille allait épouser M. de Lansac, un des favoris de la cause légitime. Il était bien temps de faire un pas vers cette aristocratie de nom qui allait relustrer son aristocratie d'argent. Madame de

Raimbault ne haïssait la noblesse que depuis que la noblesse l'avait repoussée. Peut-être le moment était-il venu de voir toutes ces vanités s'humaniser pour elle à un signe de *Madame*.

Elle exhuma donc du fond de sa garde-robe ses plus riches parures, tout en réfléchissant à celles dont elle couvrirait Valentine pour l'empêcher d'avoir l'air aussi grande et aussi formée qu'elle l'était réellement. Mais, au milieu de cet examen, il arriva que Valentine, désirant mettre à profit cette semaine de liberté, devint plus ingénieuse et plus pénétrante qu'elle ne l'avait encore été. Elle commença à deviner que sa mère élevait ces graves questions de toilette et créait ces insolubles difficultés pour l'engager à rester au château. Quelques mots piquants de la vieille marquise, sur l'embarras d'avoir une fille de dix-neuf ans à produire, achevèrent d'éclairer Valentine. Elle s'empressa de faire le procès aux modes, aux fêtes, aux déplacements et aux préfets. Sa mère, étonnée, abonda dans son sens, et lui proposa de renoncer à ce voyage comme elle y renonçait elle-même. L'affaire fut bientôt jugée; mais une heure après, comme Valentine serrait ses cartons et arrêtait ses préparatifs, madame de Raimbault recommença les siens en disant qu'elle avait réfléchi, qu'il serait inconvenant et dangereux peut-être de ne pas aller faire sa cour à la princesse; qu'elle se sacrifiait à cette démarche toute politique, mais qu'elle dispensait Valentine de la corvée.

Valentine, qui depuis huit jours était devenue singulièrement rusée, renferma sa joie.

Le lendemain, dès que les roues qui emportaient la calèche de la comtesse eurent rayé le sable de l'avenue, Valentine courut demander à sa grand'mère la permission d'aller passer la journée à la ferme avec Athénaïs.

Elle se prétendit invitée par sa jeune compagne à manger un gâteau sur l'herbe. À peine eut-elle parlé de gâteau que la vieille marquise fut aussitôt tentée d'être de la partie; mais l'éloignement et la chaleur l'y firent renoncer.

Valentine monta à cheval, mit pied à terre à quelque distance de la ferme, renvoya son domestique et sa monture, et prit sa volée, comme une tourterelle, le long des buissons fleuris qui conduisaient à Grangeneuve.

## XIII.

Elle avait trouvé moyen, la veille, de faire avertir Louise de sa visite; aussi toute la ferme était en joie et en ordre pour la recevoir. Athénaïs avait mis des fleurs nouvelles dans des vases de verre bleu. Bénédict avait taillé les arbres du jardin, ratissé les allées, réparé les bancs. Madame Lhéry avait confectionné elle-même la plus belle galette qui se fût vue de mémoire de ménagère. M. Lhéry avait fait sa barbe et tiré le meilleur de son vin. Ce furent des cris de joie et de surprise quand Valentine entra toute seule et sans bruit dans la salle. Elle embrassa comme une folle la mère Lhéry, qui lui faisait de grandes révérences; elle serra la main de Bénédict avec vivacité; elle folâtra comme un enfant avec Athénaïs; elle se pendit au cou de sa sœur. Jamais Valentine ne s'était sentie si heureuse; loin des regards de sa mère, loin de la roideur glaciale qui pesait sur tous ses pas, il lui semblait respirer un air plus libre, et, pour la première fois depuis qu'elle était née, vivre de toute sa vie. Valentine était une bonne et douce nature; le ciel s'était trompé en envoyant cette âme simple et sans ambition habiter les palais et respirer l'atmosphère des cours. Nulle n'était moins faite pour la vie d'apparat, pour les triomphes de la vanité. Ses plaisirs étaient, au contraire, tout modestes, tout intérieurs; et plus on lui faisait un crime de s'y livrer, plus elle aspirait à cette simple existence qui lui semblait être la terre promise. Si elle désirait se marier, c'était afin d'avoir un ménage, des enfants, une vie retirée. Son cœur avait besoin d'affections immédiates, peu nombreuses, peu variées. A nulle femme la vertu ne semblait devoir être plus facile.

Mais le luxe qui l'environnait, qui prévenait ses moindres besoins, qui devinait jusqu'à ses fantaisies, lui interdisait les petits soins du ménage. Avec vingt laquais autour d'elle, c'eût été un ridicule et presque une apparence de parcimonie que de se livrer à l'activité de la vie domestique. A peine lui laissait-on le soin de sa volière, et l'on eût pu facilement préjuger du caractère de Valentine en voyant avec quel amour elle s'occupait minutieusement de ces petites créatures.

Lorsqu'elle se vit à la ferme, entourée de poules, de chiens de chasse, de chevreaux; lorsqu'elle vit Louise filant au rouet, madame Lhéry faisant la cuisine, Bénédict raccommodant des filets, il lui sembla être là dans la sphère pour laquelle elle était créée. Elle voulut aussi avoir son occupation, et, à la grande surprise d'Athénaïs, au lieu d'ouvrir le piano ou de lui demander une bande de sa broderie, elle se mit à tricoter un bas gris qu'elle trouva sur une chaise. Athénaïs s'étonna beaucoup de sa dextérité, et lui demanda si elle savait pour qui elle travaillait avec tant d'ardeur.

— Pour qui? dit Valentine. Moi, je n'en sais rien; c'est pour quelqu'un de vous toujours; pour toi, peut-être?

— Pour moi ces bas gris! dit Athénaïs avec dédain.

— Est-ce pour toi, ma bonne sœur? demanda Valentine à Louise.

— Cet ouvrage, dit Louise, j'y travaille quelquefois; mais c'est maman Lhéry qui l'a commencé. Pour qui? je n'en sais rien non plus.

— Et si c'était pour Bénédict? dit Athénaïs en regardant Valentine avec malice.

Bénédict leva la tête et suspendit son travail pour examiner ces deux femmes en silence.

Valentine avait un peu rougi; mais se remettant aussitôt :

— Eh bien! si c'est pour Bénédict, répondit-elle, c'est bon; j'y travaillerai de bon cœur.

Elle leva les yeux en riant vers sa jeune compagne. Athénaïs était pourpre de dépit. Je ne sais quel sentiment d'ironie et de méfiance venait d'entrer dans son cœur.

— Ah! ah! dit avec franchise étourdie la bonne Valentine, cela semble ne pas te faire trop de plaisir. Au fait, j'ai tort, Athénaïs; je vais là sur tes brisées, j'usurpe des droits qui t'appartiennent. Allons, allons, prends vite cet ouvrage, et pardonne-moi d'avoir mis la main au trousseau.

— Mademoiselle Valentine, dit Bénédict poussé par un sentiment cruel pour sa cousine, si vous ne regrettez pas de travailler pour le plus humble de vos vassaux, continuez, je vous en prie. Les jolis doigts de ma cousine n'ont jamais touché de fil aussi rude et d'aiguilles aussi lourdes.

Une larme roula dans les cils noirs d'Athénaïs. Louise lança un regard de reproche à Bénédict. Valentine, étonnée, les regarda tous trois alternativement, cherchant à comprendre ce mystère.

Ce qui avait fait le plus de mal à la jeune fermière dans les paroles de son cousin, ce n'était pas tant le reproche de frivolité (elle y était habituée) que le ton de soumission et de familiarité en même temps envers Valentine. Elle savait bien, en gros, l'histoire de leur connaissance, et jusque-là elle n'avait point songé à s'en alarmer. Mais elle ignorait quel rapide progrès avait fait entre eux une intimité qui ne se serait jamais formée dans des circonstances ordinaires. Elle s'émerveillait douloureusement d'entendre Bénédict, naturellement si rebelle, si hostile aux prétentions de la noblesse, s'intituler l'humble vassal de mademoiselle de Raimbault. Quelle révolution s'était donc opérée dans ses idées? Quelle puissance Valentine exerçait-elle déjà sur lui?

Louise, voyant la tristesse sur tous les visages, proposa une partie de pêche sur le bord de l'Indre, en attendant le dîner. Valentine, qui se sentait instinctivement coupable envers Athénaïs, passa amicalement son bras sous le sien, et se mit à courir avec elle à travers la prairie. Affectueuse et franche comme elle était, elle réussit bientôt à dissiper le nuage qui s'était élevé dans l'âme de la jeune fille. Bénédict, chargé de son filet et couvert de sa blouse,

les suivit avec Louise; et bientôt tous les quatre arrivèrent sur les rives bordées de lotos et de saponaires.

Bénédict jeta l'épervier. Il était adroit et robuste. Dans les exercices du corps on trouvait en lui la force, la hardiesse et la grâce rustique du paysan. C'étaient des qualités qu'Athénaïs n'appréciait pas, communes à tous ceux qui l'entouraient; mais Valentine s'en étonnait comme de choses surnaturelles, et elle en faisait volontiers à ce jeune homme un point de supériorité sur les hommes qu'elle connaissait. Elle s'effrayait de le voir se hasarder sur des saules vermoulus qui se penchaient sur l'eau et craquaient sous le pied; et lorsqu'elle le voyait échapper, par un bond nerveux, à une chute certaine, atteindre avec adresse et sang-froid à de petites places unies que l'herbe et les joncs semblaient devoir lui cacher, elle sentait son cœur battre d'une émotion indéfinissable, comme il arrive chaque fois que nous voyons accomplir bravement une œuvre périlleuse ou savante.

Après avoir pris quelques truites, Louise et Valentine s'élançant avec enfantillage sur l'épervier tout ruisselant, et s'emparant du butin avec des cris de joie, tandis qu'Athénaïs, craignant de salir ses doigts, ou gardant rancune à son cousin, se cachait boudeuse à l'ombre des aunes, Bénédict, accablé de chaleur, s'assit sur un frêne équarri grossièrement et jeté d'un bord à l'autre en guise de pont. Éparses sur la fraîche pelouse de la rive, les trois femmes s'occupaient diversement. Athénaïs cueillait des fleurs, Louise jetait mélancoliquement des feuilles dans le courant, et Valentine, moins habituée à l'air, au soleil et à la marche, sommeillait à demi, cachée, à ce qu'elle croyait, par les hautes tiges de la prêle de rivière. Ses yeux, qui erraient longtemps sur les brillantes gerçures de l'eau et sur un rayon de soleil qui se glissait parmi les branches, vinrent par hasard se reposer sur Bénédict, qu'elle découvrait en entier à dix pas devant elle, assis les jambes pendantes sur le pont élastique.

Bénédict n'était pas absolument dépourvu de beauté. Son teint était d'une pâleur bilieuse; ses yeux longs n'avaient pas de couleur; mais son front était vaste et d'une extrême pureté. Par un prestige attaché peut-être aux hommes doués de quelque puissance morale, les regards s'habituaient peu à peu aux défauts de sa figure pour n'en plus voir que les beautés; car certaines laideurs sont dans ce cas, et celle de Bénédict particulièrement. Son teint blême et uni avait une apparence de calme qui inspirait comme un respect d'instinct pour cette âme dont aucune altération extérieure ne trahissait les mouvements. Ces yeux, où la prunelle pâle nageait dans un émail blanc et vitreux, avaient une expression vague et mystérieuse qui devait piquer la curiosité de tout observateur. Mais ils auraient désespéré toute la science de Lavater; ils semblaient lire profondément dans ceux d'autrui, et leur immobilité était métallique quand ils avaient à se méfier d'un examen indiscret. Une femme n'en pouvait soutenir l'éclat quand elle était belle; un ennemi n'y pouvait surprendre le secret d'aucune faiblesse. C'était un homme qu'on pouvait toujours regarder sans le trouver au-dessous de lui-même, un visage qui pouvait s'abandonner à la distraction sans enlaidir comme la plupart des autres, une physionomie qui attirait comme l'aimant. Aucune femme ne le voyait avec indifférence, et si la bouche le dénigrait parfois, l'imagination n'en perdait pas aisément l'empreinte; personne ne le rencontrait pour la première fois sans le suivre des yeux aussi longtemps que possible; aucun artiste ne pouvait le voir sans admirer la singularité et sans désirer le reproduire.

Lorsque Valentine le regarda, il était plongé dans une de ces rêveries profondes qui semblaient lui être familières. La teinte du feuillage qui l'abritait envoyait à son large front un reflet verdâtre; et ses yeux fixés sur l'eau semblaient ne saisir aucun objet. Le fait est qu'ils saisissaient parfaitement l'image de Valentine réfléchie dans l'onde immobile. Il se plaisait à cette contemplation dont l'objet s'évanouissait chaque fois qu'une brise légère ridait la surface du miroir; puis l'image gracieuse se reformait peu à peu, flottait d'abord incertaine et vague, et se fixait enfin belle et limpide sur la masse cristalline.

Bénédict ne pensait pas ; il contemplait, il était heureux, et c'est dans ces moments-là qu'il était beau.

Valentine avait toujours entendu dire que Bénédict était laid. Dans les idées de la province, où, suivant la spirituelle définition de M. de Stendhal, un *bel homme* est toujours gros et rouge, Bénédict était le plus disgracié des jeunes gens. Valentine n'avait jamais regardé Bénédict avec attention ; elle avait conservé le souvenir de l'impression qu'elle avait reçue en le voyant pour la première fois ; cette impression n'était pas favorable. Depuis quelques instants seulement elle commençait à lui trouver un charme inexprimable. Plongée elle-même dans une rêverie où nulle réflexion précise ne trouvait place, elle se laissait aller à cette dangereuse curiosité qui analyse et qui compare. Elle trouvait une immense différence entre Bénédict et M. de Lansac. Elle ne se demandait pas à l'avantage duquel était cette différence ; seulement elle la constatait. Comme M. de Lansac était beau et qu'il était son fiancé, elle ne s'inquiétait pas du résultat de cette contemplation imprudente ; elle ne pensait pas qu'il pouvait en sortir vaincu.

Et c'est pourtant ce qui arriva ; Bénédict, pâle, fatigué, pensif, les cheveux en désordre ; Bénédict, vêtu d'habits grossiers et couvert de vase, le cou nu et hâlé ; Bénédict, assis négligemment au milieu de cette belle verdure, au-dessus de ces belles eaux ; Bénédict, qui regardait Valentine à l'insu de Valentine, et qui souriait de bonheur et d'admiration ; Bénédict alors était un homme ; un homme des champs et de la nature, un homme dont la mâle poitrine pouvait palpiter d'un amour violent, un homme s'oubliant lui-même dans la contemplation de ce que Dieu a créé de plus beau. Je ne sais quelles émanations magnétiques nageaient dans l'air embrasé autour de lui ; je ne sais quelles émotions mystérieuses, indéfinies, involontaires, firent tout d'un coup battre le cœur ignorant et pur de la jeune comtesse.

M. de Lansac était un dandy régulièrement beau, parfaitement spirituel, parlant au mieux, riant à propos, ne faisant jamais rien hors de place ; son visage ne faisait jamais un pli, pas plus que sa cravate ; sa toilette, on le voyait dans les plus petits détails, était pour lui une affaire aussi importante, un devoir aussi sacré que les plus hautes délibérations de la diplomatie. Jamais il n'avait rien admiré, ou du moins il n'admirait plus rien désormais ; car il avait vu les plus grands potentats de l'Europe, il avait contemplé froidement les plus hautes têtes de la société ; il avait plané dans la région culminante du monde, il avait discuté l'existence des nations entre le dessert et le café. Valentine l'avait toujours vu dans le monde, en tenue, sur ses gardes, exhalant des parfums et ne perdant pas une ligne de sa taille. En lui, elle n'avait jamais aperçu l'homme ; le matin, le soir, M. de Lansac était toujours le même. Il se levait secrétaire d'ambassade, il se couchait secrétaire d'ambassade ; il ne rêvait jamais ; il ne s'oubliait jamais devant personne jusqu'à commettre l'inconvenance de méditer ; il était impénétrable comme Bénédict, mais avec cette différence qu'il n'avait rien à cacher, qu'il ne possédait pas une volonté individuelle, et que son cerveau ne renfermait que les niaiseries solennelles de la diplomatie. Enfin M. de Lansac, homme sans passion généreuse, sans jeunesse morale, déjà vieilli et flétri au dedans par le commerce du monde, incapable d'apprécier Valentine, la louant sans cesse et ne l'admirant jamais, n'avait, dans aucun moment, excité en elle un de ces mouvements rapides, irrésistibles, qui transforment, qui éclairent, qui entraînent avec impétuosité vers une existence nouvelle.

Imprudente Valentine ! Elle savait si peu ce que c'est que l'amour, qu'elle croyait aimer son fiancé ; non pas, il est vrai, avec passion, mais de toute sa puissance d'aimer.

Parce que cet homme ne lui inspirait rien, elle croyait son cœur incapable d'éprouver davantage ; elle ressentait déjà l'amour à l'ombre de ces arbres. Dans cet air chaud et vif son sang commençait à s'éveiller ; plusieurs fois, en regardant Bénédict, elle sentit comme une ardeur étrange monter de son cœur à son front, et l'ignorante fille ne comprit point ce qui l'agitait ainsi. Elle ne s'en effraya pas : elle était fiancée à M. de Lansac, Bénédict était fiancé à sa cousine. C'étaient là de belles raisons ; mais Valentine, habituée à regarder ses devoirs comme faciles à remplir, ne croyait pas qu'un sentiment mortel à ces devoirs pût naître en elle.

## XIV.

Bénédict regardait d'abord l'image de Valentine avec calme ; peu à peu une sensation pénible, plus prompte et plus vive que celle qu'elle éprouvait elle-même, le força de changer de place et d'essayer de s'en distraire. Il reprit ses filets et les jeta de nouveau, mais il ne put rien prendre ; il était distrait. Ses yeux ne pouvaient pas se détacher de ceux de Valentine ; soit qu'il se penchât sur l'escarpement de la rivière, soit qu'il hasardât sur les pierres tremblantes ou sur les grès polis et glissants, il surprenait toujours le regard de Valentine qui l'épiait, qui le couvait pour ainsi dire avec sollicitude. Valentine ne savait pas dissimuler, elle ne croyait pas en cette circonstance avoir le moindre motif pour le faire ; Bénédict palpitait fortement sous ce regard si naïf et si affectueux. Il était fier pour la première fois de sa force et de son courage. Il traversa une écluse que le courant franchissait avec furie, en trois sauts il fut à l'autre bord. Il se retourna ; Valentine était pâle : Bénédict se gonfla d'orgueil.

Et puis, comme elles revenaient à la ferme par un long détour à travers les prés, et marchaient toutes trois devant lui, il réfléchit un peu. Il se dit que de toutes les folies qu'il pût faire, la plus misérable, la plus fatale au repos de sa vie, serait d'aimer mademoiselle de Raimbault. Mais l'aimait-il donc ?

— Non ! se dit Bénédict en haussant les épaules, je ne suis pas si fou ; cela n'est pas. Je l'aime aujourd'hui, comme je l'aimais hier, d'une affection toute fraternelle, toute paisible...

Il ferma les yeux sur tout le reste, et, rappelé par un regard de Valentine, il doubla le pas et se rapprocha d'elle, résolu de savourer le charme qu'elle savait répandre autour d'elle, et qui *ne pouvait pas* être dangereux.

La chaleur était si forte que ces trois femmes délicates furent forcées de s'asseoir un peu. Elles se mirent au frais dans un enfoncement qui avait été un bras de la rivière, et qui, desséché depuis peu, nourrissait une superbe végétation d'osiers et de fleurs sauvages. Bénédict, écrasé sous le poids de son filet garni de plomb, se jeta par terre à quelques pas d'elles. Mais au bout de cinq minutes toutes trois étaient autour de lui, car toutes l'aimaient : Louise avec une ardente reconnaissance à cause de Valentine, Valentine (au moins elle le croyait) à cause de Louise, et Athénaïs à cause d'elle-même.

Mais elles ne furent pas plus tôt installées auprès de lui, alléguant qu'il y avait là plus d'ombrage que Bénédict se traîna plus près de Valentine, sous prétexte que le soleil gagnait de l'autre côté. Il avait mis un poisson dans son mouchoir, et s'essuyait le front avec sa cravate.

— Cela doit être agréable, lui dit Valentine en le raillant, une cravate de taffetas ! J'aimerais autant une poignée de ces feuilles de houx.

— Si vous étiez une personne humaine, vous auriez pitié de moi au lieu de me critiquer, répondit Bénédict.

— Voulez-vous mon fichu ? dit Valentine ; je n'ai que cela à vous offrir.

Bénédict tendit la main sans répondre. Valentine détacha le foulard qu'elle avait autour du cou.

— Tenez, voici mon mouchoir, dit Athénaïs vivement, en jetant à Bénédict un petit carré de batiste brodé et garni de dentelle.

— Votre mouchoir n'est bon à rien, répondit Bénédict en s'emparant de celui de Valentine avant qu'elle eût songé à le lui retirer.

Il ne daigna même pas ramasser celui de sa cousine, qui tomba sur l'herbe à côté de lui. Athénaïs, blessée au cœur, s'éloigna et reprit en boudant le chemin de la ferme.

Louise, qui comprenait son chagrin, courut après elle pour la consoler, pour lui démontrer combien cette jalousie était une ridicule pensée; et, pendant ce temps, Bénédict et Valentine, qui ne s'apercevaient de rien, restèrent seuls dans la ravine, à deux pas l'un de l'autre, Valentine assise et feignant de jouer avec des pâquerettes, Bénédict couché, pressant ce mouchoir brûlant sur son front, sur son cou, sur sa poitrine, et regardant Valentine, d'un regard dont elle sentait le feu sans oser le voir.

Elle resta ainsi sous le charme de ce fluide électrique qui à son âge et à celui de Bénédict, avec des cœurs si neufs, des imaginations si timides et des sens dont rien n'a émoussé l'ardeur, a tant de puissance et de magie! Ils ne se dirent rien, ils n'osèrent échanger ni un sourire ni un mot. Valentine resta fascinée à sa place, Bénédict s'oublia dans la sensation d'un bonheur impétueux, et, lorsque la voix de Louise les rappela, ils quittèrent à regret ce lieu où l'amour venait de parler secrètement, mais énergiquement, au cœur de l'un et de l'autre.

Louise revint vers eux.

— Athénaïs est fâchée, leur dit-elle. Bénédict, vous la traitez mal; vous n'êtes pas généreux. Valentine, dites-le-lui, ma chérie. Engagez-le à mieux reconnaître l'affection de sa cousine.

Une sensation de froid gagna le cœur de Valentine. Elle ne comprit rien au sentiment de douleur inouïe qui s'empara d'elle à cette pensée. Cependant elle maîtrisa vite ce mouvement, et regardant Bénédict avec surprise:

— Vous avez donc affligé Athénaïs? lui dit-elle dans la sincérité de son âme; je ne m'en suis pas aperçue. Que lui avez-vous donc dit?

— Eh! rien, dit Bénédict en haussant les épaules; elle est folle!

— Non! elle n'est pas folle, dit Louise avec sévérité, c'est vous qui êtes dur et injuste. Bénédict, mon ami, ne troublez pas ce jour, si doux pour moi, par une faute nouvelle. Le chagrin de notre jeune amie détruit mon bonheur et celui de Valentine.

— C'est vrai, dit Valentine en passant son bras sous celui de Bénédict à l'exemple de Louise, qui l'entraînait de l'autre côté. Allons rejoindre cette pauvre enfant, et, si vous avez eu en effet des torts envers elle, réparez-les, afin que nous soyons toutes heureuses aujourd'hui.

Bénédict tressaillit brusquement dès qu'il sentit le bras de Valentine se glisser sous le sien. Il le pressa insensiblement contre sa poitrine, et finit par l'y tenir si bien qu'elle n'eût pas pu le retirer sans avoir l'air de s'apercevoir de son émotion. Il valait mieux feindre d'être insensible à ces pulsations violentes qui soulevaient le sein du jeune homme. D'ailleurs, Louise les entraînait vers Athénaïs, qui se faisait une malice de doubler le pas pour se faire suivre. Qu'elle se doutait peu, la pauvre fille, de la situation de son fiancé! Palpitant, ivre de joie entre ces deux sœurs, l'une qu'il avait aimée, l'autre qu'il allait aimer; Louise qui la veille lui faisait éprouver encore quelques réminiscences d'un amour à peine guéri, Valentine qui commençait à l'enivrer de toutes les ardeurs d'une passion nouvelle; Bénédict ne savait pas trop encore vers qui allait son cœur, et s'imaginait par instants que c'était vers toutes les deux, tant on est riche d'amour à vingt ans! Et toutes deux l'entraînaient pour qu'il mît aux pieds d'une autre ce pur hommage que chacune d'elles peut-être regrettait de ne pouvoir accepter. Pauvres femmes! pauvre société où le cœur n'a de véritables jouissances que dans l'oubli de tout devoir et de toute raison!

Au détour d'un chemin Bénédict s'arrêta tout à coup, et, pressant leurs mains dans chacune des siennes, il les regarda alternativement, Louise d'abord avec une amitié tendre, Valentine ensuite avec moins d'assurance et plus de vivacité.

— Vous voulez donc, leur dit-il, que j'aille apaiser les caprices de cette petite fille? Eh bien! pour vous faire plaisir j'irai; mais vous m'en saurez gré, j'espère!

— Comment faut-il que nous vous poussions à une chose que votre conscience devrait vous dicter? lui dit **Louise.**

Bénédict sourit et regarda Valentine.

— En effet, dit celle-ci avec un trouble mortel, n'est-elle pas digne de votre affection? n'est-elle pas la femme que vous devez épouser?

Un éclair passa sur le large front de Bénédict. Il laissa tomber la main de Louise, et gardant un instant encore celle de Valentine qu'il pressa insensiblement:

— Jamais! s'écria-t-il en levant les yeux au ciel, comme pour y enregistrer son serment en présence de ces deux témoins.

Puis son regard sembla dire à Louise: — Jamais cet amour n'entrera dans un cœur où vous avez régné. A Valentine: — Jamais; car vous y régnerez éternellement.

Et il se mit à courir après Athénaïs, laissant les deux sœurs confondues de surprise.

Il faut l'avouer, ce mot *jamais* fit une telle impression sur Valentine qu'il lui sembla qu'elle allait tomber. Jamais joie aussi égoïste, aussi cruelle, n'envahit de force le sanctuaire d'une âme généreuse.

Elle resta un instant sans pouvoir se remettre; puis, s'appuyant sur le bras de sa sœur, sans songer, l'ingénue, que le tremblement de son corps était facile à apercevoir:

— Qu'est-ce donc que cela veut dire? lui demanda-t-elle.

Mais Louise était si absorbée elle-même dans ses pensées qu'elle se fit répéter deux fois cette question sans l'entendre. Enfin elle répondit qu'elle n'y comprenait rien.

Bénédict atteignit sa cousine en trois sauts, et passant un bras autour de sa taille:

— Vous êtes fâchée? lui dit-il.

— Non, répondit la jeune fille d'un ton qui exprimait qu'elle l'était beaucoup.

— Vous êtes une enfant, lui dit Bénédict; vous doutez toujours de mon amitié.

— Votre amitié? dit Athénaïs avec dépit; je ne veux pas la demande pas.

— Ah! vous la repoussez donc? Alors...

Bénédict s'éloigna de quelques pas. Athénaïs se laissa tomber, pâle et ne respirant plus, sur un vieux saule au bord du chemin.

Aussitôt Bénédict se rapprocha; il ne l'aimait pas assez pour vouloir entrer en discussion avec elle; il valait mieux profiter de son émotion que de perdre le temps à se justifier.

— Voyons, ma cousine, lui dit-il d'un ton sévère qui dominait entièrement la pauvre Athénaïs, voulez-vous cesser de me bouder?

— Est-ce donc moi qui boude? répondit-elle en fondant en larmes.

Bénédict se pencha vers elle, et déposa un baiser sur un cou frais et blanc qu'avait point rougi le hâle des champs. La jeune fermière frémit de plaisir et se jeta dans les bras de son cousin. Bénédict éprouva un cruel malaise. Athénaïs était, à coup sûr, une fort belle personne; de plus, elle l'aimait, et, se croyant destinée à lui, elle le lui montrait ingénument. Il était bien difficile à Bénédict de se garantir d'un certain amour-propre et d'une sensation de plaisir toute physique en recevant ses caresses. Cependant sa conscience lui ordonnait de repousser toute pensée d'union avec cette jeune personne; car il sentait que son cœur était à jamais enchaîné ailleurs.

Il se hâta donc de se lever et d'entraîner Athénaïs vers ses deux compagnes, après l'avoir embrassée. C'est ainsi que se terminaient toutes leurs querelles. Bénédict, qui ne voulait pas, qui ne pouvait pas dire sa pensée, évitait toute explication, et, au moyen de quelques marques d'amitié, réussissait toujours à apaiser la crédule Athénaïs.

En rejoignant Louise et Valentine, la fiancée de Bénédict se jeta au cou de cette dernière avec effusion. Son cœur facile et bon abjura sincèrement toute rancune, et Valentine, en lui rendant ses caresses, sentit comme un remords s'élever en elle.

Néanmoins, la gaieté qui se peignait sur les traits de

Bénédict les entraîna toutes trois. Bientôt elles rentrèrent à la ferme, rieuses et folâtres. Le dîner n'étant pas prêt, Valentine voulut faire le tour de la ferme, visiter les bergeries, les vaches, le pigeonnier. Bénédict s'occupait peu de tout cela, et cependant il aurait su bon gré à sa fiancée de s'en occuper. Lorsqu'il vit mademoiselle de Raimbault entrer dans les étables, courir après les jeunes agneaux, les prendre dans ses bras, caresser toutes les bestioles favorites de madame Lhéry, donner même à manger, sur sa main blanche, aux grands bœufs de trait qui la regardaient d'un air hébété, il sourit d'une pensée flatteuse et cruelle qui lui vint : c'est que Valentine semblait bien mieux faite qu'Athénaïs pour être sa femme ; c'est qu'il y avait eu erreur dans la distribution des rôles, et que Valentine, bonne et franche fermière, lui aurait fait aimer la vie domestique.

— Que n'est-elle la fille de madame Lhéry ! se dit-il ; je n'aurais jamais eu l'ambition d'apprendre, et même encore aujourd'hui je renoncerais à la vaine rêverie de jouer un rôle dans le monde. Je me ferais paysan avec joie ; j'aurais une existence utile, positive ; avec Valentine, au fond de cette belle vallée, je serais poète et laboureur : poète pour l'admirer, laboureur pour la servir. Ah ! que j'oublierais facilement la foule qui bourdonne au sein des villes !

Il se livrait à ces pensées en suivant Valentine au travers des granges dont elle se plaisait à respirer l'odeur saine et champêtre. Tout d'un coup elle lui dit en se retournant vers lui :

— Je crois vraiment que j'étais née pour être fermière ! Oh ! que j'aurais aimé cette vie simple et ces calmes occupations de tous les jours ! J'aurais fait tout moi-même comme madame Lhéry ; j'aurais élevé les plus beaux troupeaux du pays ; j'aurais eu de belles poules huppées et des chèvres que j'aurais menées brouter dans les buissons. Si vous saviez combien de fois dans les salons, au milieu des fêtes, ennuyée du bruit de cette foule, je me suis prise à rêver que j'étais une gardeuse de moutons, assise au coin d'un pré ! main l'orchestre m'appelait dans la cohue, mais mon rêve était l'histoire du pot au lait !

Appuyé contre un râtelier, Bénédict l'écoutait avec attendrissement ; car elle venait de répondre tout haut, par une liaison d'idées sympathiques, aux vœux qu'il avait formés tout bas.

Ils étaient seuls. Bénédict voulut se hasarder à poursuivre ce rêve.

— Mais s'il vous avait fallu épouser un paysan ? lui dit-il.

— Au temps où nous vivons, répondit-elle, il n'y a plus de paysans. Ne recevons-nous pas la même éducation dans presque toutes les classes ? Athénaïs n'a-t-elle pas plus de talents que moi ? Un homme comme vous n'est-il pas très-supérieur par ses connaissances à une femme comme moi ?

— N'avez-vous pas les préjugés de la naissance ? reprit Bénédict.

— Mais je me suppose fermière ; je n'aurais pas pu les avoir.

— Ce n'est pas une raison ; Athénaïs est née fermière, et elle est bien fâchée de n'être pas née comtesse.

— Oh ! qu'à sa place je m'en réjouirais, au contraire ! dit-elle avec vivacité.

Et elle resta pensive, appuyée sur la crèche, vis-à-vis de Bénédict, les yeux fixés à terre, et ne songeant pas qu'elle venait de lui dire des choses qu'il aurait payées de son sang.

Bénédict s'enivra longtemps des images folles et flatteuses que cet entretien venait d'éveiller. Sa raison s'endormit dans ce doux silence, et toutes les idées riantes et trompeuses prirent la volée. Il se vit maître, époux et fermier dans la Vallée-Noire. Il vit dans Valentine sa compagne, sa ménagère, sa plus belle propriété. Il rêva tout éveillé, et deux ou trois fois il s'abusa au point d'être près de la faire presser dans ses bras. Quand le bruit des voix l'avertit de l'approche de Louise et d'Athénaïs, il s'enfuit par un côté opposé, et courut se cacher dans un coin obscur de la grange, derrière les meules de blé. Là

il pleura comme un enfant, comme une femme, comme il ne se souvenait pas d'avoir pleuré ; il pleura ce rêve qui venait de l'enlever un instant au monde existant, et qui lui avait donné plus de joie en quelques minutes d'illusion qu'il n'en avait goûté dans toute une vie de réalité. Quand il eut essuyé ses larmes, quand il revit Valentine, toujours sereine et douce, interrogeant son visage avec une muette sollicitude, il fut heureux encore : il se dit qu'il y avait plus de bonheur et de gloire à être aimé en dépit des hommes et de la destinée qu'à obtenir sans peine et sans péril une affection légitime. Il se plongea jusqu'au cou dans cette mer trompeuse de souhaits et de chimères ; il retomba dans son rêve. A table, il se plaça auprès de Valentine ; il s'imagina qu'elle était la maîtresse chez lui. Comme elle aimait volontiers à se charger de tout l'embarras du service, elle découpait, faisait les portions et se plaisait à être utile à tous. Bénédict la regardait d'un air stupide de joie ; il lui tendait son assiette, ne lui adressait plus une seule de ces politesses d'usage qui rappellent à chaque instant les conventions et les distances, et, quand il voulait qu'elle lui servît de quelque mets, il lui disait en tendant son assiette :

— A moi, madame la fermière !

Quoiqu'on bût le vin du cru à la ferme, M. Lhéry avait en réserve pour les grandes occasions, d'excellent champagne ; mais personne n'y fit honneur. L'ivresse morale était assez forte. Ces êtres jeunes et sains n'avaient pas besoin d'exciter leurs nerfs et de fouetter leur sang. Après le dîner ils jouèrent à se cacher et à se poursuivre dans les prés. M. et Mme Lhéry eux-mêmes, libres enfin des soins de la journée, se mirent de la partie. On y admit encore une jolie servante de ferme et les enfants du métayer. Bientôt la prairie ne retentit plus que de rires et de cris joyeux. Ce fut le dernier coup pour la raison de Bénédict. Poursuivre Valentine, ralentir sa course pour la laisser fuir devant lui et la forcer de s'égarer dans les buissons, puis fondre sur elle à l'improviste, s'amuser de ses cris, de ses ruses, la joindre enfin et n'oser la toucher, mais voir son sein agité, ses joues vermeilles et ses yeux humides, c'en était trop pour un seul jour.

Athénaïs, remarquant en elle-même ces fréquentes absences de Bénédict et de Valentine, et voulant faire courir après elle, proposa de bander les yeux au poursuivant. Elle serra malicieusement le mouchoir à Bénédict, s'imaginant qu'il ne pourrait plus choisir sa proie ; mais Bénédict s'en souciait bien ! L'instinct de l'amour, ce charme puissant et magique qui fait reconnaître à l'amant l'air où sa maîtresse a passé, le guidait aussi bien que ses yeux ; il atteignait toujours Valentine, et, plus heureux qu'à l'autre jeu, il pouvait la saisir dans ses bras, et, feignant de ne pas la reconnaître, l'y garder longtemps. Ces jeux-là sont les plus dangereuse chose du monde.

Enfin la nuit vint, Valentine parla de se retirer ; Bénédict était auprès d'elle, et ne sut pas dissimuler son chagrin.

— Déjà ! s'écria-t-il d'une grosse et rude manière qui porta jusqu'au fond du cœur de Valentine la conviction de la vérité.

— Déjà ! en effet, répondit-elle ; cette journée m'a semblé bien courte.

Et elle embrassa sa sœur ; mais n'avait-elle songé qu'à Louise en le disant ?

On apprêta la carriole, Bénédict se promettait encore quelques instants de bonheur ; mais l'arrangement des places trompa son attente. Louise lui tout au fond pour n'être pas aperçue aux environs du château. Sa sœur se mit auprès d'elle. Athénaïs s'assit sur la banquette de devant, auprès de son cousin ; il en eut tant d'humeur qu'il ne lui adressa pas un mot pendant toute la route.

A l'entrée du parc, Valentine le pria d'arrêter à cause de Louise qui craignait toujours d'être vue malgré l'obscurité. Bénédict sauta à terre et l'aida à descendre. Tout était sombre et silencieux autour de cette riche demeure, que Bénédict eût voulu voir s'engloutir. Valentine em-

Voyez donc comme elle est belle, ma Valentine! (Page 17.)

brassa sa sœur et Athénaïs, tendit la main à Bénédict, qui, cette fois, osa la baiser, et s'enfuit dans le parc. A travers la grille, Bénédict vit pendant quelques instants flotter sa robe blanche qui s'éloignait parmi les arbres; il aurait oublié toute la terre, si Athénaïs, l'appelant du fond de la carriole, ne lui eût dit avec aigreur :

— Eh bien ! allez-vous nous laisser coucher ici?

## XV.

Personne ne dormit à la ferme dans la nuit qui suivit cette journée. Athénaïs se trouva mal en rentrant; sa mère en conçut une vive inquiétude, et ne consentit à se coucher que pressée par les instances de Louise. Celle-ci s'engagea à passer la nuit dans la chambre de sa jeune compagne, et Bénédict se retira dans la sienne, où partagé entre la joie et le remords, il ne put goûter un instant de repos.

Après la fatigue d'une attaque de nerfs, Athénaïs s'endormit profondément; mais bientôt les chagrins qui l'avaient torturée durant le jour se présentèrent dans les images de son sommeil, et elle se mit à pleurer amèrement. Louise, qui s'était assoupie sur une chaise, s'éveilla en sursaut en l'entendant sangloter ; et se penchant vers elle, lui demanda avec affection la cause de ses larmes. N'en obtenant pas de réponse, elle s'aperçut qu'elle dormait et se hâta de l'arracher à cet état pénible. Louise était la plus compatissante personne du monde; elle avait tant souffert pour son compte, qu'elle sympathisait avec toutes les peines d'autrui. Elle mit en œuvre tout ce qu'elle possédait de douceur et de bonté pour consoler la jeune fille ; mais celle-ci se jetant à son cou :

— Pourquoi voulez-vous me tromper aussi? s'écria-t-elle; pourquoi voulez-vous prolonger une erreur qui doit cesser entièrement tôt ou tard? Mon cousin ne m'aime pas; il ne m'aimera jamais, vous le savez bien ! Allons, convenez qu'il vous l'a dit.

Louise était fort embarrassée de lui répondre. Après le *jamais* qu'avait prononcé Bénédict (mot dont elle ne pouvait apprécier la valeur), elle n'osait pas répondre de l'avenir à sa jeune amie, dans la crainte de lui apprêter une déception. D'un autre côté, elle aurait voulu trouver un motif de consolation ; car sa douleur l'affligeait

Ah! te voilà ma petite. (Page 48.)

sincèrement. Elle s'attacha donc à lui démontrer que si son cousin n'avait pas d'amour pour elle, du moins il n'était pas vraisemblable qu'il en eût pour aucune autre femme, et elle s'efforça de lui faire espérer qu'elle triompherait de sa froideur; mais Athénaïs n'écouta rien.

— Non, non, ma chère demoiselle, répondit-elle en essuyant tout à coup ses larmes, il faut que j'en prenne mon parti; j'en mourrai peut-être de chagrin, mais enfin je ferai mon possible pour en guérir. Il est trop humiliant de se voir mépriser ainsi! J'ai bien d'autres aspirants! Si Bénédict croit qu'il était le seul dans le monde à me faire la cour, il se trompe. J'en connais qui ne me trouveront pas si indigne d'être recherchée. Il verra! il verra que je m'en vengerai, que je ne serai pas longtemps au dépourvu, que j'épouserai Georges Simonneau, ou Pierre Blutty, ou bien encore Blaise Moret! Il est vrai que je ne peux pas les souffrir. Oh! oui, je sens bien que je haïrai l'homme qui m'épousera à la place de Bénédict! Mais c'est lui qui l'aura voulu; et, si je suis une mauvaise femme, il en répondra devant Dieu!

— Tout cela n'arrivera pas, ma chère enfant, reprit Louise; vous ne trouverez point parmi vos nombreux adorateurs un homme que vous puissiez comparer à Bénédict pour l'esprit, la délicatesse et les talents, comme, de son côté, il ne trouvera jamais une femme qui vous surpasse en beauté et en attachement...

— Oh! pour cela, arrêtez, ma bonne demoiselle Louise, arrêtez; je ne suis pas aveugle, ni vous non plus. Il est bien facile de voir quand on a des yeux, et M. Bénédict ne se donne pas beaucoup de peine pour échapper aux nôtres. Rien n'a été si clair pour moi que sa conduite d'aujourd'hui. Ah! si ce n'était pas votre sœur, que je la haïrais!

— Haïr Valentine! elle, votre compagne d'enfance, qui vous aime tant, qui est si loin d'imaginer ce que vous soupçonnez? Valentine, si amicale et si bienveillante de cœur, mais si fière par modestie! Ah! qu'elle souffrirait, Athénaïs, si elle pouvait deviner ce qui se passe en vous!

— Ah! vous avez raison! dit la jeune fille en recommençant à pleurer; je suis bien injuste, bien impertinente de l'accuser d'une chose semblable! Je sais bien que si elle en avait la pensée, elle frémirait d'indignation. Eh bien! voilà ce qui me désespère pour Bénédict; voilà ce qui me révolte contre sa folie : c'est de le voir se rendre malheureux à plaisir. Qu'espère-t-il donc? quel égarement d'esprit le pousse à sa perte? Pourquoi faut-il qu'il s'éprenne de la femme qui ne pourra jamais être rien pour lui, tandis que sous sa main il y en a une qui lui apporterait jeunesse, amour, fortune? O Bénédict! Bénédict! quel homme êtes-vous donc? Et moi, quelle femme suis-je aussi, puisque je ne peux pas me faire aimer! Vous m'avez toutes trompée; vous m'avez dit que j'étais jolie, que j'avais des talents, que j'étais aimable et faite pour plaire. Vous m'avez trompée; vous voyez bien que je ne plais pas!

Athénaïs passa ses mains dans ses cheveux noirs comme si elle eût voulu les arracher; mais son regard tomba sur la toilette de citronnier ouverte à côté de son lit, et le miroir lui donna un si formel démenti qu'elle se réconcilia un peu avec elle-même.

— Vous êtes bien enfant! lui dit Louise. Comment pouvez-vous croire que Bénédict soit déjà épris de ma sœur, qu'il a vue trois fois?

— Que trois fois? Oh! que trois fois!

— Mettons-en quatre ou cinq, qu'importe! Certes, s'il l'aimait ce serait depuis peu; car, hier encore, il me disait que Valentine était la plus belle, la plus estimable des femmes...

— Voyez-vous, la plus belle, la plus estimable...

— Attendez donc. Il disait qu'elle était digne des hommages de toute la terre, et que son mari serait le plus heureux des hommes; et cependant, ajoutait-il, je crois que je pourrais vivre dix ans auprès d'elle sans en devenir amoureux, tant sa confiante franchise m'inspire de respect, tant son front pur et serein répand de calme autour d'elle!

— Il disait cela hier?

— Je vous le jure par l'amitié que j'ai pour vous.

— Eh bien! oui; mais c'était hier! aujourd'hui tout cela est bien changé!

— Croyez-vous donc que Valentine ait perdu le charme qui la rendait si imposante?

— Peut-être en a-t-elle acquis d'autres; qui sait? l'amour vient si vite! Moi, il n'y a guère qu'un mois que j'aime mon cousin. Avant je ne l'aimais pas; je ne l'avais pas vu depuis qu'il était sorti du collège, et dans ce temps-là j'étais si jeune! Et puis je me souvenais de l'avoir vu si grand, si gauche, si embarrassé de ses bras trop longs de moitié pour ses manches! Mais quand je l'ai retrouvé si élégant, si aimable, ayant si bonne tournure, sachant tant de choses, et puis ayant ce regard un peu sévère qui lui sied si bien et qui fait que j'ai toujours peur de lui... oh! de ce moment-là je l'ai aimé, et je l'ai aimé tout d'un coup; du soir au matin mon cœur a été surpris. Qui empêche que Valentine n'ait pris le sien de même aujourd'hui? Elle est bien belle Valentine; elle a toujours l'esprit de dire ce qui est dans les idées de Bénédict. Il semble qu'elle devine ce qu'il a envie de lui entendre dire, et moi je fais tout le contraire. Où prend-elle cet esprit-là? Ah! c'est plutôt parce qu'il est disposé à admirer ce qu'elle dit. Et puis, quand ce ne serait qu'une fantaisie commencée ce matin, finie ce soir; quand demain il viendrait encore me tendre la main et me dire : « Faisons la paix; » je vois bien que je ne l'ai pas fixé, que je ne le fixerai pas. Voyez quelle belle vie j'aurais, étant sa femme, s'il me fallait toujours pleurer de rage, toujours sécher de jalousie! Non, non, il vaut mieux se faire une raison et y renoncer.

— Eh bien! ma chère belle, dit Louise, puisque vous ne pouvez éloigner ce soupçon de votre esprit, il faut en avoir le cœur net. Demain je parlerai à Bénédict, je l'interrogerai franchement sur ses intentions, et, quelle que soit la vérité, vous en serez instruite. Vous sentez-vous ce courage?

— Oui, répondit Athénaïs en l'embrassant; j'aime mieux savoir mon sort que de vivre dans de pareils tourments.

— Prenez donc sur vous-même, lui dit Louise, d'essayer de vous reposer, et ne faites rien paraître demain de votre émotion. Puisque vous ne croyez pas devoir

compter sur l'attachement de votre cousin, votre dignité de femme exige que vous fassiez bonne contenance.

— Oh! vous avez raison, dit la jeune fille en se renfonçant dans son lit. Je veux agir selon vos conseils. Je me sens déjà plus forte puisque vous prenez mes intérêts.

En effet, cette résolution ayant ramené un peu de calme dans ses idées, elle s'endormit bientôt, et Louise, dont le cœur était bien plus profondément ébranlé, attendit, les yeux ouverts, que les premières lueurs du matin eussent blanchi l'horizon. Alors elle entendit Bénédict, qui ne dormait pas non plus, entr'ouvrir doucement la porte de sa chambre et descendre l'escalier. Elle le suivit sans éveiller personne, et tous deux, s'étant abordés d'un air plus grave que de coutume, s'enfoncèrent dans une allée du jardin qui commençait à se remplir de rosée.

## XVI.

Louise était assez embarrassée pour aborder une question si délicate, lorsque Bénédict, prenant le premier la parole, lui dit d'un ton ferme :

— Mon amie, je sais de quoi vous allez me parler. Nos cloisons de bois de chêne ne sont pas tellement épaisses, la nuit n'est pas tellement bruyante autour de cette demeure, et mon sommeil n'était pas tellement profond, que j'aie perdu un seul mot de votre entretien avec ma cousine. La confession que je me proposais de vous faire serait donc parfaitement inutile à présent, puisque vous êtes aussi bien informée que moi-même de l'état de mon cœur.

Louise s'arrêta et le regarda en face pour savoir s'il ne raillait point; mais l'expression de son visage était si parfaitement calme qu'elle resta stupéfaite.

— Je sais que vous maniez la plaisanterie avec un admirable sang-froid, lui répondit-elle; mais je vous supplie de me parler sérieusement. Il ne s'agit point ici de sentiments dont vous ayez le droit de vous faire un jeu.

— A Dieu ne plaise! dit Bénédict avec force; il s'agit de l'affection la plus importante et la plus sacrée de ma vie. Athénaïs vous l'a dit, et j'en jure sur mon honneur, j'aime Valentine de toutes les puissances de mon âme.

Louise joignit les mains d'un air atterré et s'écria en levant les yeux au ciel :

— Quelle insigne folie!

— Pourquoi? reprit Bénédict en attachant sur elle ce regard fixe qui lui renfermait tant d'autorité.

— Pourquoi? répéta Louise; vous me le demandez! Mais, Bénédict, êtes-vous sous la puissance d'un rêve, ou moi-même ne suis-je pas bien éveillée? Vous aimez ma sœur, vous me le dites; et qu'espérez-vous donc d'elle, grand Dieu?

— Ce que j'espère?... le voici, répondit-il : j'espère l'aimer toute ma vie.

— Et vous pensez peut-être qu'elle vous le permettra?

— Qui sait?... peut-être.

— Mais vous n'ignorez pas qu'elle est riche, qu'elle est d'une haute naissance...

— Elle est, comme vous, fille du comte de Raimbault, et j'ai bien osé vous aimer! Est-ce donc parce que je suis le fils du paysan Lhéry que vous m'avez repoussé?

— Non, certes, répondit Louise, qui devint pâle comme la mort; mais Valentine n'a pas vingt ans, et en supposant qu'elle n'eût pas les préjugés de la naissance...

— Elle ne les a pas, interrompit Bénédict.

— Comment le savez-vous?

— Comme vous le savez vous-même. Notre connaissance avec Valentine date de la même époque, ce me semble.

— Mais oubliez-vous qu'elle dépend d'une mère vaine et inflexible, d'un monde qui ne l'est pas moins? qu'elle est fiancée à M. de Lansac? qu'on ne peut enfin rompre les liens qui l'enchaînent à ses devoirs sans attirer sur elle les malédictions de sa famille, le mépris de sa caste, et sans détruire à jamais le repos de toute sa vie?

— Comment ne saurais-je pas tout cela?

— Eh bien ! enfin, qu'attendez-vous donc de sa folie ou de la vôtre ?

— De la sienne, rien ; de la mienne tout...

— Ah ! vous croyez vaincre la destinée par la seule force de votre caractère ! Est-ce cela ? Je vous ai entendu quelquefois développer cette utopie ; mais soyez sûr, Bénédict, que, fussiez-vous plus qu'un homme, vous n'y parviendrez pas. Dès cet instant, j'entre en résistance ouverte contre vous ; je renoncerais plutôt à voir ma sœur que de vous fournir l'occasion et les moyens de compromettre son avenir...

— Oh ! quelle chaleur d'opposition ! dit Bénédict avec un sourire dont l'effet fut atroce pour Louise. Calmez-vous, ma bonne sœur... vous m'avez permis, vous m'avez presque ordonné de vous donner ce nom alors que nous ne connaissions pas Valentine. Si vous y eussiez consenti, j'en aurais réclamé un plus doux. Mon âme inquiète eût été fixée, et Valentine eût pu passer dans ma vie sans y faire impression ; mais vous ne l'avez pas voulu, vous avez rejeté des vœux qui, maintenant j'y songe de sang-froid, ont dû vous sembler bien ridicules... Vous m'avez repoussé du pied dans cette mer d'incertitudes et d'orages ; je me prends à suivre une belle étoile qui me luit ; que vous importe ?

— Que m'importe ? quand il s'agit de ma sœur, de ma sœur dont je suis presque la mère !...

— Ah ! vous êtes une mère bien jeune ! dit Bénédict avec un peu d'ironie. Mais, écoutez, Louise ; je serais presque tenté de croire que vous manifestez toutes ces craintes pour me railler, et dans ce cas vous devez avouer que, depuis le temps qu'elle dure, j'ai assez bien subi la plaisanterie.

— Que voulez-vous dire ?

— Il est impossible que vous me trouviez dangereux pour votre sœur, quand vous savez si bien par vous-même combien je le suis peu. Vos terreurs sont fort singulières, et vous croyez la raison de Valentine bien fragile apparemment, puisque vous vous effrayez tant des atteintes que j'y peux porter.... Rassurez-vous, bonne Louise ; vous m'avez donné, il n'y a pas longtemps, une leçon dont je vous remercie, et que je saurai mettre à profit peut-être. Je n'irai plus m'exposer à mettre aux pieds d'une femme telle que Valentine ou Louise l'hommage d'un cœur comme le mien. Je n'aurai plus la folie de croire qu'il ne s'agit, pour attendrir une femme, que de l'aimer avec toute l'ardeur d'un cerveau de vingt ans, que, pour effacer à ses yeux la distance des rangs et pour faire taire en elle le cri de la mauvaise honte, il suffise d'être dévoué à elle corps et âme, sang et honneur. Non, non, tout cela n'est rien aux yeux des femmes ; je suis le fils d'un paysan, je suis horriblement laid, absurde on ne peut plus ; je n'ai pas la prétention d'être aimé. Il n'est qu'une pauvre bourgeoise frelatée comme Athénaïs qui, faute de mieux jusqu'ici, ait pu songer à descendre jusqu'à moi.

— Bénédict ! s'écria Louise avec chaleur, tout ceci est une cruelle moquerie, je le vois bien ; c'est un sanglant reproche que vous m'adressez. Oh ! vous êtes bien injuste ; vous ne voulez pas comprendre ma situation ; vous ne songez pas que si je vous avais écouté, ma conduite envers votre famille aurait été odieuse ; vous ne me tenez pas compte de la vertu qu'il m'a fallu peut-être pour vous sembler si glaciale. Oh ! vous ne voulez rien comprendre !

La pauvre Louise cacha son visage dans ses mains, effrayée d'en avoir trop dit. Bénédict étonné la regarda attentivement. Son sein était agité, une rougeur brûlante se trahissait sur son front malgré ses efforts pour la cacher. Bénédict comprit qu'il était aimé...

Il s'arrêta irrésolu, tremblant, bouleversé. Il avança une main pour saisir celle de Louise, il craignit d'être trop ardent, il craignit d'être trop froid. Louise, Valentine, laquelle des deux aimerait-il ?

Quand Louise, effrayée de son silence, releva timidement la tête, Bénédict n'était plus auprès d'elle.

## XVII.

Mais à peine Bénédict fut-il seul que, n'éprouvant plus l'effet de l'attendrissement, il s'étonna d'en avoir ressenti un si vif, et ne s'expliqua cette émotion qu'en l'attribuant à un sentiment d'amour-propre flatté. En effet, Bénédict, ce garçon laid à faire peur, comme disait la marquise de Raimbault, ce jeune homme enthousiaste pour les autres et sceptique envers lui-même, se trouvait dans une étrange position. Aimé à la fois de trois femmes dont la moins belle eût rempli d'orgueil le cœur de tout autre, il avait bien de la peine à lutter contre les bouffées de vanité qui s'élevaient en lui. C'était une rude épreuve pour sa raison, il le sentait bien. Pour y résister il se mit à penser à Valentine, à celle des trois qui lui inspirait le moins de certitude, et qui devait nécessairement le désabuser la première. Il ne connaissait l'amour de celle-là que par ces révélations sympathiques qui trompent rarement les amants. Mais quand cet amour serait éclos réellement dans le sein de la jeune comtesse, il devait y être étouffé en naissant, dès qu'il se trahirait à elle-même. Bénédict se dit tout cela pour triompher du démon de l'orgueil, et, ce qui peut-être ne fut pas sans mérite à son âge, il en triompha.

Alors, jetant sur sa situation un regard aussi lucide que possible à un homme fortement épris, il se dit qu'il fallait arrêter son choix sur l'une d'elles, et couper court sur-le-champ aux angoisses des deux autres. Athénaïs fut la première fleur qu'il retrancha de cette belle couronne ; il jugea qu'elle serait bientôt consolée. Les naïves menaces de vengeance dont il avait été le confident involontaire pendant la nuit précédente lui firent espérer que Georges Simonneau, Pierre Blutty ou Blaise Moret se chargerait de dégager sa conscience de tout remords envers elle.

Le plus raisonnable, peut-être le plus généreux choix eût dû tomber sur Louise. Donner un état et un avenir à cette infortunée que sa famille et l'opinion avaient si cruellement outragée, réparer envers elle les rudes châtiments que le passé lui avait infligés, être le protecteur d'une femme si malheureuse et si intéressante, il y avait dans cette idée quelque chose de chevaleresque qui avait déjà tenté Bénédict. Peut-être l'amour qu'il avait cru ressentir pour Louise avait-il pris naissance dans la portée un peu héroïque de son caractère. Il avait vu là une occasion de dévouement ; sa jeunesse, avide d'une gloire quelconque, appelait l'opinion en combat singulier, comme faisaient ces preux aventuriers envoyant un cartel au géant de la contrée, jaloux qu'ils étaient de faire parler d'eux, ne fût-ce que par une chute glorieuse.

Le refus de Louise, qui d'abord avait rebuté Bénédict, lui apparaissait maintenant sous son véritable aspect. Ne voulant point accepter de si grands sacrifices, et craignant de se laisser vaincre en générosité, Louise avait cherché à lui ôter toute espérance, et peut-être y avait-elle réussi au delà de son désir. Dans toute vertu où il y a un peu d'espoir de récompense ; elle n'eut pas plus tôt repoussé Bénédict qu'elle en souffrit amèrement. Maintenant Bénédict comprenait que, dans ce refus, il y avait plus de véritable générosité, plus d'affection délicate et forte qu'il n'y en avait eu dans sa propre conduite. Louise s'élevait à ses propres yeux presque au-dessus de l'héroïsme dont il se sentait capable lui-même ; c'était de quoi l'émouvoir profondément et le jeter dans une nouvelle carrière d'émotions et de désirs.

Si l'amour était un sentiment qui se calcule et se raisonne comme l'amitié ou la haine, Bénédict eût été se jeter aux pieds de Louise ; mais ce qui fait l'immense supériorité de celui-là sur tous les autres, ce qui prouve son essence divine, c'est qu'il ne naît point de l'homme même ; c'est que l'homme n'en peut disposer ; c'est qu'il ne l'accorde pas plus qu'il ne l'ôte par un acte de sa volonté ; c'est que le cœur humain le reçoit d'en haut sans doute pour le reporter sur la créature choisie entre toutes dans les desseins du ciel ; et quand une âme énergique l'a reçu, c'est en vain que toutes les considérations humaines élèveraient la voix pour le détruire ; il subsiste seul et par sa propre puissance. Tous ces auxiliaires qu'on lui donne, ou plutôt qu'il attire à soi, l'amitié, la confiance, la sympathie, l'estime même, ne sont que des alliés subalternes ; il les a créés, il les domine, il leur survit.

Bénédict aimait Valentine et non pas Louise. Pourquoi Valentine ? Elle lui ressemblait moins ; elle avait moins de ses défauts, moins de ses qualités ; elle devait sans doute le comprendre et l'apprécier moins... c'est celle-là qu'il devait aimer apparemment. Il se mit à chérir en elle, dès qu'il la vit, les qualités qu'il n'avait pas en lui-même : il était inquiet, mécontent, exigeant envers la destinée ; Valentine était calme, facile, heureuse à propos de tout. Eh bien ! cela n'était-il pas selon les desseins de Dieu ? La suprême Providence, qui est partout en dépit des hommes, n'avait-elle pas présidé à ce rapprochement ? L'un était nécessaire à l'autre : Bénédict à Valentine, pour lui faire connaître ces émotions sans lesquelles la vie est incomplète ; Valentine à Bénédict, pour apporter le repos et la consolation dans une vie orageuse et tourmentée. Mais la société se trouvait là entre eux, qui rendait ce choix mutuel absurde, coupable, impie ! La Providence a fait l'ordre admirable de la nature, les hommes l'ont détruit ; à qui la faute ? Faut-il que, pour respecter la solidité de nos murs de glace, tout rayon du soleil se retire de nous ?

Quand il se rapprocha du banc où il avait laissé Louise, il la trouva pâle, les mains pendantes, les yeux fixés à terre. Elle tressaillit en écoutant le frôlement de ses vêtements contre le feuillage ; mais quand elle l'eut regardé, quand elle eut compris qu'il s'était renfermé dans son inexpugnable impénétrabilité, elle attendit dans une angoisse plus grande le résultat de ses réflexions.

— Nous ne nous sommes pas compris, ma sœur, lui dit Bénédict en s'asseyant à son côté. Je vais m'expliquer mieux.

Ce mot de *sœur* fut un coup mortel pour Louise ; elle rassembla ce qu'elle avait de force pour cacher sa douleur et pour écouter d'un air calme.

— Je suis loin, dit Bénédict, de conserver aucun dépit contre vous ; au contraire, j'admire en vous cette candeur et cette bonté qui ne se sont point retirées de moi malgré mes folies ; je sens que vos refus ont affermi mon respect et ma tendresse pour vous. Comptez sur moi comme sur le plus dévoué de vos amis, et laissez-moi vous parler avec toute la confiance qu'un frère doit à sa sœur.-Oui, j'aime Valentine, je l'aime avec passion ; et, comme Athénaïs l'a très-bien remarqué, c'est d'hier seulement que je connais le sentiment qu'elle m'inspire. Mais je l'aime sans espoir, sans but, sans dessein aucun. Je sais que Valentine ne renoncera pour moi ni à sa famille, ni à son prochain mariage, ni même, en supposant qu'elle fût libre, aux devoirs de convention que les idées de sa classe auraient pu lui tracer. J'ai mesuré de sang-froid l'impossibilité d'être pour elle autre chose qu'un ami obscur et soumis, estimé en secret peut-être, mais jamais redoutable. Dussé-je, moi chétif et imperceptible, inspirer à Valentine une de ces passions qui rapprochent les rangs et surmontent les obstacles, je la fuirais plutôt que d'accepter des sacrifices dont je ne me sens pas digne ! Tout cela, Louise, doit vous rassurer un peu sur l'état de mon cerveau.

— En ce cas, mon ami, dit Louise en tremblant, vous allez travailler à détruire cet amour qui ferait le tourment de votre vie ?

— Non, Louise, non, plutôt mourir, répondit Bénédict avec force. Tout mon bonheur, tout mon avenir, toute ma vie sont là ! Depuis que j'aime Valentine, je suis un autre homme ; je me sens exister. Le voile sombre qui couvrait ma destinée se déchire de toutes parts ; je ne suis plus seul sur la terre ; je ne m'ennuie plus de ma nullité ; je me sens grandir d'heure en heure avec cet amour. Ne voyez-vous pas sur ma figure un calme qui doit la rendre plus supportable ?

— J'y vois une assurance qui m'effraie, répondit Louise. Mon ami, vous vous perdez vous-même. Ces chimères

ruineront votre destinée ; vous dépenserez votre énergie à des rêves inutiles, et quand le temps viendra d'être un homme, vous verrez avec regret que vous en aurez perdu la force.

— Qu'entendez-vous donc par être un homme, Louise ?

— J'entends avoir sa place dans la société sans être à charge aux autres.

— Eh bien ! dès demain je puis être un homme, avocat ou portefaix, musicien ou laboureur ; j'ai plus d'une ressource.

— Vous ne pouvez être rien de tout cela, Bénédict ; car au bout de huit jours une profession quelconque, dans l'état d'irritation où vous êtes...

— M'ennuierait, j'en conviens ; mais j'aurai toujours la ressource de me casser la tête si la vie m'ennuie, ou de me faire lazzarone si elle me plaît beaucoup. Et, tout bien considéré, je crois que je ne suis plus bon à autre chose. Plus j'ai appris, plus je me suis dégoûté de la vie ; je veux retourner maintenant, autant que possible, à mon état de nature, à ma grossièreté de paysan, à la simplicité des idées, à la frugalité de la vie. J'ai, de mon patrimoine, cinq cents livres de rentes en bonnes terres, avec une maison couverte en chaume ; je puis vivre honorablement dans mes propriétés, seul, libre, heureux, oisif, sans être à charge à personne.

— Parlez-vous sérieusement ?

— Pourquoi pas ? Dans l'état de la société, le meilleur résultat possible de l'éducation qu'on nous donne serait de retourner volontairement à l'état d'abrutissement d'où l'on s'efforce de nous tirer durant vingt ans de notre vie. Mais, écoutez, Louise, ne faites pas pour moi de ces rêves chimériques que vous me reprochez. C'est vous qui m'invitez à dépenser mon énergie en fumée, quand vous me dites de travailler pour être un homme comme les autres, de consacrer ma jeunesse, mes veilles, mes plus belles heures de bonheur et de poésie, à gagner de quoi mourir de vieillesse commodément, les pieds dans de la fourrure et la tête sur un coussin de duvet. Voilà pourtant le but de tous ceux qu'on appelle de bons sujets à mon âge, et de tous les hommes positifs à quarante ans. Dieu les bénisse ! Laissez-les aspirer de tous leurs efforts vers ce but sublime : être électeurs du grand collége, ou conseillers municipaux, ou secrétaires de préfecture. Qu'ils engraissent des bœufs et maigrissent des chevaux à courir les foires ; qu'ils se fassent valets de cour-basse ou valets de basse-cour, esclaves d'un ministre ou d'un *lot* de moutons, préfets à la livrée d'or ou marchands de porcs à la ceinture doublée de *pistoles ;* et qu'après toute une vie de sueurs, de maquignonnage, de platitude ou de grossièreté, ils laissent le fruit de tant de peines à une fille entretenue, intrigante cosmopolite, ou servante jouffue du Berri, ou le moyen de leur testament ou par l'intermédiaire de leurs héritiers pressés de *jouir de la vie :* voilà la vie positive qui se déroule dans toute sa splendeur autour de moi ! voilà la glorieuse condition d'*homme* vers laquelle aspirent tous mes contemporains d'étude. Franchement, Louise, croyez-vous que j'abandonne là une bien belle et bien glorieuse existence ?

— Vous savez vous-même, Bénédict, combien il serait facile de rétorquer cette hyperbolique satire. Aussi je n'en prendrai pas la peine ; je veux vous demander simplement ce que vous comptez faire de cette ardente activité qui vous dévore, et si votre conscience ne vous prescrit pas d'en faire un emploi utile à la société ?

— Ma conscience ne me prescrit rien de semblable. La *société* n'a pas besoin de ceux qui n'ont pas besoin d'elle. Je conçois la puissance de ce grand mot chez des peuples nouveaux, sur une terre vierge qu'un petit nombre d'hommes, rassemblés d'hier, s'efforcent de fertiliser et de faire servir à leurs besoins ; alors, si la colonisation est volontaire, je méprise celui qui viendra s'engraisser impunément du travail des autres. Je puis concevoir le civisme chez des nations libres ou vertueuses, s'il en existe. Mais ici, sur le sol de la France, où, quoi qu'on en dise, la terre manque de bras, où chaque profession regorge d'aspirants, où l'espèce humaine, hideusement agglomérée autour des palais, rampe et lèche la trace des pas du riche, où d'énormes capitaux rassemblés (selon toutes les lois de la richesse sociale) dans les mains de quelques hommes, servent d'enjeu à une continuelle loterie entre l'avarice, l'immoralité et l'ineptie; dans ce pays d'impudeur et de misère, de vice et de désolation; dans cette civilisation pourrie jusqu'à sa racine, vous voulez que je sois *citoyen*? que je sacrifie ma volonté, mon inclination, ma fantaisie à ses besoins pour être sa dupe ou sa victime? pour que le denier que j'aurais jeté au mendiant aille s'enfouir dans la caisse du millionnaire? Il faudra que je m'essouffle à faire du bien afin de produire un peu plus de mal, afin de fournir mon contingent aux administrations qui patentent les mouchards, les croupiers et les prostituées? Non, sur ma vie! je ne le ferai pas. Je ne veux rien être dans cette belle France, la plus éclairée des nations. Je vous l'ai dit, Louise, j'ai cinq cents livres de rente; tout homme qui a cinq cents livres de rente doit en vivre, et vivre en paix.

— Eh bien, Bénédict, si vous voulez sacrifier toute noble ambition à ce besoin de repos qui vient de succéder si vite à votre ardente impatience, si vous voulez faire abnégation de tous vos talents et de toutes vos qualités pour vivre obscur et paisible au fond de cette vallée, assurez la première condition de cette heureuse existence, bannissez de votre esprit ce ridicule amour...

— Ridicule, avez-vous dit? Non! celui-là ne sera pas ridicule, j'en fais le serment. Ce sera un secret entre Dieu et moi. Comment donc le ciel, qui me l'inspira, pourrait-il s'en moquer? Non, ce sera mon bouclier contre la douleur, ma ressource contre l'ennui. N'est-ce pas lui qui m'a suggéré depuis hier cette résolution de rester libre et de me faire heureux à peu de frais? O bienfaisante passion, qui dès son irruption se révèle par la lumière et le calme! Vérité céleste, qui dessille les yeux et désabuse l'esprit de toutes les choses humaines! Puissance sublime, qui accapare toutes les facultés et les inonde de jouissances ignorées! O Louise! ne cherchez pas à m'ôter mon amour; vous n'y réussiriez pas, et vous me deviendriez peut-être moins chère; car, je l'avoue, rien ne saurait lutter avec avantage contre lui. Laissez-moi adorer Valentine en secret, et nourrir en moi ces illusions qui m'avaient hier transporté aux cieux. Que serait la réalité auprès d'elles? Laissez-moi ma vie de cette seule chimère, laissez-moi vivre au sein de cette vallée enchantée, avec mes souvenirs et les traces qu'elle y a laissées pour moi, avec ce parfum qui est resté après elle dans toutes les prairies où elle a posé le pied, avec ces harmonies que sa voix a éveillées dans toutes les brises, avec ces paroles si douces et si naïves qui lui sont échappées dans l'innocence de son cœur et que j'ai interprétées selon ma fantaisie; avec ce baiser pur et délicieux qu'elle a posé sur mon front le premier jour que je l'ai vue. Ah! Louise, ce baiser! vous le rappelez-vous? C'est vous qui l'avez voulu.

— Oh! oui, dit Louise en se levant d'un air consterné, c'est moi qui ai fait tout le mal.

## XVIII.

Valentine, en rentrant au château, avait trouvé sur sa cheminée une lettre de M. de Lansac. Selon l'usage du grand monde, elle était en correspondance avec lui depuis l'époque de ses fiançailles. Cette correspondance, qui semble devoir être une occasion de se connaître et de se lier plus intimement, est presque toujours froide et maniérée. On y parle d'amour dans le langage des salons; on y montre son esprit, son style et son écriture, rien de plus.

Valentine écrivait si simplement qu'elle passait aux yeux de M. de Lansac et de sa famille pour une personne fort médiocre. M. de Lansac s'en réjouissait assez. A la veille de disposer d'une fortune considérable, il entrait bien dans ses plans de dominer entièrement sa femme. Aussi, quoiqu'il ne fût nullement épris d'elle, il s'appliquait à lui écrire des lettres qui, dans le goût du beau monde, devaient être de petits chefs-d'œuvre épistolaires. Il s'imaginait ainsi exprimer l'attachement le plus vif qui

fût jamais entré dans le cœur d'un diplomate, et Valentine devait nécessairement prendre de son âme et de son esprit une haute idée. Jusqu'à ce moment, en effet, cette jeune personne, qui ne savait absolument rien de la vie et des passions, avait conçu pour la sensibilité de son fiancé une grande admiration, et lorsqu'elle comparait les expressions de son dévouement à ses propres réponses, elle s'accusait de rester, par sa froideur, bien au-dessous de lui.

Ce soir-là, fatiguée des joyeuses et vives émotions de sa journée, la vue de cette suscription, qui d'ordinaire lui était si agréable, éleva en elle comme un sentiment de tristesse et de remords. Elle hésita quelques instants à la lire, et, dès les premières lignes, elle tomba dans une si grande distraction qu'elle la lut les yeux jusqu'à la fin sans en avoir compris un mot, et sans avoir pensé à autre chose qu'à Louise, à Bénédict, au bord de l'eau et à l'oseraie de la prairie. Elle se fit un nouveau reproche de cette préoccupation, et relut courageusement la lettre du secrétaire d'ambassade. C'était celle qu'il avait faite avec le plus de soin; malheureusement elle était plus obscure, plus vide et plus prétentieuse que toutes les autres. Valentine fut, malgré elle, pénétrée du froid mortel qui avait présidé à cette composition. Elle se consola de cette impression involontaire en l'attribuant à la fatigue qu'elle éprouvait. Elle se mit au lit, et, grâce au peu d'habitude qu'elle avait de prendre tant d'exercice, elle s'endormit profondément; mais elle s'éveilla le lendemain toute rouge et toute troublée des songes qu'elle avait faits.

Elle prit sa lettre qu'elle avait laissée sur sa table de nuit, et la relut encore avec la ferveur que met une dévote à recommencer ses prières lorsqu'elle croit les avoir mal dites. Mais ce fut en vain; au lieu de l'admiration qu'elle avait jusque-là éprouvée pour ces lettres, elle n'eut que de l'étonnement et quelque chose qui ressemblait à de l'ennui; elle se leva effrayée d'elle-même et toute pâlie de la fatigue d'esprit qu'elle en ressentait.

Alors, comme en l'absence de sa mère elle faisait absolument tout ce qui lui plaisait, comme sa grand'mère ne songeait pas même à la questionner sur sa journée de la veille, elle partit pour la ferme, emportant dans un petit coffre de bois de cèdre toutes les lettres qu'elle avait reçues de M. de Lansac depuis un an, et se flattant qu'à la lecture de ces lettres l'admiration de Louise raviverait la sienne.

Il serait peut-être téméraire d'affirmer que ce fût là l'unique motif de cette nouvelle visite à la ferme; mais si Valentine eut un autre, ce fut certainement à l'insu d'elle-même. Quoi qu'il en soit, elle trouva Louise toute seule. Sur la demande d'Athénaïs, qui avait voulu s'éloigner pour quelques jours de son cousin, madame Lhéry était partie avec sa fille pour aller rendre visite dans les environs à une de ses parentes, Bénédict était à la chasse, et le père Lhéry aux travaux des champs.

Valentine fut effrayée de l'altération des traits de sa sœur. Celle-ci donna pour excuse l'indisposition d'Athénaïs, qui l'avait forcée de veiller. Elle sentit d'ailleurs sa peine s'adoucir aux tendres caresses de Valentine, et bientôt elles se mirent à causer avec abandon de leurs projets pour l'avenir. Ceci conduisit Valentine à montrer les lettres de M. de Lansac.

Louise en parcourut quelques-unes, qu'elle trouva d'un froid mortel et d'un ridicule achevé. Elle jugea sur-le-champ le cœur de cet homme, et devina fort bien que ses intentions bienveillantes, relativement à elle, cachaient une médiocre confiance. La tristesse qui l'accablait redoubla par cette découverte, et l'avenir de sa sœur lui parut aussi triste que le sien; mais elle n'osa en rien témoigner à Valentine. La veille, peut-être, elle se fût senti le courage de l'éclairer; mais, après les aveux de Bénédict, Louise, qui peut-être soupçonnait Valentine de l'encourager un peu, n'osa pas s'éloigner d'un mariage qui devait du moins la soustraire aux dangers de cette situation. Elle ne se prononça pas, et la pria de lui laisser ces lettres, en promettant de lui en dire son avis après les avoir toutes lues avec attention.

Elles étaient toutes deux assez attristées de cet entretien ; Louise y avait trouvé de nouveaux sujets de douleur, et Valentine, en apercevant l'air contraint de sa sœur, n'en avait pas obtenu le résultat qu'elle en attendait, lorsque Bénédict rentra en fredonnant au loin la cavatine *Di piacer mi balza il cor.* Valentine tressaillit en reconnaissant sa voix ; mais la présence de Louise lui causa un embarras qu'elle ne put s'expliquer, et ce fut avec d'hypocrites efforts qu'elle attendit d'un air d'indifférence l'arrivée de Bénédict.

Bénédict entra dans la salle, dont les volets étaient fermés. Le passage subit du grand soleil à l'obscurité de cette pièce l'empêcha de distinguer les deux femmes. Il suspendit son fusil à la muraille en chantant toujours, et Valentine, silencieuse, le cœur ému, le sourire sur les lèvres, suivait tous ses mouvements, lorsqu'il l'aperçut, au moment où il passait tout près d'elle, et laissa échapper un cri de surprise et de joie. Ce cri, parti du plus profond de ses entrailles, exprimait plus de passion et de transport que toutes les lettres de M. de Lansac étalées sur la table. L'instinct du cœur ne pouvait guère abuser Valentine à cet égard, et la pauvre Louise comprit que son rôle était déplorable.

De ce moment, Valentine oublia et M. de Lansac, et la correspondance, et ses doutes, et ses remords ; elle ne sentit plus que ce bonheur impérieux qui étouffe tout autre sentiment en présence de l'être que l'on aime. Elle et Bénédict le savourèrent avec égoïsme en présence de cette triste Louise, dont la situation fausse était si pénible entre eux deux.

L'absence de la comtesse de Raimbault s'étant prolongée de plusieurs jours au delà du terme qu'elle avait prévu, Valentine revint plusieurs fois à la ferme. Madame Lhéry et sa fille étaient toujours absentes, et Bénédict, couché dans le sentier par où devait arriver Valentine, y passait des heures de délices à l'attendre dans le feuillage de la haie. Il la voyait souvent passer sans oser se montrer, de peur de se trahir par trop d'empressement ; mais dès qu'elle était entrée à la ferme, il s'élançait sur ses traces, et, au grand déplaisir de Louise, il ne les quittait plus de la journée. Louise ne pouvait s'en plaindre ; car Bénédict avait la délicatesse de comprendre le besoin qu'elles pouvaient avoir de s'entretenir ensemble, et, tout en feignant de battre les buissons avec son fusil, il les suivait à une distance respectueuse ; mais il ne les perdait jamais de vue. Regarder Valentine, s'enivrer du charme indicible répandu autour d'elle, cueillir avec amour les fleurs que sa robe venait d'effleurer, suivre dévotement la trace d'herbe couchée qu'elle laissait derrière elle, puis remarquer avec joie qu'elle tournait souvent la tête pour voir s'il était là ; saisir, deviner parfois son regard à travers les détours d'un sentier ; se sentir appelé par une attraction magique lorsqu'elle l'appelait effectivement dans son cœur ; obéir à toutes les impressions subtiles, mystérieuses, invincibles, qui composent l'amour, c'était là pour Bénédict autant de joies pures et fraîches que vous ne trouverez point trop puériles si vous vous souvenez d'avoir eu vingt ans.

Louise ne pouvait lui adresser de reproches ; car il lui avait juré de ne jamais chercher à voir Valentine seule un instant, et il tenait religieusement sa parole. Il n'y avait donc à cette vie aucun danger apparent ; mais chaque jour le trait s'enfonçait plus avant dans ces âmes sans expérience, chaque jour endormait la prévoyance de l'avenir. Ces rapides instants, jetés comme un rêve dans leur existence, composaient déjà pour eux toute une vie qui leur semblait devoir durer toujours. Valentine avait pris le parti de ne plus penser du tout à M. de Lansac, et Bénédict se disait qu'un tel bonheur ne pouvait pas être balayé par un souffle.

Louise était bien malheureuse. En voyant de quel amour Bénédict était capable, elle apprenait à connaître ce jeune homme qu'elle avait cru jusque-là plus ardent que sensible. Cette puissance d'aimer, qu'elle découvrait en lui, le lui rendait plus cher ; elle mesurait l'étendue d'un sacrifice qu'elle n'avait pas compris en l'accomplissant, et pleurait en secret la perte d'un bonheur qu'elle eût pu goûter plus innocemment que Valentine. Cette

pauvre Louise, dont l'âme était passionnée, mais qui avait appris à se vaincre en subissant les funestes conséquences de la passion, luttait maintenant contre des sentiments âpres et douloureux. Malgré elle, une dévorante jalousie lui rendait insupportable le bonheur pur de Valentine. Elle ne pouvait se défendre de déplorer le jour où elle l'avait retrouvée, et déjà cette amitié romanesque et sublime avait perdu tout son charme ; elle était déjà, comme la plupart des sentiments humains, dépouillée d'héroïsme et de poésie. Louise se surprenait parfois à regretter le temps où elle n'avait aucun espoir de retrouver sa sœur. Et puis elle avait horreur d'elle-même, et priait Dieu de la soustraire à ces ignobles sentiments. Elle se représentait la douceur, la pureté, la tendresse de Valentine, et se prosternait devant cette image comme devant celle d'une sainte qu'elle priait d'opérer sa réconciliation avec le ciel. Par instants elle formait l'enthousiaste et téméraire projet de l'éclairer franchement sur le peu de mérite réel de M. de Lansac, de l'exhorter à rompre ouvertement sa mère, à suivre son penchant pour Bénédict, et à se créer, au sein de l'obscurité, une vie d'amour, de courage et de liberté. Mais ce dessein, dont le dévouement n'était peut-être pas au-dessus de ses forces, s'évanouissait bientôt à l'examen de la raison. Entraîner sa sœur dans l'abîme où elle s'était précipitée, lui ravir la considération qu'elle-même avait perdue, pour l'attirer dans les mêmes malheurs, la sacrifier à la contagion de son exemple, c'était de quoi faire reculer le désintéressement le plus hardi. Alors Louise persistait dans le plan qui lui avait paru le plus sage : c'était de ne point éclairer Valentine sur le compte de son fiancé, et de lui cacher soigneusement les confidences de Bénédict. Mais quoique cette conduite fût la meilleure possible, à ce qu'elle pensait, elle n'était pas sans remords d'avoir attiré Valentine dans de semblables dangers, et de n'avoir pas la force de l'y soustraire tout à coup en quittant le pays.

Mais voilà ce qu'elle ne se sentait pas l'énergie d'accomplir. Bénédict lui avait fait jurer qu'elle resterait jusqu'à l'époque du mariage de Valentine. Après cela, Bénédict ne se demandait pas ce qu'il deviendrait ; mais il voulait être heureux jusque-là ; il le voulait avec cette force d'égoïsme que donne un amour sans espérance. Il avait menacé Louise de faire mille folies si elle le poussait au désespoir, tandis qu'il jurait de lui être aveuglément soumis si elle lui laissait encore ces deux ou trois jours de vie. Il l'avait même menacée de sa haine et de sa colère ; ses larmes, ses emportements, son obstination, avaient eu tant d'empire sur Louise, dont le caractère était d'ailleurs faible et irrésolu, qu'elle s'était soumise à cette volonté supérieure à la sienne. Peut-être aussi puisait-elle sa faiblesse dans l'amour qu'elle nourrissait en secret pour lui ; peut-être se flattait-elle de ranimer le sien, à force de dévouement et de générosité, lorsque le mariage de Valentine aurait ruiné en lui toute espérance.

Le retour de madame de Raimbault vint enfin mettre un terme à cette dangereuse intimité ; alors Valentine cessa de venir à la ferme, et Bénédict tomba du ciel en terre.

Comme il avait vanté à Louise le courage qu'il aurait dans l'occasion, il supporta d'abord assez bien en apparence cette rude épreuve. Il ne voulait point avouer combien il s'était abusé lui-même sur l'état de ses forces. Il se contenta pendant les premiers jours d'errer autour du château sous différents prétextes, heureux quand il avait aperçu de loin Valentine au fond de son jardin ; puis il pénétra la nuit dans le parc pour voir briller la lampe qui éclairait son appartement. Une fois, Valentine s'étant hasardée à aller voir lever le soleil au bout de la prairie, à l'endroit où elle avait reçu le premier rendez-vous de Louise, elle trouva Bénédict assis à cette même place où elle s'était assise ; mais dès qu'il l'aperçut, il s'enfuit en feignant de ne pas la voir, car il ne se sentait pas la force de lui parler sans trahir ses agitations.

Une autre fois, comme elle errait dans le parc à l'entrée de la nuit, elle entendit à plusieurs reprises le feuillage s'agiter autour d'elle, et quand elle se fut éloignée du lieu où elle avait éprouvé cette frayeur, elle vit de loin un homme qui traversait l'allée, et qui avait la taille et le costume de Bénédict.

Il détermina Louise à demander un nouveau rendez-vous à sa sœur. Il l'accompagna comme la première fois, et se tint à distance pendant qu'elles causaient ensemble. Quand Louise le rappela, il s'approcha dans un trouble inexprimable.

— Eh bien ! mon cher Bénédict, lui dit Valentine qui avait rassemblé tout son courage pour cet instant, voici la dernière fois que nous nous verrons d'ici à longtemps peut-être. Louise vient de m'annoncer son prochain départ et le vôtre.

— Le mien ! dit Bénédict avec amertume. Pourquoi le mien, Louise ? Qu'en savez-vous ?

Il sentit tressaillir la main de Valentine, que dans l'obscurité il avait gardée entre les siennes.

— N'êtes-vous pas décidé, répondit Louise, à ne pas épouser votre cousine, du moins pour cette année ? Et votre intention n'est-elle pas de vous établir dès lors dans une situation indépendante !

— Mon intention est de ne jamais épouser personne, répondit-il d'un ton dur et énergique. Mon intention est aussi de ne demeurer à la charge de personne ; mais il n'est pas prouvé que mon intention soit de quitter le pays.

Louise ne répondit rien et dévora des larmes que l'on ne pouvait voir couler. Valentine pressa faiblement la main de Bénédict afin de pouvoir dégager la sienne, et ils se séparèrent plus émus que jamais.

Cependant on faisait au château les apprêts du mariage de Valentine. Chaque jour apportait de nouveaux présents de la part du fiancé ; il devait arriver lui-même aussitôt que les devoirs de sa charge le permettraient, et la cérémonie était fixée au surlendemain ; car M. de Lansac, le précieux diplomate, avait bien peu de temps à perdre à l'action futile d'épouser Valentine.

Un dimanche, Bénédict avait conduit en carriole sa tante et sa cousine à la messe, au plus gros bourg de la vallée. Athénaïs, jolie et parée, avait retrouvé tout l'éclat de son teint, toute la vivacité de ses yeux noirs. Un grand gars de cinq pieds six pouces, que le lecteur a déjà vu sous le nom de Pierre Blutty, avait accosté les dames de Grangeneuve, et s'était placé dans le même banc, à côté d'Athénaïs. C'était une évidente manifestation de ses prétentions auprès de la jeune fermière, et l'attitude insouciante de Bénédict, appuyé à quelque distance contre un pilier, fut pour tous les observateurs de la contrée un signe non équivoque de rupture entre lui et sa cousine. Déjà Moret, Simonneau et bien d'autres s'étaient mis sur les rangs ; mais Pierre Blutty avait été le mieux accueilli.

Quand le curé monta en chaire pour faire le prône, et que sa voix cassée et chevrotante rassembla toute sa force pour énoncer les noms de Louise-Valentine de Raimbault et de Norbert-Évariste de Lansac, dont la seconde et dernière publication s'affichait ce jour même aux portes de la mairie, il y eut sensation dans l'auditoire, et Athénaïs échangea avec son nouvel adorateur un regard de satisfaction et de malice ; car l'amour ridicule de Bénédict pour mademoiselle de Raimbault n'était point un secret pour Pierre Blutty ; Athénaïs, avec sa légèreté accoutumée, s'était livrée au plaisir d'en médire avec lui, afin peut-être de s'encourager à la vengeance. Elle se hasarda même à se retourner doucement pour voir l'effet de cette publication sur son cousin, mais, de rouge et triomphante qu'elle était, elle devint pâle et repentante quand elle eut envisagé les traits bouleversés de Bénédict.

## XIX.

Louise, en apprenant l'arrivée de M. de Lansac, écrivit une lettre d'adieu à sa sœur, lui exprima dans les termes les plus vifs sa reconnaissance pour l'amitié qu'elle lui avait témoignée, et lui dit qu'elle allait attendre à Paris l'effet des bonnes intentions de M. de Lansac pour leur rapprochement. Elle la suppliait de ne point brusquer

cette demande, et d'attendre que l'amour de son mari eût consolidé le succès qu'elle devait en attendre.

Après avoir fait passer cette lettre à Valentine par l'intermédiaire d'Athénaïs, qui alla en même temps faire part à la jeune comtesse de son prochain mariage avec Pierre Blutty, Louise fit les apprêts de son voyage. Effrayée de l'air sombre et de la taciturnité presque brutale de Bénédict, elle n'osa chercher un dernier entretien avec lui. Mais le matin même de son départ, il vint la trouver dans sa chambre, et, sans avoir la force de lui dire une parole, il la pressa contre son cœur en fondant en larmes. Elle ne chercha point à le consoler, et, comme ils ne pouvaient rien se dire qui adoucît leur peine mutuelle, ils se contentèrent de pleurer ensemble en se jurant une éternelle amitié. Ces adieux soulagèrent un peu le cœur de Louise ; mais, en la voyant partir, Bénédict sentit s'évanouir la dernière espérance qui lui restât d'approcher de Valentine.

Alors il tomba dans le désespoir. De ces trois femmes qui naguère l'accablaient à l'envi de prévenances et d'affection, il ne lui en restait pas une ; il était seul désormais sur la terre. Ses rêves si riants et si flatteurs étaient devenus sombres et poignants. Qu'allait-il devenir ?

Il ne voulait plus rien devoir à la générosité de ses parents ; il sentait bien qu'après l'affront fait à leur fille il ne devait plus rester à leur charge. N'ayant pas assez d'argent pour aller habiter Paris, et pas assez de courage, dans un moment aussi critique, pour s'y créer une existence à force de travail, il ne lui restait d'autre parti à prendre que d'aller habiter sa cabane et son champ, en attendant qu'il eût repris la volonté d'aviser à quelque chose de mieux.

Il fit donc arranger, aussi proprement que le lui permirent ses moyens, l'intérieur de sa chaumière ; ce fut l'affaire de quelques jours. Il loua une vieille femme pour faire son ménage, et il s'installa chez lui après avoir pris congé de ses parents avec cordialité. La bonne femme Lhéry sentit s'évanouir tout le ressentiment qu'elle avait conçu contre lui et pleura en l'embrassant. Le brave Lhéry se fâcha et voulut de force le retenir à la ferme. Athénaïs alla s'enfermer dans sa chambre, où la violence de son émotion lui causa une nouvelle attaque de nerfs. Car Athénaïs était sensible et impétueuse ; elle ne s'était attachée à Blutty que par dépit et vanité ; au fond de son cœur elle chérissait encore Bénédict, et lui eût accordé son pardon s'il eût fait un pas vers elle.

Bénédict ne put s'arracher de la ferme qu'en donnant sa parole d'y revenir après le mariage d'Athénaïs. Quand il se trouva, le soir, seul dans sa maisonnerie silencieuse, ayant pour tout compagnon Perdreau assoupi entre ses jambes, pour toute harmonie le bruit de la bouilloire qui contenait son souper, et qui grinçait sur un ton aigre et plaintif devant les fagots de l'âtre, un sentiment de tristesse et de découragement s'empara de lui. A vingt-deux ans, après avoir connu les arts, les sciences, l'espérance et l'amour, c'est une triste fin que l'isolement et la pauvreté !

Ce n'est pas que Bénédict fut très-sensible aux avantages de la richesse, il était dans l'âge où l'on s'en passe le mieux ; mais on ne saurait nier que l'aspect des objets extérieurs n'ait une influence immédiate sur nos pensées, et ne détermine le plus souvent la teinte de notre humeur. Or, la ferme avec son désordre et ses contrastes était un lieu de délices, en comparaison de l'ermitage de Bénédict. Les murs bruts, le lit de serge en forme de corbillard, quelques vases de cuisine en cuivre et en terre, disposés sur des rayons, le pavé en dalles calcaires inégales et ébréchées de tous côtés, les meubles grossiers, le jour rare et gris qui venait de quatre carreaux irisés par le soleil et la pluie, ce n'était pas là de quoi faire éclore des rêves brillants. Bénédict tomba dans une triste méditation. Le paysage qu'il découvrait par sa porte entr'ouverte, quoique pittoresque et vigoureusement dessiné, n'était pas non plus de nature à donner une physionomie très-riante à ses idées. Une ravine sombre et semée de genêts épineux le séparait du chemin raide et tortueux qui se déroulait comme un serpent sur la colline opposée, et,

Joseph! je vous donne cent francs si vous voulez vous en charger. (Page 49.)

s'enfonçant dans les houx et les buis au feuillage noirâtre, semblait, par sa pente rapide, tomber brusquement des nues.

Cependant, les souvenirs de Bénédict venant à se reporter sur ses jeunes années qui s'étaient écoulées en ce lieu, il trouva insensiblement un charme mélancolique à sa retraite. C'était sous ce toit obscur et décrépit qu'il avait vu le jour; auprès de ce foyer, sa mère l'avait bercé d'un chant rustique ou du bruit monotone de son rouet. Le soir, sur ce sentier escarpé, il avait vu descendre son père, paysan grave et robuste, avec sa cognée sur l'épaule et son fils aîné derrière lui. Bénédict avait aussi de vagues souvenirs d'une sœur plus jeune que lui dont il avait agité le berceau, de quelques vieux parents, d'anciens serviteurs. Mais tout cela avait pour jamais passé le seuil. Tout était mort, et Bénédict se rappelait à peine les noms qui avaient été jadis familiers à son oreille.

« O mon père! ô ma mère! disait-il aux ombres qu'il voyait passer dans ses rêves, voilà bien la maison que vous avez bâtie, le lit où vous avez reposé, le champ que vos mains ont cultivé. Mais votre plus précieux héritage, vous ne me l'avez pas transmis. Où sont ici pour moi la simplicité du cœur, le calme de l'esprit, les véritables fruits du travail? Si vous errez dans cette demeure pour y retrouver les objets qui vous furent chers, vous allez passer auprès de moi sans me reconnaître; car je ne suis plus cet être heureux et pur qui sortit de vos mains, et qui devait profiter de vos labeurs. Hélas! l'éducation a corrompu mon esprit; les vains désirs, les rêves gigantesques ont faussé ma nature et détruit mon avenir. La résignation et la patience, ces deux vertus du pauvre, je les ai perdues; aujourd'hui je reviens en proscrit habiter cette chaumière dont vous étiez innocemment vains. C'est pour moi la terre d'exil que cette terre fécondée par vos sueurs; ce qui fit votre richesse est aujourd'hui mon pis-aller. »

Puis, en pensant à Valentine, Bénédict se demandait avec douleur ce qu'il eût pu faire pour cette fille élevée dans le luxe, ce qu'elle fût devenue si elle eût consenti à venir se perdre avec lui dans cette existence rude et chétive; et il s'applaudissait de n'avoir pas même essayé de la détourner de ses devoirs.

Et pourtant il se disait aussi qu'avec l'espoir d'une femme comme Valentine il aurait eu des talents, de l'am-

Ah ! c'est toi, mon garçon. ( Page 24.)

bition et une carrière. Elle eût réveillé en lui ce principe d'énergie qui, ne pouvant servir à personne, s'était engourdi et paralysé dans son sein. Elle eût embelli la misère, ou plutôt elle l'aurait chassée ; car, pour Valentine, Bénédict ne voyait rien qui fût au-dessus de ses forces.

Et elle lui échappait pour jamais ; Bénédict retombait dans le désespoir.

Quand il apprit que M. de Lansac était arrivé au château, que dans trois jours Valentine serait mariée, il entra dans un accès de rage si atroce qu'un instant il se crut né pour les plus grands crimes. Jamais il ne s'était arrêté sur cette pensée que Valentine pouvait appartenir à un autre homme que lui. Il s'était bien résigné à ne la posséder jamais ; mais voir ce bonheur passer aux bras d'un autre, c'est ce qu'il ne croyait pas encore. La circonstance la plus évidente, la plus inévitable, la plus prochaine de son malheur, il s'était obstiné à croire qu'elle n'arriverait point, que M. de Lansac mourrait, que Valentine mourrait plutôt elle-même au moment de contracter ces liens odieux. Bénédict ne s'en était pas vanté, dans la crainte de passer pour un fou ; mais il avait réellement compté

sur quelque miracle, et, ne le voyant point s'accomplir il maudissait Dieu qui lui en avait suggéré l'espérance e qui l'abandonnait. Car l'homme rapporte tout à Dieu dans les grandes crises de sa vie ; il a toujours besoin d'y croire, soit pour le bénir de ses joies, soit pour l'accuser de ses fautes.

Mais sa fureur augmenta encore quand il eut aperçu, un jour qu'il rôdait autour du parc, Valentine, qui se promenait seule avec M. de Lansac. Le secrétaire d'ambassade était empressé, gracieux, presque triomphant. La pauvre Valentine était pâle, abattue ; mais elle avait l'air doux et résigné ; elle s'efforçait de sourire aux mielleuses paroles de son fiancé.

Cela était donc bien sûr, cet homme était là ! il allait épouser Valentine ! Bénédict cacha sa tête dans ses deux mains, et passa douze heures dans un fossé, absorbé par un désespoir stupide.

Pour elle, la pauvre jeune fille, elle subissait son sort avec une soumission passive et silencieuse. Son amour pour Bénédict avait fait des progrès si rapides qu'il avait bien fallu s'avouer le mal à elle-même ; mais entre la conscience de sa faute et la volonté de s'y abandonner, il y

avait encore bien du chemin à faire, surtout Bénédict n'é-
tant plus là pour détruire d'un regard tout l'effet d'une
journée de résolutions. Valentine était pieuse ; elle se confia
à Dieu, et attendit M. de Lansac avec l'espoir de revenir à
ce qu'elle croyait avoir éprouvé pour lui.

Mais dès qu'il parut elle sentit combien cette bienveillance aveugle et indulgente qu'elle lui avait accordée était
loin de constituer une affection véritable ; il lui sembla dépouillé de tout le charme que son imagination lui avait
prêté un instant. Elle se sentit froide et ennuyée auprès
de lui. Elle ne l'écoutait plus qu'avec distraction, et ne lui
répondait que par complaisance. Il en ressentit une vive
inquiétude ; mais quand il vit que le mariage n'en marchait pas moins, et que Valentine ne semblait pas disposée
à faire la moindre opposition, il se consola facilement d'un
caprice qu'il ne voulut pas pénétrer et qu'il feignit de ne
pas voir.

La répugnance de Valentine augmentait pourtant d'heure
en heure ; elle était pieuse et même dévote par éducation
et par conviction. Elle s'enfermait des heures entières
pour prier, espérant toujours trouver, dans le recueillement et la ferveur, la force qui lui manquait pour revenir
au sentiment de son devoir. Mais ces méditations ascétiques fatiguaient de plus en plus son cerveau, et donnaient plus d'intensité à la puissance que Bénédict exer-
çait sur son âme. Elle sortait de là plus épuisée, plus
tourmentée que jamais. Sa mère s'étonnait de sa tristesse, s'en offensait sérieusement, et l'accusait de vouloir
jeter de la contrariété sur ce moment si doux, disait-elle,
au cœur d'une mère. Il est certain que tous ces embarras
ennuyaient mortellement madame de Raimbault. Elle
avait voulu, pour les diminuer, que la noce se fît sans
éclat et sans luxe à la campagne. Tels qu'ils étaient, il lui
tardait beaucoup d'en être dégagée, et de se trouver libre
de rentrer dans le monde, où la présence de Valentine
l'avait toujours extraordinairement gênée.

Bénédict roulait dans sa tête mille absurdes projets. Le
dernier auquel il s'arrêta, et qui mit un peu de calme
dans ses idées, fut de voir Valentine une fois avant d'en
finir pour jamais avec elle ; car il se flattait presque de
ne l'aimer plus quand elle aurait subi les embrassements
de M. de Lansac. Il espéra que Valentine le calmerait par
des paroles de consolation et de bonté, ou qu'elle le gué-
rirait par la pruderie d'un refus.

Il lui écrivit :

« MADEMOISELLE,

« Je suis votre ami à la vie et à la mort, vous le savez ;
« vous m'avez appelé votre frère, vous avez imprimé sur
« mon front un témoignage sacré de votre estime et de
« votre confiance. Vous m'avez fait espérer, dès cet in-
« stant, que je trouverais en vous un conseil et un appui
« dans les circonstances difficiles de ma vie. Je suis hor-
« riblement malheureux ; j'ai besoin de vous voir un in-
« stant, de vous demander du courage, à vous si forte et
« si supérieure. Il est impossible que vous me refusiez
« cette faveur. Je connais votre générosité, votre mépris
« des sottes convenances et des dangers quand il s'agit
« de faire du bien. Je vous ai vue auprès de Louise ; je
« sais ce que vous pouvez. C'est au nom d'une amitié
« aussi sainte, aussi pure que la sienne, que je vous prie
« à genoux d'aller vous promener ce soir au bout de la
« prairie.

« BÉNÉDICT. »

X X.

Valentine aimait Bénédict, elle ne pouvait pas résister
à sa demande. Il y a tant d'innocence et de pureté dans
le premier amour de la vie, qu'il se méfie peu des dangers qui sont en lui. Valentine se refusait à pressentir la
cause des chagrins de Bénédict ; elle le voyait malheureux, et elle eût admis les plus invraisemblables infor-
tunes plutôt que de s'avouer celle qui l'accablait. Il y a
des routes si trompeuses et des replis si multipliés dans

la plus pure conscience ! Comment la femme jetée, avec
une âme impressionnable, dans la carrière ardue et rigide
des devoirs impossibles, pourrait-elle résister à la nécessité de transiger à chaque instant avec eux ? Valentine
trouva aisément des motifs pour croire Bénédict atteint
d'un malheur étranger à elle. Souvent Louise lui avait dit,
dans les derniers temps, que ce jeune homme l'affligeait
par sa tristesse et par son incurie de l'avenir ; elle avait
aussi parlé de la nécessité où il serait bientôt de quitter
la famille Lhéry, et Valentine se persuadait que, jeté sans
fortune et sans appui dans le monde, il pouvait avoir besoin de sa protection et de ses conseils.

Il était assez difficile de s'échapper la veille même de
son mariage, obsédée comme elle l'était des attentions et
des petits soins de M. de Lansac. Elle y réussit cependant
en priant sa nourrice de dire qu'elle était couchée si on
la demandait, et pour ne pas perdre de temps, pour ne
pas revenir sur une résolution qui commençait à l'effrayer,
elle traversa rapidement la prairie. La lune était alors
dans son plein ; on voyait aussi nettement les objets que
dans le jour.

Elle trouva Bénédict debout, les bras croisés sur sa
poitrine, dans une immobilité qui lui fit peur. Comme il
ne faisait pas un mouvement pour venir à sa rencontre,
elle crut un instant que ce n'était pas lui et fut sur le point
de fuir. Alors il vint à elle. Sa figure était si altérée, sa
voix si éteinte, que Valentine, accablée par ses propres
chagrins et par ceux dont elle voyait la trace chez lui, ne
put retenir ses larmes, et fut forcée de s'asseoir.

Ce fut fait des résolutions de Bénédict. Il était venu en
ce lieu, déterminé à suivre religieusement la marche qu'il
s'était tracée dans son billet. Il voulait entretenir Valentine de sa séparation d'avec les Lhéry, de ses incertitudes
pour le choix d'un état, de son isolement, de tous les
prétextes étrangers à un vrai but. Ce but était de voir
Valentine, d'entendre le son de sa voix, de trouver dans
ses dispositions envers lui le courage de vivre ou de mourir. Il s'attendait à la trouver grave, réservée, à la voir
armée de tout le sentiment de ses devoirs. Il y a plus, il
s'attendait presque à ne pas la voir du tout.

Quand il l'aperçut au fond de la prairie, accourant vers
lui de toute sa vitesse ; quand elle se laissa tomber haletante et accablée sur le gazon ; quand sa douleur s'exprima en dépit d'elle-même par des larmes, Bénédict crut
rêver. Oh ! ce n'était pas là de la compassion seulement,
c'était de l'amour ! Un sentiment de joie délirante s'empara de lui ! il oublia encore une fois et son malheur et
celui de Valentine, et la veille et le lendemain, pour ne voir
que Valentine qui était là, seule avec lui, Valentine qui
l'aimait et qui ne le lui cachait plus.

Il se jeta à genoux devant elle ; il baisa ses pieds avec
ardeur. C'était une trop rude épreuve pour Valentine :
elle sentit tout son sang se figer dans ses veines, sa vue
se troubla ; la fatigue de sa course rendant plus pénible
encore la lutte qu'elle s'imposait pour cacher ses pleurs,
elle tomba pâle et presque morte dans les bras de Bénédict.

Leur entrevue fut longue, orageuse. Ils n'essayèrent
pas de se tromper sur la nature du sentiment qu'ils
éprouvaient ; ils ne cherchèrent point à se soustraire au
danger des plus ardentes émotions. Bénédict couvrit de
pleurs et de baisers les vêtements et les mains de Valentine. Valentine cacha son front brûlant sur l'épaule de
Bénédict ; mais ils avaient vingt ans, ils aimaient pour la
première fois, et l'honneur de Valentine était en sûreté
auprès du sein de Bénédict. Il n'osa seulement pas prononcer ce mot d'amour qui effarouche l'amour même.
Ses lèvres osèrent à peine effleurer les beaux cheveux
de sa maîtresse. Le premier amour sait à peine s'il existe
une volupté plus grande que celle de se savoir aimé. Bénédict fut le plus timide des amants et le plus heureux
des hommes.

Ils se séparèrent sans avoir rien projeté, rien résolu.
A peine, dans ces deux heures de transport et d'oubli,
avaient-ils échangé quelques paroles sur leur situation,
lorsque le timbre clair de l'horloge du château vint faiblement vibrer dans le silence de la prairie. Valentine

compta dix coups presque insaisissables, et se rappela sa mère, son fiancé, le lendemain... Mais comment quitter Bénédict? que lui dire pour le consoler? où trouver la force de l'abandonner dans un tel moment? L'apparition d'une femme à quelque distance lui arracha une exclamation de terreur. Bénédict se tapit précipitamment dans le buisson ; mais, à la vive clarté de la lune, Valentine reconnut presque aussitôt sa nourrice Catherine qui la cherchait avec anxiété. Il lui eût été facile de se cacher aussi à ses regards ; mais elle sentit qu'elle ne devait pas le faire, et marchant droit à elle :

— Qu'y a-t-il? lui demanda-t-elle en se penchant toute tremblante à son bras.

— Pour l'amour de Dieu, rentrez, Mademoiselle, dit la bonne femme ; madame vous a déjà demandée deux fois, et, comme j'ai répondu que vous vous étiez jetée sur votre lit, elle m'a ordonné de l'avertir aussitôt que vous seriez éveillée ; alors l'inquiétude m'a prise, et comme je vous avais vue sortir par la petite porte, comme je sais que vous venez quelquefois le soir vous promener par ici, je me suis mise à vous chercher. Oh ! Mademoiselle, aller toute seule vous promener si loin ! Vous avez tort ; vous devriez au moins me dire d'aller avec vous.

Valentine embrassa sa nourrice, jeta un coup d'œil triste et inquiet sur le buisson, et laissa volontairement à la place qu'elle quittait son foulard, celui qu'elle avait une fois prêté à Bénédict dans la promenade autour de la ferme. Lorsqu'elle fut rentrée, sa nourrice le chercha partout, et remarqua qu'elle l'avait perdu dans cette promenade.

Valentine trouva sa mère qui l'attendait dans sa chambre depuis quelques instants. Elle manifesta un peu de surprise de la voir si complètement habillée après avoir passé deux heures sur son lit. Valentine répondit que, se sentant oppressée, elle avait voulu prendre l'air, et que sa nourrice lui avait donné le bras pour faire un tour de promenade dans le parc.

Alors madame de Raimbault entama une grave dissertation d'affaires avec sa fille ; elle lui fit remarquer qu'elle lui laissait le château et la terre de Raimbault, dont le nom seul constituait presque tout l'héritage de son père, et dont la valeur réelle, détachée de sa propre fortune, constituait une assez belle dot. Elle la pria de lui rendre justice en reconnaissant le bon ordre qu'elle avait mis dans sa fortune, et de témoigner à tout le monde, dans le cours de sa vie, l'excellente conduite de sa mère envers elle. Elle entra dans des détails d'argent qui firent de cette exhortation maternelle une véritable consultation notariée, et termina sa harangue en lui disant qu'elle espérait, au moment où la loi allait les rendre *étrangères* l'une à l'autre, trouver Valentine disposée à lui accorder des *égards* et des soins.

Valentine n'avait pas entendu la moitié de ce long discours. Elle était pâle, des teintes violettes cernaient ses yeux abattus, et de temps en temps un brusque frisson parcourait tous ses membres. Elle baisa tristement les mains de sa mère, et s'apprêtait à se mettre au lit quand la demoiselle de compagnie de sa grand'mère vint, d'un air solennel, l'avertir que la marquise l'attendait dans son appartement.

Valentine se traîna encore à cette cérémonie ; elle trouva la chambre à coucher de la vieille dame accoutrée d'une sorte de décoration religieuse. On avait formé un autel avec une table et des linges brodés. Des fleurs disposées en bouquets d'église entouraient un crucifix d'or guilloché. Un missel de velours écarlate était ouvert sacramentellement sur l'autel. Un coussin attendait les genoux de Valentine, et la marquise, posée théâtralement dans son grand fauteuil, s'apprêtait avec une puérile satisfaction à jouer sa petite comédie d'étiquette.

Valentine s'approcha en silence, et, parce qu'elle était pieuse de cœur, elle regarda sans émotion ces ridicules apprêts. La demoiselle de compagnie ouvrit une porte opposée par laquelle entrèrent, d'un air à la fois humble et curieux, toutes les servantes de la maison. La marquise leur ordonna de se mettre à genoux et de prier pour le bonheur de leur jeune maîtresse ; puis, ayant fait age-

nouiller aussi Valentine, elle se leva, ouvrit le missel, mit ses lunettes, récita quelques versets de psaumes, chevrota un cantique avec sa demoiselle de compagnie, et finit en imposant les mains et en donnant sa bénédiction à Valentine. Jamais cérémonie sainte et patriarcale ne fut plus misérablement travestie par une vieille espiègle du temps de la Dubarry.

En embrassant sa petite-fille, elle prit (précisément sur l'autel) un écrin contenant une assez jolie parure en camées dont elle lui faisait présent, et, mêlant la dévotion à la frivolité, elle lui dit presque en même temps :

— Dieu vous donne, ma fille, les vertus d'une bonne mère de famille ! — Tiens, ma petite, voici le petit cadeau de ta grand'mère ; ce sera pour les demi-toilettes.

Valentine eut la fièvre toute la nuit, et ne dormit que vers le matin ; mais elle fut bientôt éveillée par le son des cloches qui appelaient tous les environs à la chapelle du château. Catherine entra dans sa chambre avec un billet qu'une vieille femme des environs lui avait remis pour mademoiselle de Raimbault. Il ne contenait que ce peu de mots tracés péniblement :

« Valentine, il serait encore temps de dire non. »

Valentine frémit et brûla le billet. Elle essaya de se lever ; mais plusieurs fois la force lui manqua. Elle était assise, à demi vêtue, sur une chaise, quand sa mère entra, lui reprocha d'être si fort en retard, refusa de croire son indisposition sérieuse, et l'avertit que plusieurs personnes l'attendaient déjà au salon. Elle l'aida elle-même à faire sa toilette ; et quand elle la vit belle, parée, mais aussi pâle que son voile, elle voulut lui mettre du rouge. Valentine pensa que Bénédict la regarderait peut-être passer ; elle aima mieux qu'il vît sa pâleur, et elle résista, pour la première fois de sa vie, à une volonté de sa mère.

Elle trouva au salon quelques voisins d'un rang secondaire ; car madame de Raimbault, ne voulant point d'apparat à cette noce, n'avait invité que des gens *sans conséquence*. On devait déjeuner dans le jardin, et les paysans danseraient au bout du parc au pied de la colline. M. de Lansac parut bientôt, noir des pieds à la tête, et la boutonnière chargée d'ordres étrangers. Trois voitures transportèrent toute la noce à la mairie, qui était au village voisin. Le mariage ecclésiastique fut célébré au château.

Valentine, en s'agenouillant devant l'autel, sortit un instant de l'espèce de torpeur où elle était tombée ; elle se dit qu'il n'était plus temps de reculer, que les hommes venaient de la forcer à s'engager avec Dieu, et qu'il n'y avait plus de choix possible entre le malheur et le sacrilège. Elle pria avec ferveur, demanda au ciel la force de tenir des serments qu'elle voulait prononcer dans la sincérité de son âme, et, à la fin de la cérémonie, l'effort surhumain qu'elle s'était imposé pour être calme et recueillie l'ayant épuisée, elle se retira dans sa chambre pour y prendre quelque repos. Par un secret instinct de pudeur et d'attachement, Catherine s'assit au pied de son lit et ne la quitta point.

Le même jour, à deux lieues de là, se célébrait, dans un petit hameau de la vallée, le mariage d'Athénaïs Lhéry avec Pierre Blutty. Là aussi la jeune épousée était pâle et triste, moins cependant que Valentine, mais assez pour tourmenter sa mère, qui était beaucoup plus tendre que madame de Raimbault, et pour donner quelque humeur à son époux, qui était beaucoup plus franc et moins poli que M. de Lansac. Athénaïs avait peut-être un peu trop présumé de ses forces de son dépit en se déterminant aussi vite à épouser un homme qu'elle n'aimait guère. Par suite peut-être de l'esprit de contradiction qu'on reproche aux femmes, son affection pour Bénédict se réveilla précisément au moment où il n'était plus temps de se raviser, et, au retour de l'église, elle *régala* son mari d'une scène de pleurs fort *ennuyante*. C'est ainsi que s'exprimait Pierre Blutty en se plaignant de cette contrariété à son ami Georges Simonneau.

Néanmoins la noce fut autrement nombreuse, joyeuse et bruyante à la ferme qu'au château. Les Lhéry avaient au moins soixante cousins et arrière-cousins ; les Blutty n'étaient pas moins riches en parenté, et la grange ne fut pas assez grande pour contenir les convives.

Dans l'après-midi, lorsque la moitié dansante de la noce eut suffisamment fêté les veaux gras et les pâtés de gibier de la ferme, on laissa l'arène gastronomique aux vieillards, et l'on se rassembla sur la pelouse pour commencer le bal; mais la chaleur était extrême; il y avait peu d'ombrage en cet endroit, et autour de la ferme il n'y avait pas de place très-commode pour danser. Quelqu'un insinua qu'il y avait auprès du château une immense salle de verdure fort bien nivelée, où cinq cents personnes dansaient en cet instant. Le campagnard aime la foule tout comme le dandy; pour s'amuser beaucoup, il lui faut beaucoup de monde, des pieds qui écrasent ses pieds, des coudes qui le coudoient, des poumons qui absorbent l'air qu'il respire; dans tous les pays du monde, dans tous les rangs de la société, c'est là le plaisir.

Madame Lhéry accueillit cette idée avec empressement; elle avait mis assez d'argent à la toilette de sa fille pour désirer qu'on la vît en regard de celle de mademoiselle de Raimbault, et qu'on parlât dans tout le pays de sa magnificence. Elle s'était scrupuleusement informée du choix des parures de Valentine. Pour une fête aussi champêtre, on n'avait destiné à celle-ci que des ornements simples et de bon goût; madame Lhéry avait écrasé sa fille de dentelles et de pierreries, et, jalouse de la produire dans tout son éclat, elle proposa d'aller se réunir à la noce du château, où elle avait été priée, elle et tous les siens. Athénaïs résista bien un peu; elle craignait de rencontrer autour de Valentine cette pâle et sombre figure de Bénédict qui lui avait fait tant de mal, le dimanche précédent, à l'église. Mais l'obstination de sa mère, le désir de son mari, qui n'était pas non plus exempt de vanité, peut-être aussi un peu de cette même vanité pour son propre compte, la déterminèrent. On attela les carrioles, chaque cavalier prit en croupe sa cousine, sa sœur ou sa fiancée. Athénaïs vit en soupirant s'installer, les rênes en main, dans la patache, son nouvel époux, à cette place que Bénédict avait si longtemps occupée et qu'il n'occuperait plus.

---

## TROISIÈME PARTIE.

### XXI.

La danse était fort animée au parc de Raimbault. Les paysans, pour lesquels on avait dressé des ramées, chantaient, buvaient, et proclamaient le nouveau couple le plus beau, le plus heureux et le plus honorable de la contrée. La comtesse, qui n'était rien moins que populaire, avait ordonné cette fête avec beaucoup de prodigalité, afin de se débarrasser en un jour de tous les frais d'amabilité qu'une autre eût faits dans le cours de sa vie. Elle avait un profond mépris pour la canaille, et prétendait que, pourvu qu'on la fît boire et manger, on pouvait ensuite lui marcher sur le ventre sans qu'elle se révoltât. Et ce qu'il y a de plus triste en ceci, c'est que madame de Raimbault n'avait pas tout à fait tort.

La marquise de Raimbault était charmée de cette occasion de renouveler sa popularité. Elle n'était pas fort sensible aux misères du pauvre, mais à cet égard on ne la trouvait pas plus insouciante qu'au malheur de ses amis; et, grâce à son penchant pour le commérage et la familiarité, on lui avait accordé cette réputation de bonté que le pauvre donne si gratuitement, hélas! à ceux qui, ne lui faisant pas de bien, ne lui font du moins pas de mal. En voyant passer alternativement ces deux femmes, les esprits forts du village se disaient tout bas sous la ramée:

« Celle-ci nous méprise, mais elle nous régale; celle-là ne nous régale pas, mais elle nous parle. »

Et ils étaient contents de toutes deux. La seule qui fût aimée réellement, c'était Valentine, parce qu'elle ne se contentait pas d'être amicale et de leur sourire, d'être libérale de les secourir, elle était sensible à leurs maux, à leurs joies; ils sentaient qu'il n'y avait dans sa bonté aucun motif d'intérêt personnel, aucun calcul politique; ils l'avaient vue pleurer sur leurs malheurs; ils avaient trouvé dans son cœur des sympathies vraies. Ils la chérissaient plus qu'il n'est donné aux hommes grossiers de chérir les êtres qui leur sont supérieurs. Beaucoup d'entre eux savaient fort bien l'histoire de ses relations à la ferme avec sa sœur; mais ils respectaient son secret si religieusement qu'à peine osaient-ils prononcer tout bas entre eux le nom de Louise.

Valentine passa autour de leurs tables et s'efforça de sourire à leurs vœux; mais la gaieté s'évanouit après qu'elle eut passé, car on avait remarqué son air d'abattement et de maladie; il y eut même des regards de malveillance pour M. de Lansac.

Athénaïs et sa noce tombèrent au milieu de cette fête, et les idées changèrent de cours. La recherche de sa parure et la bonne mine de son mari attirèrent tous les yeux. La danse qui languissait se ranima; Valentine, après avoir embrassé sa jeune amie, se retira de nouveau avec sa nourrice. Madame de Raimbault, que tout ceci ennuyait beaucoup, alla se reposer; M. de Lansac, qui, même le jour de ses noces, avait toujours d'importantes lettres à écrire, alla faire son courrier. La noce Lhéry resta maîtresse du terrain, et les gens qui étaient venus pour voir danser Valentine restèrent pour voir danser Athénaïs.

La nuit approchait. Athénaïs, fatiguée de la danse, s'était assise pour prendre des rafraîchissements. A la même table, le chevalier de Trigaud, son majordome Joseph, Simonneau, Moret, et plusieurs autres qui avaient fait danser la mariée, étaient réunis autour d'elle et l'accablaient de leurs prévenances. Athénaïs avait semblé si belle à la danse, sa parure brillante et folle lui allait si bien, elle avait recueilli tant d'éloges, son mari lui-même la regardait d'un œil noir si amoureux, qu'elle commençait à s'égayer et à se réconcilier avec la journée de ses noces. Le chevalier de Trigaud, raisonnablement gris, lui débitait des galanteries en style de Dorat, qui la faisaient à la fois rire et rougir. Peu à peu le groupe qui l'environnait, animé par quelques bouteilles d'un léger vin blanc du pays, par la danse, par les beaux yeux de la mariée, par l'occasion et l'usage, se mit à débiter ces propos graveleux qui commencent par être énigmatiques et qui finissent par devenir grossiers. C'est la coutume chez les pauvres, et même chez les riches de mauvais ton.

Athénaïs, qui se sentait jolie, qui se voyait admirée et qui ne comprenait rien à tout le reste, sinon qu'on enviait et qu'on félicitait son mari, s'efforçait de maintenir sur ses lèvres le sourire qui l'embellissait, et commençait même à répondre avec une assez friponne timidité aux brûlantes œillades de Pierre Blutty, lorsqu'une personne silencieuse vint s'asseoir à la place vide qui était à gauche. Athénaïs, émue malgré elle par l'imperceptible frôlement de son habit, se retourna, étouffa un cri d'effroi et devint pâle : c'était Bénédict.

C'était Bénédict, plus pâle qu'elle encore, mais grave, froid et ironique. Toute la journée il avait couru les bois comme un forcené; le soir, désespéré de se calmer à force de fatigue, il avait résolu de voir la noce de Valentine, d'écouter les graveleures des paysans, d'entendre signaler le départ des époux pour la chambre nuptiale, et de se guérir à force de colère, de pitié et de dégoût.

« Si mon amour survit à tout cela, s'était-il dit, c'est qu'il n'y a pas de remède. »

Et, à tout hasard il avait chargé des pistolets de poche qu'il avait mis sur lui.

Il ne s'était pas attendu à trouver là cette autre noce et cette autre mariée. Depuis quelques instants il observait Athénaïs; sa gaieté soulevait en lui un profond dédain, et il voulut se mettre au centre des dégoûts qu'il venait braver en s'asseyant auprès d'elle.

Bénédict, qui avait un caractère âpre et sceptique, un de ces esprits mécontents et frondeurs si incommodes aux ridicules et aux travers de la société, prétendait (c'était sans doute un de ses paradoxes) qu'il n'est point d'inconvenance plus monstrueuse, d'usage plus scandaleux que la publicité qu'on donne au mariage. Il n'avait jamais vu, sans la plaindre, passer au milieu de la cohue d'une noce cette pauvre jeune fille qui a presque toujours quelque amour timide dans le cœur, et qui traverse l'insolente attention, les impertinents regards, pour arriver dans les bras de son mari, déflorée déjà par l'audacieuse imagination de tous les hommes. Il plaignait aussi ce pauvre jeune homme dont on affichait l'amour aux portes de la mairie, au banc de l'église, et que l'on forçait de livrer à toutes les impuretés de la ville et de la campagne la blanche robe de sa fiancée. Il trouvait qu'en lui ôtant le voile du mystère, on profanait l'amour. Il eût voulu entourer la femme de tant de respects qu'on n'eût jamais connu officiellement l'objet de son choix, et qu'on eût craint de l'offenser en le lui nommant.

« Comment, disait-il, voulez-vous avoir des femmes aux mœurs pures, lorsque vous faites publiquement violence à leur pudeur? quand vous les amenez vierges en présence de la foule assemblée, et que vous leur dites, en prenant cette foule à témoin, « Vous appartenez à 'homme que voici, vous n'êtes plus vierge. » Et la foule bat des mains, rit, triomphe, raille la rougeur des époux, et, jusque dans le secret de leur lit nuptial, les poursuit de ses cris et de ses chants obscènes! les peuples barbares du Nouveau-Monde avaient de plus pieux hyménées. Aux fêtes du Soleil on amenait dans le temple un homme vierge et une femme vierge. La foule prosternée, grave et recueillie, bénissait le dieu qui créa l'amour, et, dans toute la solennité de l'amour physique et de l'amour divin, le mystère de la génération s'accomplissait sur l'autel. Cette naïveté qui vous révolte était plus chaste que vos mariages. Vous avez tant souillé la pudeur, tant oublié l'amour, tant avili la femme, que vous êtes réduits à insulter la femme, la pudeur et l'amour. »

En voyant Bénédict s'asseoir auprès de sa femme, Pierre Blutty, qui n'ignorait point l'inclination d'Athénaïs pour son cousin, jeta sur eux un regard de travers. Ses amis échangèrent avec lui le même regard de mécontentement. Tous haïssaient Bénédict pour sa supériorité dont ils le croyaient vain. Les joyeux propos s'arrêtèrent un instant; mais le chevalier de Trigaud, qui avait pour lui une grande estime, lui fit bon accueil, et lui tendit la bouteille d'une main mal assurée. Bénédict avait un ton calme et dégagé qui fit croire à Athénaïs que son parti était pris; elle lui fit timidement quelques prévenances auxquelles il répondit respectueusement et sans humeur.

Peu à peu les paroles libres et grivoises reprirent leur cours, mais avec l'intention évidente, de la part de Blutty et de ses amis, de leur donner une tournure insultante pour Bénédict. Celui-ci s'en aperçut aussitôt, et s'arma de cette tranquillité dédaigneuse dont l'expression semblait être naturelle à sa physionomie.

Jusqu'à son arrivée, le nom de Valentine n'avait pas été prononcé; ce fut l'arme dont Blutty se servit pour le blesser. Il donna le signal à ses compagnons, et on commença à mots couverts, un parallèle entre le bonheur de Pierre Blutty et celui de M. de Lansac, qui fit passer comme du feu dans les veines glacées de Bénédict. Mais il était venu là pour entendre ce qu'il entendait. Il fit bonne contenance, espérant que cette rage intérieure qui le dévorait allait faire place au dégoût. D'ailleurs, se fût-il livré à sa colère, il n'avait aucun droit de défendre le nom de Valentine de ces souillures.

Mais Pierre Blutty ne s'en tint pas là. Il était résolu à l'insulter grièvement, et même à lui faire une scène, afin de l'expulser à jamais de la ferme. Il hasarda quelques mots qui donnèrent à entendre combien le bonheur de M. de Lansac était amer au cœur d'un des convives. Tous les regards l'interrogèrent avec surprise, et virent les siens désigner Bénédict. Alors les Moret et les Simonneau, ramassant la balle, fondirent, avec plus de rudesse que de force réelle, sur leur adversaire. Celui-ci demeura longtemps impassible; il se contenta de jeter un coup d'œil de reproche à la pauvre Athénaïs, qui seule avait pu trahir un pareil secret. La jeune femme, au désespoir, essaya de changer la conversation; mais ce fut impossible, et elle resta plus morte que vive, espérant au moins que sa présence contiendrait son mari jusqu'à un certain point.

— Il y en a d'aucuns, disait Georges en affectant de parler plus rustiquement que de coutume, afin de contraster avec la manière de Bénédict, qui veulent lever le pied plus haut que la jambe et qui se cassent le nez par terre. Ça rappelle l'histoire de Jean Lory, qui n'aimait ni les brunes ni les blondes, et qui a fini, comme chacun sait, par être bien heureux d'épouser une rousse.

Toute la conversation fut sur ce ton et fort peu spirituelle, comme on voit. Blutty reprenant son ami Georges:

— Ce n'est pas comme ça, lui dit-il; voilà l'histoire de Jean Lory. Il disait qu'il ne pouvait aimer que les blondes; mais ni les brunes ni les blondes ne voulaient de lui : si bien que la rousse fut forcée d'en avoir pitié.

— Oh! dit un autre, c'est que les femmes ont des yeux.

— En revanche, reprit un troisième, il y a des hommes qui ne voient pas plus loin que leur nez.

— Manes habunt, dit le chevalier de Trigaud, qui, ne comprenant rien à la conversation, voulut au moins y faire briller son savoir.

Et il continua sa citation en écorchant impitoyablement le latin.

— Ah! monsieur le chevalier, vous parlez à des sourds, dit le père Lhéry; nous ne savons pas le grec.

— M. Benoît qui n'a appris que ça, dit Blutty, pourrait nous le traduire.

— Cela signifie, répondit Bénédict d'un air calme, qu'il y a des hommes semblables à des brutes, qui ont des yeux pour ne pas voir et des oreilles pour ne pas entendre. Cela se rapporte fort bien, comme vous voyez, à ce que vous disiez tout à l'heure.

— Oh! pour les oreilles, pardieu! dit un gros petit cousin du marié qui n'avait pas encore parlé, nous n'en avons rien dit, et pour cause; on sait les égards qu'on se doit entre amis.

— Et puis, dit Blutty, il n'y a de pires sourds, comme dit le proverbe, que ceux qui ne veulent pas entendre.

— Il n'y a de pire sourd, interrompit Bénédict d'une voix forte, que l'homme à qui le mépris bouche les oreilles.

— Le mépris! s'écria Blutty en se levant rouge de colère et les yeux étincelants; le mépris!

— J'ai dit le mépris, répondit Bénédict sans changer d'attitude et sans daigner lever les yeux sur lui.

Il n'eut pas plus tôt répété ce mot, que Blutty, brandissant son verre plein de vin, le lui lança à la tête; mais sa main, tremblante de fureur, fut un mauvais auxiliaire. Le vin couvrit de taches indélébiles la robe de la mariée, et le verre l'eût infailliblement blessée, si Bénédict, avec autant de sang-froid que d'adresse, ne l'eût reçu dans sa main sans se faire aucun mal.

Athénaïs, épouvantée, se leva et se jeta dans les bras de sa mère. Bénédict se contenta de regarder Blutty, et de lui dire avec beaucoup de tranquillité :

— Sans moi, c'en était fait de la beauté de votre femme.

Puis, plaçant le verre au milieu de la table, il l'écrasa avec un broc de grès qui se trouvait sous sa main. Il lui porta plusieurs coups pour le réduire en autant de morceaux qu'il put; puis, les éparpillant sur la table :

— Messieurs, leur dit-il, cousins, parents et amis de Pierre Blutty, qui venez de m'insulter, et vous, Pierre Blutty, que je méprise de tout mon cœur, à chacun de vous j'envoie une parcelle de ce verre. C'est autant de sommations que je vous fais de me rendre raison; c'est autant de portions de mon affront que je vous ordonne de réparer.

— Nous ne nous battons ni au sabre, ni à l'épée, ni au pistolet, s'écria Blutty d'une voix tonnante; nous ne sommes pas des freluquets, des habits noirs comme toi. Nous n'avons pas pris des leçons de courage, nous en avons dans le cœur et au bout des poings. Pose ton habit, Monsieur, la querelle sera bientôt vidée.

Et Blutty, grinçant des dents, commença à se débarrasser de son habit chargé de fleurs et de rubans, et à retrousser ses manches jusqu'au coude. Athénaïs, qui était tombée en défaillance dans les bras de sa mère s'élança brusquement et se jeta entre eux en poussant des cris perçants. Cette marque d'intérêt que Blutty jugea avec raison être tout en faveur de Bénédict, augmenta sa fureur... Il la repoussa et s'élança sur Bénédict.

Celui-ci, évidemment plus faible, mais agile et de sang-froid, lui passa son pied dans les jambes et le fit tomber.

Blutty n'était pas relevé qu'une nuée de ses camarades s'était jetée sur Bénédict. Celui-ci n'eut que le temps de tirer ses deux pistolets de sa poche et de leur en présenter les doubles canons.

— Messieurs, leur dit-il, vous êtes vingt contre un, vous êtes des lâches! Si vous faites un geste contre moi, quatre d'entre vous seront tués comme des chiens.

Cette vue calma un instant leur vaillance; alors le père Lhéry, qui connaissait la fermeté de Bénédict et qui craignait une issue tragique à cette scène, se précipita au-devant de lui, et, levant son bâton noueux sur les assaillants, il leur montra ses cheveux blancs souillés du vin que Blutty avait voulu jeter à Bénédict. Des larmes de colère roulaient dans ses yeux.

— Pierre Blutty, s'écria-t-il, vous vous êtes conduit aujourd'hui d'une manière infâme. Si vous croyez par de pareils procédés prendre de l'empire dans ma maison et en chasser mon neveu, vous vous trompez. Je suis encore libre de vous en fermer la porte et de garder ma fille. Le mariage n'est pas consommé. Athénaïs, passez derrière moi.

Le vieillard, prenant avec force le bras de sa fille, l'attira vers lui. Athénaïs, prévenant sa volonté, s'écria avec l'accent de la haine et de là terreur :

— Gardez-moi, mon père, gardez-moi toujours. Défendez-moi de ce furieux qui vous insulte, vous et votre famille! Non, je ne serai jamais sa femme! Je ne veux pas vous quitter!

Et elle s'attacha de toute sa force au cou de son père.

Pierre Blutty, à qui aucune clause légale n'assurait encore l'héritage de son beau-père, fut frappé de la force de ces arguments. Renfermant le dépit que lui inspirait la conduite de sa femme :

— Je conviens, dit-il en changeant aussitôt de ton, que j'ai eu trop de vivacité. Beau-père, si je vous ai manqué, recevez mes excuses.

— Oui, Monsieur, reprit Lhéry, vous m'avez manqué dans la personne de ma fille, dont les habits de noce portent les marques de votre brutalité; vous m'avez manqué dans la personne de mon neveu, que je saurai faire respecter. Si vous voulez que votre femme et votre beau-père oublient cette conduite, offrez la main à Bénédict, et que tout soit dit.

Une foule immense s'était rassemblée autour d'eux et attendait avec curiosité la fin de cette scène. Tous les regards semblaient dire à Blutty qu'il ne devait point fléchir; mais quoique Blutty ne manquât pas d'un certain courage brutal, il entendait ses intérêts aussi bien que tout bon campagnard sait le faire. En outre, il était réellement très-amoureux de sa femme, et la menace d'être séparé d'elle l'effrayait plus encore que tout le reste. Sacrifiant donc les conseils de la vaine gloire à ceux du bon sens, il dit, après un moment d'hésitation :

— Eh bien! je vous obéirai, beau-père; mais cela me coûte, je l'avoue, et j'espère que vous me tiendrez compte, Athénaïs, de ce que je fais pour vous obtenir.

— Vous ne m'obtiendrez jamais, quoi que vous fassiez! s'écria la jeune fermière, qui venait d'apercevoir les nombreuses taches dont elle était couverte.

— Ma fille, interrompit Lhéry, qui savait fort bien reprendre au besoin la dignité et l'autorité d'un père de famille, dans la situation où vous êtes, vous ne devez pas avoir d'autre volonté que celle de votre père. Je vous ordonne de donner le bras à votre mari et de le réconcilier avec votre cousin.

En parlant ainsi, Lhéry se retourna vers son neveu, qui pendant cette contestation avait désarmé et caché ses pistolets; mais, au lieu d'obéir à l'impulsion que voulait lui donner son oncle, il recula devant la main que lui tendait à contre-cœur Pierre Blutty.

— Jamais, mon oncle! répondit-il; je suis fâché de ne pouvoir pas reconnaître par mon obéissance l'intérêt que vous venez de me témoigner, mais il n'est pas en ma puissance de pardonner un affront. Tout ce que je puis faire, c'est de l'oublier.

Après cette réponse, il tourna le dos, et disparut en se frayant avec autorité un passage à travers les curieux ébahis.

## XXII.

Bénédict s'enfonça dans le parc de Raimbault, et se jetant sur la mousse, dans un endroit sombre, il s'abandonna aux plus tristes réflexions. Il venait de rompre le dernier lien qui l'attachait à la vie; car il sentait bien qu'après de telles relations avec Pierre Blutty, il ne pouvait plus en conserver de directes avec ses parents de la ferme. Ces lieux, où il avait passé de si heureux instants, et qui devaient pour lui tout remplis des traces de Valentine, il ne les verrait plus; ou s'il y retournait quelquefois, ce serait en étranger et sans avoir la liberté d'y chercher ses souvenirs, naguère si doux, aujourd'hui si amers. Il lui semblait que de longues années de malheur le séparaient déjà de ces jours récemment écoulés, et il se reprochait de n'en avoir point assez joui; il se repentait des instants d'humeur qu'il n'avait pas réprimés; il déplorait la triste nature de l'homme, qui ne sait jamais la valeur de ses joies qu'après les avoir perdues.

Désormais l'existence de Bénédict devenait effrayante; environné d'ennemis, il serait la risée de la province; chaque jour une voix, partie de trop bas pour qu'il pût se donner la peine d'y répondre, viendrait faire entendre à ses oreilles d'insolentes et atroces railleries. Chaque jour il lui faudrait rapprendre le triste dénouement de ses amours, après lequel qu'il n'y avait plus d'espoir.

Cependant l'amour de soi, qui donne tant d'énergie aux naufragés près de périr, imprima un instant à Bénédict la volonté de vivre en dépit de tout. Il fit d'incroyables efforts pour trouver à sa vie un but, une ambition, un charme quelconque; ce fut en vain : son âme se refusait à admettre aucune autre passion que l'amour. A vingt ans, quelle autre semble en effet digne de l'homme? Tout lui semblait terne et décoloré après cette rapide et folle existence qui l'avait enlevé à la terre; ce qui eût été trop haut pour ses espérances il y avait à peine un mois, lui paraissait maintenant indigne de ses désirs. Il n'y avait au monde qu'un bonheur, qu'un amour, qu'une femme.

Quand il eut vainement épuisé ce qui lui restait de force, il tomba dans une horrible dégoût de la vie, et résolut d'en finir. Il examina ses pistolets, et se dirigea vers la sortie du parc, pour aller accomplir son dessein sans troubler la fête qui rayonnait encore à travers le feuillage.

Mais auparavant il voulut avaler le fond de sa coupe de douleur; il retourna sur ses pas, et, se glissant parmi les massifs, il arriva jusqu'au pied des murs qui renfermaient Valentine. Il les suivit au hasard pendant quelque temps. Tout était silencieux et triste dans ce grand manoir; tous les domestiques étaient à la fête. Depuis long-temps les convives s'étaient retirés. Bénédict n'entendit que la voix de la vieille marquise qui paraissait assez animée. Elle partait d'un appartement au rez-de-chaussée dont la fenêtre était entr'ouverte. Bénédict s'approcha, et recueillit des paroles qui modifièrent tout à coup ses résolutions :

— Je vous assure, Madame, disait la marquise, que Valentine est sérieusement malade, et qu'il faudrait faire entendre raison à M. de Lansac.

— Eh! mon Dieu! Madame, répondit une voix que Bénédict jugea ne pouvoir être que celle de la comtesse, vous avez la rage de vous immiscer dans tout! Il me semble que votre intervention ou la mienne dans une pareille circonstance ne peut être que fort inconvenante.

— Madame, ce n'est point pas d'inconvenance, reprit l'autre voix, lorsqu'il s'agit de la santé de ma petite-fille.

— Si je ne savais combien il vous est agréable de donner ici un autre avis que le mien, je m'expliquerais difficilement cet accès de sensibilité.

— Raillez tant qu'il vous plaira, Madame ; je viens d'écouter à la porte de Valentine, ne sachant point ce qui s'y passait, et me doutant de tout autre chose que de la vérité. En entendant la voix de la nourrice au lieu de celle du cher mari, je suis entrée, et j'ai trouvé Valentine fort souffrante, fort défaite ; je vous assure que ce ne serait pas du tout le moment...

— Valentine aime son mari, son mari l'aime, je suis bien certaine qu'il aura pour elle tous les égards qu'elle exigera.

— Est-ce qu'une mariée d'un jour sait exiger quelque chose ? est-ce qu'elle a des droits ? est-ce qu'on en tient compte ?

La fenêtre fut fermée en cet instant, et Bénédict n'en put entendre davantage. Tout ce que la rage peut inspirer de projets terribles et insensés, il le connut en cet instant.

« O abominable violation des droits les plus sacrés! s'écria-t-il intérieurement ; infâme tyrannie de l'homme sur la femme ! Mariage, sociétés, institutions, haine à vous ! haine à mort ! Et toi, Dieu ! volonté créatrice, qui nous jettes sur la terre et refuses ensuite d'intervenir dans nos destinées, toi qui livres le faible à tant de despotisme et d'abjection, je te maudis ! Tu t'endors satisfait d'avoir produit, insoucieux de conserver. Tu mets en nous une âme intelligente, et tu permets au malheur de l'étouffer ! Maudit sois-tu, maudites soient les entrailles qui m'ont porté ! »

En raisonnant ainsi, le malheureux jeune homme armait ses pistolets, déchirait sa poitrine avec ses ongles, et marchait avec agitation, ne songeant plus à se cacher. Tout à coup la raison, ou plutôt une sorte de lucidité dans son délire, vint l'éclairer. Il y avait un moyen de sauver Valentine d'une odieuse et flétrissante tyrannie ; il y avait un moyen de punir cette mère sans entrailles, qui condamnait froidement sa fille à un opprobre légal, au dernier des opprobres qu'on puisse infliger à la femme, au viol.

— « Oui, le viol ! répétait Bénédict avec fureur (et il ne faut pas oublier que Bénédict était un naturel d'excès et d'exception). Chaque jour, au nom de Dieu et de la société, un manant ou un lâche obtient la main d'une malheureuse fille, que ses parents, son honneur ou la misère forcent d'étouffer dans son sein un amour pur et sacré. Et là, sous les yeux de la société qui approuve et ratifie, la femme pudique et tremblante qui a résister aux transports de son amant, tombe flétrie sous les baisers d'un maître exécré ! Et il faut que cela soit ainsi ! »

Et Valentine, la plus belle œuvre de la création, la douce, la simple, la chaste Valentine était réservée comme les autres à cet affront ! En vain ses larmes, sa pâleur, son abattement avaient dû éclairer la conscience de sa mère et alarmer la délicatesse de son époux. Rien ne la défendrait de la honte, cette infortunée ! pas même la faiblesse de la maladie et l'épuisement de la fièvre ! Il y a sur la terre un homme assez misérable pour dire : N'importe ! et une mère assez glacée pour fermer les yeux sur ce crime ! « Non, s'écria-t-il, cela ne sera pas ! j'en jure par l'honneur de ma mère ! »

Il arma de nouveau ses pistolets et courut au hasard devant lui. Le bruit d'une petite toux sèche l'arrêta tout à coup. Dans l'état d'irritation où il était, la pénétration instinctive de la haine lui fit reconnaître à ce léger indice que M. de Lansac venait droit à lui.

Ils avançaient tous deux dans une allée de jardin anglais, allée étroite, ombreuse et tournante. Un épais massif de sapins protégea Bénédict. Il s'enfonça dans leurs rameaux sombres, et se tint prêt à brûler la cervelle à son ennemi.

M. de Lansac venait du pavillon situé dans le parc, où jusque-là il avait logé par bienséance pour les convenances ; il se dirigeait vers le château. Ses vêtements exhalaient une odeur d'ambre que Bénédict détestait presque autant que lui ; ses pas faisaient crier le sable. Le cœur de Bénédict battait haut dans sa poitrine ; son sang ne circulait plus ; pourtant sa main était ferme et son coup d'œil sûr.

Mais au moment où, le doigt sur la détente, il élevait le bras à la hauteur de cette tête détestée, d'autres pas se firent entendre venant sur les traces de Bénédict. Il frémit de cet atroce contre-temps ; un témoin pouvait faire échouer son entreprise et l'empêcher, non pas de tuer Lansac, il sentait que nulle force humaine ne pourrait le sauver de sa haine, mais de se tuer lui-même immédiatement après. La pensée de l'échafaud le fit frémir ; il sentit que la société avait des punitions infamantes pour le crime héroïque que son amour lui dictait.

Incertain, irrésolu, il attendit et recueillit ce dialogue :

— Eh bien ! Franck, que vous a répondu madame la comtesse de Raimbault ?

— Que monsieur le comte peut entrer chez elle, répondit un laquais.

— Fort bien ; vous pouvez aller vous coucher, Franck. Tenez, voici la clef de mon appartement.

— Monsieur ne rentrera pas ?

— Ah ! il en doute ! dit M. de Lansac entre ses dents, et comme se parlant à lui-même.

— C'est que, monsieur le comte... madame la marquise... Catherine...

— C'est fort clair ; allez vous coucher.

Les deux ombres noires se croisèrent sous les sapins, et Bénédict vit son ennemi se rapprocher du château. Dès qu'il l'eut perdu de vue, sa résolution lui revint.

— Je laisserais échapper cette occasion ! s'écria-t-il, je laisserais seulement son pied profaner le seuil de cette demeure qui renferme Valentine !

Il se mit à courir, mais le comte avait trop d'avance sur lui ; il ne put l'atteindre avant qu'il fût entré dans la maison.

Le comte arrivait là mystérieusement, seul, sans flambeaux, comme un prince allant en conquête. Il franchit légèrement le perron, le péristyle, et monta au premier étage ; car cette feinte d'aller s'entretenir avec sa belle-mère n'était qu'un arrangement de convenance pour ne pas énoncer à son laquais le motif délicat de ses empressements. Il était convenu avec la comtesse qu'elle le ferait appeler à l'heure où sa femme consentirait à le recevoir. Madame de Raimbault n'avait pas consulté sa fille, comme on le voit ; elle ne pensait pas qu'il en fût besoin.

Mais au moment où M. de Lansac allait être atteint par Bénédict, dont le pistolet toujours armé le suivait dans l'ombre, la demoiselle de compagnie se glissa vers la diligent époux avec autant de légèreté que le lui permirent son corps balancé et ses soixante ans :

— Madame la marquise aurait un mot à dire à monsieur, lui dit-elle.

Alors M. de Lansac prit une autre direction et la suivit. Ceci se passa rapidement et dans l'obscurité ; Bénédict chercha en vain, et ne put découvrir par quel escamotage infernal sa proie lui échappait encore.

Seul, dans cette vaste maison, dont on avait, à dessein, éteint toutes les lumières, et, sous divers prétextes, éloigné le peu de domestiques ne fussent pas à la fête, Bénédict erra au hasard, essayant de rassembler ses souvenirs et de se diriger vers la chambre que Valentine devait habiter. Son parti était pris ; il la soustrairait à son sort, soit en tuant son mari, soit en la tuant elle-même. Il avait souvent regardé du dehors la fenêtre de Valentine, il l'avait reconnue la nuit aux longues veilles dont la clarté de sa lampe rendait témoignage ; mais comment en trouver la direction dans ces ténèbres et dans cette agitation terrible ?

Il s'abandonna au hasard. Il savait seulement que cet appartement était situé au premier ; il suivit une vaste galerie et s'arrêta pour écouter. Au bout opposé, il apercevait un rayon de lumière se glissant par une porte entr'ouverte, et il lui semblait entendre un chuchotement de voix de femmes. C'était la chambre de la marquise ; elle avait fait appeler son beau-petit-fils pour l'engager à renoncer au bonheur de cette première nuit, et Catherine, qu'on avait fait venir là pour attester l'indisposition de sa maîtresse, s'en acquittait le mieux pour seconder les intentions de Valentine. Mais M. de Lansac était fort peu persuadé, et trouvait assez ridicule que toutes ces femmes vinssent déjà glisser leur curiosité et leur influence dans

Ce furent des cris de joie et de surprise. (Page 27.)

les mystères de son ménage ; il résistait poliment, et jurait sur son honneur d'obéir à l'ordre que Valentine lui
donnerait de vive voix de se retirer.

Bénédict, ayant atteint sans bruit cette porte, entendit
toute la discussion, quoiqu'elle se fît à voix basse, dans
la crainte d'attirer la comtesse, qui eût détruit d'un mot
tout l'effet de cette négociation.

« Valentine aura-t-elle bien la force de prononcer cet
ordre ? se demanda Bénédict. Oh ! je la lui donnerai, moi.

Et il s'avança de nouveau à tâtons vers un autre rayon
de lumière plus faible qui rampait sous une porte fermée ;
il y colla son oreille : c'était là ! Il le sentit au battement
de son cœur et à la faible respiration de Valentine, qu'il
n'était sans doute donné qu'à un homme passionné comme
il l'était pour elle de saisir et de reconnaître.

Il s'appuyait, oppressé, haletant, contre cette porte,
lorsqu'il lui sembla qu'elle cédait ; il la poussa et elle obéit
sans bruit.

« Grand Dieu ! pensa Bénédict, toujours prêt à admettre tout ce qui pouvait le torturer, l'attendait-elle
donc ? »

Il fit un pas dans cette chambre ; le lit était placé de
manière à masquer la porte à la personne couchée. Une
veilleuse brûlait dans son globe de verre mat. Était-ce bien
là ? Il avança. Les rideaux étaient à demi relevés ; Valentine, toute habillée, sommeillait sur son lit. Son attitude
témoignait assez de ses terreurs ; elle était assise sur le
bord de sa couche, les pieds à terre ; sa tête succombant
à la fatigue s'était laissée aller sur les coussins ; son visage
était d'une pâleur effrayante, et l'on eût pu compter les
pulsations de la fièvre sur les artères gonflées de son cou
et de ses tempes.

Bénédict avait eu à peine le temps de se glisser derrière
le dossier de ce lit et de se presser entre le rideau et la
muraille lorsque les pas de Lansac retentirent dans le
corridor.

Il venait de ce côté, il allait entrer. Bénédict tenait toujours son pistolet ; là, l'ennemi ne pouvait lui échapper,
il n'avait qu'un mouvement à faire pour l'étendre mort
avant qu'il eût effleuré seulement le lin de la couche
nuptiale.

Au bruit que fit Bénédict en se cachant, Valentine,
éveillée en sursaut, jeta un faible cri et se redressa précipitamment ; mais, ne voyant rien, elle prêta l'oreille et

Et si c'était pour Bénédict! dit Athénaïs. (Page 28.)

distingua les pas de son mari. Alors elle se leva et courut vers la porte.

Ce mouvement faillit faire éclater Bénédict. Il sortit à demi de sa cachette pour aller brûler la cervelle à cette femme impudique et menteuse ; mais Valentine n'avait eu d'autre intention que de verrouiller sa porte.

Cinq minutes se passèrent dans le plus complet silence, au grand étonnement de Valentine et de Bénédict ; celui-ci s'était caché de nouveau, lorsqu'on frappa doucement. Valentine ne répondit pas ; mais Bénédict, penché hors des rideaux, entendit le bruit inégal de sa respiration entrecoupée ; il voyait son effroi, ses lèvres livides, ses mains crispées contre le verrou qui la défendait.

« Courage, Valentine! allait-il s'écrier, nous sommes deux pour soutenir l'assaut ! » lorsque la voix de Catherine se fit entendre.

— Ouvrez, Mademoiselle, disait-elle ; n'ayez plus peur ; c'est moi, je suis seule. *Monsieur* est parti ; il s'est rendu aux raisons de madame la marquise et à la prière que je lui ai faite en votre nom de se retirer. Oh ! nous vous avons faite bien plus malade que vous n'êtes, j'espère, ajouta la bonne femme en entrant et recevant Valentine

dans ses bras. N'allez pas vous aviser de l'être aussi sérieusement que nous nous en sommes vantées, au moins !

— Oh ! tout à l'heure je me sentais mourir, répondit Valentine en l'embrassant ; mais à présent je suis mieux, tu m'as sauvée encore pour quelques heures. Après, que Dieu me protége !

— Eh ! mon Dieu, chère enfant ! dit Catherine, quelles idées avez-vous donc? Allons, couchez-vous. Je passerai la nuit auprès de vous.

— Non, Catherine, va te reposer. Voici bien des nuits que je te fais passer. Va-t'en ; je l'exige. Je suis mieux ; je dormirai bien. Seulement enferme-moi, prends la clef, et ne te couche que lorsque toute la maison sera fermée.

— Oh ! n'ayez pas peur. Tenez, voici qu'on ferme déjà ; n'entendez-vous pas rouler la grosse porte?

— Oui, c'est bien. Bonsoir, nourrice, ma bonne nourrice !

La nourrice fit encore quelques difficultés pour se retirer ; elle craignait que Valentine ne se trouvât plus mal dans la nuit. Enfin elle céda et se retira après avoir fermé la porte, dont elle emporta la clef.

— Si vous avez besoin de quelque chose, cria-t-elle du dehors, vous me sonnerez ?

— Oui, sois tranquille, dors bien, répondit Valentine.

Elle tira les verrous, et, secouant ses cheveux épars, elle posa les mains sur son front, en respirant fortement comme une personne délivrée ; puis elle revint à son lit et se laissa tomber assise, avec la raideur que donnent le découragement et la maladie. Bénédict se pencha et put la voir. Il eût pu se montrer tout à fait sans qu'elle y prît garde. Les bras pendants, l'œil fixé sur le parquet, elle était là comme une froide statue ; ses facultés semblaient épuisées, son cœur éteint.

## XXIII.

Bénédict entendit successivement fermer toutes les portes de la maison. Peu à peu les pas des domestiques s'éloignèrent du rez-de-chaussée, les reflets que quelques lumières errantes faisaient courir sur le feuillage s'éteignirent ; les sons lointains des instruments et quelques coups de pistolet qu'il est d'usage en Berry de tirer aux noces et aux baptêmes en signe de réjouissance, venaient seuls par intervalles rompre le silence. Bénédict se trouvait dans une situation inouïe, et qu'il n'eût jamais osé rêver. Cette nuit, cette horrible nuit qu'il devait passer dans les angoisses de la rage le réunissait à Valentine ! M. de Lansac retournait seul à son gîte, et Bénédict, le désolé Bénédict, qui devait se brûler la cervelle dans un fossé, était là enfermé seul avec Valentine ! Il eut des remords d'avoir renié son Dieu, d'avoir maudit le jour de sa naissance. Cette joie imprévue, qui succédait à la pensée de l'assassinat et à celle du suicide, le saisit si impétueusement qu'il ne songea pas à en calculer les suites terribles. Il ne s'avoua pas que, s'il était découvert en ce lieu, Valentine était perdue ; il ne se demanda pas si cette conquête inespérée d'un instant de joie ne rendrait pas plus odieuse ensuite la nécessité de mourir. Il s'abandonna au délire qu'un tel triomphe sur sa destinée lui causait. Il mit ses deux mains sur sa poitrine pour en maîtriser les ardentes palpitations. Mais au moment de se trahir par ses transports, il s'arrêta, dominé par la crainte d'offenser Valentine, par cette timidité respectueuse et chaste qui est le principal caractère du véritable amour.

Irrésolu, le cœur plein d'angoisses et d'impatiences, il allait se déterminer, lorsqu'elle sonna, et au bout d'un instant Catherine reparut.

— Bonne nourrice, lui dit-elle, tu ne m'as pas donné ma potion.

— Ah ! votre *portion ?* dit la bonne femme ; je pensais que vous ne la prendriez pas aujourd'hui. Je vais la préparer.

— Non, cela serait trop long. Fais dissoudre un peu d'opium dans de l'eau de fleurs d'orange.

— Mais cela pourra vous faire mal ?

— Non ; jamais l'opium ne peut faire de mal dans l'état où je suis.

— Je n'en sais rien, moi. Vous n'êtes pas médecin ; voulez-vous que j'aille demander à madame la marquise ?

— Oh ! pour Dieu, ne fais pas cela ! Ne crains donc rien. Tiens, donne-moi la boîte ; je sais la dose.

— Oh ! vous en mettez deux fois trop.

— Non, te dis-je ; puisqu'il m'est enfin accordé de dormir, je veux pouvoir en profiter. Pendant ce temps-là je ne penserai pas.

Catherine secoua la tête d'un air triste, et délaya une assez forte dose d'opium que Valentine avala à plusieurs reprises en se déshabillant, et, quand elle fut enveloppée de son peignoir, elle congédia de nouveau sa nourrice et se mit au lit.

Bénédict, enfoncé dans sa cachette, n'avait pas osé faire un mouvement. Cependant la crainte d'être aperçu par la nourrice était bien moins forte que celle qu'il éprouva en se retrouvant seul avec Valentine. Après un terrible combat avec lui-même, il se hasarda à soulever doucement le rideau. Le frôlement de la soie n'éveilla point Valentine ;

l'opium faisait déjà son effet. Cependant Bénédict crut qu'elle entr'ouvrait les yeux. Il eut peur, et laissa retomber le rideau, dont la frange entraîna un flambeau de bronze placé sur le guéridon, et le fit tomber avec assez de bruit. Valentine tressaillit, mais ne sortit point de sa léthargie. Alors Bénédict resta debout auprès d'elle, plus libre encore de la contempler qu'au jour où il avait adoré son image répétée dans l'eau. Seul à ses pieds dans ce solennel silence de la nuit, protégé par ce sommeil artificiel qu'il n'était pas en son pouvoir de rompre, il croyait accomplir une destinée magique. Il n'avait plus rien à craindre de sa colère ; il pouvait s'enivrer du bonheur de la voir sans être troublé dans sa joie ; il pouvait lui parler sans qu'elle l'entendît, lui dire tout son amour, tous ses tourments, sans faire évanouir ce faible et mystérieux sourire qui errait sur ses lèvres à demi entr'ouvertes. Il pouvait coller ses lèvres sur sa bouche sans qu'elle le repoussât... Mais l'impunité ne l'enhardit point jusque-là. C'est dans son cœur que Valentine avait un culte presque divin, et elle n'avait pas besoin de protections extérieures contre lui. Il était sa sauvegarde et son défenseur contre lui-même. Il s'agenouilla devant elle, et se contenta de prendre sa main pendante au bord du lit, de la soutenir dans les siennes, d'en admirer la finesse et la blancheur, et d'y appuyer ses lèvres tremblantes. Cette main portait l'anneau nuptial, le premier anneau d'une chaîne pesante et indissoluble. Bénédict eût pu l'ôter et l'anéantir, il ne le voulut point ; son âme était revenue à des impressions plus douces ; il voulait respecter dans Valentine jusqu'à l'emblème de ses devoirs.

Car dans cette délicieuse extase, il avait bientôt oublié tout. Il se crut heureux et plein d'avenir comme aux beaux jours de la ferme ; il s'imagina que la nuit ne devait pas finir, et que Valentine ne devait pas s'éveiller, et qu'il accomplissait là son éternité de bonheur.

Longtemps cette contemplation fut sans danger : les anges sont moins purs que le cœur d'un homme de vingt ans lorsqu'il aime avec passion ; mais il tressaillit lorsque Valentine, émue par un de ces rêves heureux que crée l'opium, se pencha doucement vers lui et pressa faiblement sa main en murmurant des paroles indistinctes. Bénédict tressaillit et s'éloigna du lit, effrayé de lui-même.

— Oh ! Bénédict ! lui dit Valentine d'une voix faible et lente, Bénédict, c'est vous qui m'avez épousée aujourd'hui ? Je croyais que c'était un autre ; dites-moi bien que c'est vous !...

— Oui, c'est moi, c'est moi ! dit Bénédict éperdu, en pressant contre son cœur agité cette main qui cherchait la sienne.

Valentine, à demi éveillée, se dressa sur son chevet, ouvrit les yeux, et fixa sur lui des prunelles pâles qui flottaient dans le vague des songes. Il y eut comme un sentiment d'effroi sur ses traits ; puis elle referma les yeux et retomba en souriant sur son oreiller.

— C'est vous que j'aimais, lui dit-elle ; mais comment l'a-t-on permis ?

Elle parlait si bas et articulait si faiblement que Bénédict recueillait lui-même ses paroles comme le murmure angélique qu'on entend dans les songes.

— O ma bien-aimée ! s'écria-t-il en se penchant vers elle, dites-le-moi encore, dites-le-moi, pour que je meure de joie à vos pieds !

Mais Valentine le repoussa.

— Laissez-moi ! dit-elle.

Et ses paroles devinrent inintelligibles.

Bénédict crut comprendre qu'elle le prenait pour M. de Lansac. Il se nomma plusieurs fois avec insistance, et Valentine, flottant entre la réalité et l'illusion, s'éveillant et s'endormant tour à tour, lui dit ingénument tous ses secrets. Un instant elle crut voir M. de Lansac qui la poursuivait une épée à la main ; elle se jeta dans le sein de Bénédict, et passant ses bras autour de son cou :

— Mourons tous deux ! lui dit-elle.

— Oh ! tu as raison, s'écria-t-il. Sois à moi, et mourons. Il posa ses pistolets sur le guéridon, et étreignit dans ses bras le corps souple et languissant de Valentine. Mais elle lui dit encore :

— Laisse-moi, mon ami ; je meurs de fatigue, laisse-moi dormir.

Elle appuya sa tête sur le sein de Bénédict, et il n'osa faire un mouvement de peur de la déranger. C'était un si grand bonheur que de la voir dormir dans ses bras ! Il ne se souvenait déjà plus qu'il en pût exister un autre.

— Dors, dors, ma vie ! lui disait-il en effleurant doucement son front avec ses lèvres ; dors, mon ange. Sans doute tu vois la Vierge aux cieux ; et elle te sourit, car elle te protège. Va, nous serons unis là-haut !

Il ne put résister au désir de détacher doucement son bonnet de dentelle, et de répandre sur elle et sur lui cette magnifique chevelure d'un blond cendré qu'il avait regardée tant de fois avec amour. Qu'elle était soyeuse et parfumée ! que son frais contact allumait chez lui de délire et de fièvre ! Vingt fois il mordit les draps de Valentine et ses propres mains pour s'arracher, par la sensation d'une douleur physique, aux emportements de sa joie. Assis sur le bord de cette couche dont le linge odorant et fin le faisait frissonner, il se jetait rapidement à genoux pour reprendre empire sur lui-même, et il se bornait à la regarder. Il l'entourait chastement des mousselines brodées qui protégeaient son jeune sein si paisible et si pur ; il ramenait même un peu le rideau sur son visage pour ne plus le voir et trouver la force de s'en aller. Mais Valentine, éprouvant ce besoin d'air qu'on ressent dans le sommeil, repoussait cet obstacle, et, se rapprochant de lui, semblait appeler ses caresses d'un air naïf et confiant. Il soulevait les tresses de ses cheveux et en remplissait sa bouche pour s'empêcher de crier ; il pleurait de rage et d'amour. Enfin, dans un instant de douleur inouïe, il mordit l'épaule ronde et blanche qu'elle livrait à sa vue. Il la mordit cruellement, et elle s'éveilla, mais sans témoigner de souffrance. En la voyant se dresser de nouveau sur son lit, la regarder avec plus d'attention, et passer sa main sur lui pour s'assurer qu'il n'était point un fantôme, Bénédict, qui était alors assis tout à fait auprès d'elle, se crut perdu ; tout son sang, qui bouillonnait, se glaça ; il devint pâle, et lui dit, sans savoir ce qu'il disait :

— Valentine, pardon ; je me meurs, si vous n'avez pitié de moi...

— Pitié de toi ! lui dit-elle avec la voix forte et brève du somnambulisme ; qu'as-tu ? souffres-tu ? Viens dans mes bras comme tout à l'heure ; viens. N'étais-tu pas heureux ?

— O Valentine ! s'écria Bénédict devenu fou, dis-tu vrai ? me reconnais-tu ? Sais-tu qui je suis ?

— Oui, lui dit-elle en s'assoupissant sur son épaule, ma bonne nourrice !

— Non ! non ! Bénédict ! Bénédict ! entends-tu ! l'homme qui t'aime plus que sa vie ! Bénédict !

Et il la secoua pour la réveiller, mais cela était impossible. Il ne pouvait qu'exciter en elle l'ardeur des songes. Cette fois, la lucidité du sien fut telle qu'il s'y trompa.

— Oui ! c'est toi, dit-elle en se redressant, mon mari ; je le sais, mon Bénédict ; je t'aime aussi. Embrasse-moi, mais ne me regarde pas. Eteins cette lumière ; laisse-moi cacher mon visage contre ta poitrine.

En même temps elle l'entoura de ses bras et l'attira vers elle avec une force fébrile extraordinaire. Ses joues étaient vivement colorées, ses lèvres étincelaient. Il y avait dans ses yeux éteints un feu subit et fugitif ; évidemment elle avait le délire. Mais Bénédict pouvait-il distinguer cette excitation maladive de l'ivresse passionnée qui le dévorait ? Il se jeta sur elle avec désespoir, et, près de céder à ses fougueuses tortures, il laissa échapper des cris nerveux et déchirants. Aussitôt des pas se firent entendre, et la clef tourna dans la serrure. Bénédict n'eut que le temps de se jeter derrière le lit ; Catherine entra.

La nourrice examina Valentine, s'étonna du désordre de son lit et de l'agitation de son sommeil. Elle tira une chaise et resta près d'elle environ un quart d'heure. Bénédict crut qu'elle allait y passer le reste de la nuit et la maudit mille fois. Cependant Valentine, n'étant plus excitée par le souffle embrasé de son amant, retomba dans

une torpeur immobile et paisible. Catherine, rassurée, s'imagina qu'un rêve l'avait trompée elle-même lorsqu'elle avait cru entendre crier ; elle remit le lit en ordre, arrangea les draps autour de Valentine, releva ses cheveux sous son bonnet, et ramena les plis de sa camisole sur sa poitrine pour la préserver de l'air de la nuit ; puis elle se retira doucement, et tourna deux fois la clef dans la serrure. Ainsi il était impossible à Bénédict de s'en aller par là.

Quand il se retrouva maître de Valentine, connaissant maintenant tout le danger de sa situation, il s'éloigna du lit avec effroi, et alla se jeter sur une chaise à l'autre bout de la chambre. Là, il cacha sa tête dans ses mains et chercha à résumer les conséquences de sa position.

Ce courage féroce qui lui eût permis, quelques heures auparavant, de tuer Valentine, il ne l'avait plus. Ce n'était pas après avoir contemplé ses charmes modestes et touchants qu'il pouvait se sentir l'énergie de détruire cette belle œuvre de Dieu : c'était Lansac qu'il fallait tuer. Mais Lansac ne pouvait pas mourir seul, il fallait le suivre ; et que deviendrait Valentine, sans amant, sans époux ? Comment la mort de l'un lui profiterait-elle si l'autre ne lui restait ? Et puis, qui sait si elle ne maudirait pas l'assassin de ce mari qu'elle n'aimait pas ? Elle si pure, si pieuse, et d'une âme si droite et si honnête, comprendrait-elle la sublimité d'un dévouement si sauvage ? Le souvenir de Bénédict ne lui resterait-il pas funeste et odieux dans le cœur, souillé de ce sang et de ce terrible nom d'*assassin* ?

— Ah ! puisque je ne peux jamais la posséder, se dit-il, il ne faut pas du moins qu'elle haïsse ma mémoire ! Je mourrai seul, et peut-être osera-t-elle me pleurer dans le secret de ses prières.

Il approcha sa chaise du bureau de Valentine ; tout ce qu'il fallait pour écrire s'y trouvait. Il alluma un flambeau, ferma les rideaux du lit pour ne plus la voir et trouver la force de lui dire un éternel adieu. Il tira les verrous de la porte, afin de n'être pas surpris à l'improviste, et il écrivit à Valentine :

« Il est deux heures du matin, et je suis seul avec vous, Valentine, seul, dans votre chambre, maître de vous plus que ne le sera jamais votre mari ; car vous m'avez dit que vous m'aimiez, vous m'avez appelé sur votre cœur dans le secret de vos rêves, vous m'avez presque rendu mes caresses ; vous m'avez fait, sans le vouloir, le plus heureux et le plus misérable des hommes ; et pourtant, Valentine, je vous ai respectée au milieu du plus terrible délire qui ait envahi des facultés humaines. Vous êtes toujours là, pure et sacrée pour moi, et vous pourrez vous éveiller sans rougir. Oh ! Valentine ! il faut que je vous aime bien.

« Mais, quelque douloureux et incomplet qu'ait été mon bonheur, il faut que je le paie de ma vie. Après des heures comme celles que je viens de passer à vos genoux, les lèvres collées sur votre main, sur vos cheveux, sur le fragile vêtement qui vous protège à peine, je ne puis plus vivre un jour de plus. Après de tels transports, je ne puis pas retourner à la vie commune, à la vie odieuse que je menerais désormais loin de vous. Rassure-toi, Valentine, l'homme qui t'a mentalement possédée cette nuit ne verra pas le lever du soleil.

« Et, sans cette résolution irrévocable, où aurais-je trouvé l'audace de pénétrer ici et d'avoir des pensées de bonheur ? Comment aurais-je osé vous regarder et vous parler comme je l'ai fait, même pendant votre sommeil ! Ce ne sera pas assez de tout mon sang pour payer la destinée qui m'a vendu de pareils instants.

« Il faut que vous sachiez tout, Valentine. J'étais venu pour assassiner votre mari. Quand j'ai vu qu'il m'échappait, j'ai résolu de vous tuer avec moi. N'ayez point peur ; quand vous lirez ceci, mon cœur aura cessé de battre ; mais cette nuit, Valentine, au moment où vous m'avez appelé dans vos bras, un pistolet armé était levé sur votre tête.

« Et puis je n'ai pas eu le courage, je ne l'aurais pas. Si je pouvais vous tuer du même coup que moi, ce serait déjà fait ; mais il faudrait vous voir souffrir, voir votre sang couler, votre âme se débattre contre la mort, et ce spectacle ne durât-il qu'une seconde, cette seconde résumerait à elle seule plus de douleurs qu'il n'y en a eu dans toute ma vie.

« Vivez donc, et que votre mari vive aussi! la vie que je lui accorde est encore plus que le respect qui vient de m'enchaîner, mourant de désirs, au pied de votre lit. Il m'en coûte plus pour renoncer à satisfaire ma haine qu'il ne m'en a coûté pour vaincre mon amour; c'est que sa mort vous déshonorerait peut-être. Témoigner ainsi ma jalousie au monde, c'était peut-être lui avouer votre amour autant que le mien; car vous m'aimez, Valentine, vous me l'avez dit tout à l'heure malgré vous. Et hier soir, au bout de la prairie, quand vous pleuriez dans mon sein, n'était-ce pas aussi de l'amour? Ah! ne vous éveillez pas, laissez-moi emporter cette pensée dans le tombeau!

« Mon suicide ne vous compromettra pas; vous seule saurez pour qui je meurs. Le scalpel du chirurgien ne trouvera pas votre nom écrit au fond de mon cœur, mais vous saurez que ses dernières palpitations étaient pour vous.

« Adieu, Valentine; adieu, le premier, le seul amour de ma vie! Bien d'autres vous aimeront; qui ne le ferait? mais une seule fois vous aurez été aimée comme vous devez l'être. L'âme que vous avez remplie devait retourner au sein de Dieu, afin de ne pas dégénérer sur la terre.

« Après moi, Valentine, quelle sera votre vie? Hélas! je l'ignore. Sans doute vous vous soumettrez à votre sort, mon souvenir s'émoussera; vous tolérerez peut-être tout ce qui vous semble odieux aujourd'hui, il le faudra bien... Ô Valentine! si j'épargne votre mari, c'est pour que vous ne me maudissiez pas, c'est pour que Dieu ne m'exile pas du ciel, où votre place est marquée. Dieu, protégez-moi! Valentine, priez pour moi!

« Adieu... Je viens de m'approcher de vous, vous dormez, vous êtes calme. Oh! si vous saviez comme vous êtes belle! oh! jamais, jamais une poitrine d'homme ne renfermera sans se briser tout l'amour que j'avais pour vous!

« Si l'âme n'est pas un vain souffle que le vent disperse, la mienne habitera toujours près de vous.

« Le soir, quand vous irez au bout de la prairie, pensez à moi si la brise soulève vos cheveux; et si, dans ses froides caresses, vous sentez courir tout à coup une haleine embrasée; la nuit dans vos songes, si un baiser mystérieux vous effleure, souvenez-vous de Bénédict. »

Il plia ce papier et le mit sur le guéridon, à la place de ses pistolets, que Catherine avait presque touchés sans les voir; il les désarma, les prit sur lui, se pencha vers Valentine, la regarda encore avec enthousiasme, déposa un baiser, le premier et le dernier, sur ses lèvres; puis il s'élança vers la fenêtre, et, avec le courage d'un homme qui n'a rien à risquer, il descendit au péril de sa vie. Il pouvait tomber de trente pieds de haut, ou bien recevoir un coup de fusil, comme un voleur; mais que lui importait! La seule crainte de compromettre Valentine l'engageait à prendre des précautions pour n'éveiller personne. Le désespoir lui donna des forces surnaturelles; car, pour ceux qui regarderaient aujourd'hui de sang-froid la distance des croisées du rez-de-chaussée à celles du premier étage, au château de Raimbault, la nudité du mur et l'absence de tout point d'appui, une pareille entreprise semblerait fabuleuse.

Il atteignit pourtant le sol sans éveiller personne, et gagna la campagne par-dessus les murs.

Les premières lueurs du matin blanchissaient l'horizon.

## XXIV.

Valentine, plus fatiguée d'un semblable sommeil qu'elle ne l'eût été d'une insomnie, s'éveilla fort tard. Le soleil était haut et chaud dans le ciel, des myriades d'insectes bourdonnaient dans ses rayons. Longtemps plongée dans ce mol engourdissement qui suit le réveil, Valentine ne cherchait point encore à recueillir ses idées; elle écoutait vaguement les mille bruits de l'air et des champs. Elle ne souffrait point parce qu'elle avait oublié bien des choses et qu'elle en ignorait plus encore.

Elle se souleva pour prendre un verre d'eau sur le guéridon, et trouva la lettre de Bénédict; elle la retourna dans ses doigts lentement et sans avoir la conscience de ce qu'elle faisait. Enfin elle y jeta les yeux, et, en reconnaissant l'écriture, elle tressaillit et l'ouvrit d'une main convulsive. Le rideau venait de tomber : elle voyait à nu toute sa vie.

Aux cris déchirants qui lui échappèrent, Catherine accourut; elle avait la figure renversée : Valentine comprit sur-le-champ la vérité.

— Parle! s'écria-t-elle, où est Bénédict? qu'est devenu Bénédict?

Et voyant le trouble et la consternation de sa nourrice, elle dit en joignant les mains :

— Ô mon Dieu! c'est donc bien vrai, tout est fini!

— Hélas! Mademoiselle, comment donc le savez-vous? dit Catherine en s'asseyant sur le lit; qui donc a pu entrer ici? j'avais la clef dans ma poche. Est-ce que vous avez entendu? Mais mademoiselle Beaujon me l'a dit si bas, dans la crainte de vous éveiller... Je savais bien que cette nouvelle vous ferait du mal.

— Ah! il s'agit bien de moi! s'écria Valentine avec impatience en se levant brusquement. Parlez donc! qu'est devenu Bénédict?

Effrayée de cette véhémence, la nourrice baissa la tête et n'osa répondre.

— Il est mort, je le sais! dit Valentine en retombant sur son lit, pâle et suffoquée; mais depuis quand?

— Hélas! dit la nourrice, on ne sait; le malheureux jeune homme a été trouvé au bout de la prairie, ce matin, au petit jour. Il était couché dans un fossé et couvert de sang. Les métayers de la Croix-Bleue, en s'en allant chercher leurs bœufs au pâturage, l'ont ramassé, et tout de suite on l'a porté dans sa maison; il avait la tête fracassée d'un coup de pistolet, et le pistolet était encore dans sa main. La justice s'y est transportée sur-le-champ. Ah! mon Dieu! quel malheur! Qu'est-ce qui a pu causer tant de chagrin à ce jeune homme? On ne dira pas que c'est la misère qui l'ait ruiné; M. Lhéry l'aimait comme son fils; et madame Lhéry, que va-t-elle dire? Ce sera une désolation.

Valentine n'écoutait plus, elle était tombée sur son lit, roide et froide. En vain Catherine essaya de la réveiller par ses cris et ses caresses; il semblait qu'elle fût morte. La bonne nourrice, en voulant ouvrir ses mains contractées, y trouva une lettre froissée. Elle ne savait pas lire, mais elle avait l'instinct du cœur qui avertit des dangers de la personne qu'on aime; elle lui retira cette lettre et la cacha avec soin avant d'appeler du secours.

Bientôt la chambre de Valentine fut pleine de monde; mais tous les efforts furent vains pour la ranimer. Un médecin qu'on fit venir promptement lui trouva une congestion cérébrale très-grave, et parvint, à force de saignées, à rappeler la circulation; mais les convulsions succédèrent à cet état d'accablement, et pendant huit jours Valentine fut entre la vie et la mort.

La nourrice se garda bien de dire la cause de cette funeste émotion; elle n'en parla qu'au médecin sous le sceau du secret, et voici comment elle fut conduite à comprendre qu'il y avait dans tous ces événements une liaison qu'il était nécessaire de ne faire saisir à personne. En voyant Valentine un peu mieux, après la saignée, le jour même de l'événement, elle se mit à réfléchir à la manière surnaturelle dont sa jeune maîtresse en avait été informée. Cette lettre qu'elle avait trouvée dans sa main lui rappela le billet qu'on l'avait chargée de lui remettre la veille, avant le mariage, et qui lui avait été confié par la vieille gouvernante de Bénédict. Étant descendue un instant à l'office, elle entendit le domestique commenter la cause du suicide, et se dire tout bas que, dans la soirée précédente, une querelle avait eu lieu entre Pierre Blutty et Bénédict, au sujet de mademoiselle de Raimbault. On ajoutait que Bénédict vivait encore, et que le même médecin qui soignait dans ce moment Valentine, ayant pansé le blessé dans la matinée, avait refusé de se prononcer positivement sur sa situation. Une balle avait fracassé le front et était ressortie au-dessus de l'oreille; cette blessure-là, quoique grave, n'était peut-être point mortelle; mais on ignorait de combien de balles était chargé le pistolet. Il se pouvait qu'il y en eût une seconde logée dans l'intérieur du crâne, et, en ce cas, le répit qu'éprouvait en ce moment le moribond ne pouvait servir qu'à prolonger ses souffrances.

Aux yeux de Catherine, il devait donc être prouvé que cette catastrophe et les chagrins qui l'avaient précédée avaient une influence directe sur l'état effrayant de Valentine. Cette bonne femme s'imagina qu'un rayon d'espérance, si faible qu'il fût, devait produire plus d'effet sur son mal que tous les secours de la médecine. Elle courut à la chaumière de Bénédict, qui n'était qu'à une demi-lieue du château, et s'assura par elle-même qu'il y avait encore chez cet infortuné un souffle de vie. Beaucoup de voisins, attirés par la curiosité plus que par l'intérêt, encombraient sa porte; mais le médecin avait ordonné qu'on laissât entrer peu de monde, et M. Lhéry, qui était installé au chevet du mourant, ne reçut Catherine qu'après beaucoup de difficultés. Madame Lhéry ignorait encore cette triste nouvelle; elle était allée faire *le retour de noces* de sa fille à la ferme de Pierre Blutty.

Catherine, après avoir examiné le malade et recueilli l'opinion de Lhéry, s'en retourna aussi peu fixée qu'auparavant sur les véritables suites de la blessure, mais complétement éclairée sur les causes du suicide. Par une circonstance particulière, au moment où elle sortait de cette maison, elle tressaillit en jetant les yeux sur une chaise où l'on avait déposé les vêtements ensanglantés de Bénédict. Comme il arrive toujours que nos regards s'arrêtent, en dépit de nous, sur un objet d'effroi ou de dégoût, ceux de Catherine ne purent se détacher de cette chaise, et y découvrirent un mouchoir de soie des Indes, horriblement taché de sang. Aussitôt elle reconnut le foulard qu'elle avait mis elle-même autour du cou de Valentine en la voyant sortir dans la soirée qui précéda le mariage, et qu'elle avait perdu dans sa promenade au bout de la prairie. Ce fut un trait de lumière irrécusable; elle choisit donc un moment où l'on ne faisait point attention à elle pour s'emparer de ce mouchoir, qui eût pu compromettre Valentine, et pour le cacher dans sa poche.

De retour au château, elle se hâta de le serrer dans sa chambre et ne songea plus à s'en occuper. Elle essaya, dans les rares instants où elle se trouva seule avec Valentine, de lui faire comprendre que Bénédict pouvait être sauvé; mais ce fut en vain. Les facultés morales semblaient complétement épuisées chez Valentine; elle ne soulevait même plus ses paupières pour reconnaître la personne qui lui parlait. S'il lui restait une pensée, c'était la satisfaction de se voir mourir.

Huit jours s'étaient ainsi passés. Il y eut alors un mieux sensible; Valentine parut retrouver la mémoire, et se soulagea par d'abondantes larmes. Mais comme on ne put jamais lui faire dire le motif de cette douleur, on pensa qu'il y avait encore de l'égarement dans son cerveau. La nourrice seule guettait un instant favorable pour parler; mais M. de Lansac, étant à la veille de partir, se *faisait un devoir* de ne plus quitter l'appartement de sa femme.

M. de Lansac venait de recevoir sa nomination à la place de premier secrétaire d'ambassade (jusque-là il n'avait été que le second), et en même temps l'ordre de rejoindre aussitôt son chef, et de partir, avec ou sans sa femme, pour la Russie.

Il n'était jamais entré dans les dispositions sincères de M. de Lansac d'emmener sa femme en pays étranger. Dans le temps où il avait le plus fasciné Valentine, elle lui avait demandé s'il l'emmènerait en *mission*; et, pour ne pas lui sembler au-dessous de ce qu'il affectait d'être, il lui avait répondu que son vœu le plus ardent était de ne jamais se séparer d'elle. Mais il s'était bien promis d'user de son adresse, et, s'il le fallait, de son autorité, pour préserver sa vie nomade des embarras domestiques. Cette coïncidence d'une maladie qui n'était plus sans espoir,

mais qui menaçait d'être longue, avec la nécessité pour lui de partir immédiatement, était donc favorable aux intérêts et aux goûts de M. de Lansac. Quoique madame de Raimbault fût une personne fort habile en matière d'intérêts pécuniaires, elle s'était laissé complétement circonvenir par l'habileté bien supérieure de son gendre. Le contrat, après les discussions les plus dégoûtantes pour le fond, les plus délicates pour la forme, avait été dressé tout à l'avantage de M. de Lansac. Il avait usé, dans la plus grande extension possible, de l'élasticité des lois pour se rendre maître de la fortune de sa femme, et il avait fait consentir les *parties contractantes* à donner des espérances considérables à ses créanciers sur la terre de Raimbault. Ces légères particularités de sa conduite avaient bien failli rompre le mariage; mais il avait su, en flattant toutes les ambitions de la comtesse, s'emparer d'elle mieux qu'auparavant. Quant à Valentine, elle ignorait tellement les affaires, et sentait une telle répugnance à s'en occuper, qu'elle souscrivit, sans y rien comprendre, à tout ce qui fut exigé d'elle.

M. de Lansac, voyant ses dettes pour ainsi dire payées, partit donc sans beaucoup regretter sa femme, et, se frottant les mains, il se vanta intérieurement d'avoir mené à bien une délicate et excellente affaire. Cet ordre de départ arrivait on ne peut plus à propos pour le délivrer du rôle difficile qu'il jouait à Raimbault depuis son mariage. Devinant pent-être qu'une inclination contrariée causait le chagrin et la maladie de Valentine, et, dans tous les cas, se sentant fort offensé des sentiments qu'elle lui témoignait, il n'avait cependant aucun droit jusque-là de montrer son dépit. Sous les yeux de ces deux mères, qui faisaient un grand étalage de leur tendresse et de leur inquiétude, il n'osait point laisser percer l'ennui et l'impatience qui le dévoraient. Sa situation était donc extrêmement pénible, au lieu qu'en faisant une absence indéfinie, il se soustrayait en outre aux désagréments qui devaient résulter de la vente forcée des terres de Raimbault; car le principal de ses créanciers réclamait impérieusement ses fonds, qui se montaient à environ cinq cent mille francs; et bientôt cette belle propriété, que madame de Raimbault avait mis tant d'orgueil à compléter, devait, à son grand déplaisir, être démembrée et réduite à de chétives dimensions.

En même temps M. de Lansac se débarrassait des pleurs et des caprices d'une nouvelle épousée. « En mon absence, se disait-il, elle pourra s'habituer à l'idée d'avoir aliéné sa liberté. Son caractère calme et retiré s'accommodera de cette vie tranquille et obscure où je la laisse; ou si quelque amour romanesque trouble son repos, eh bien! elle aura le temps de s'en guérir ou de s'en lasser avant mon retour. »

M. de Lansac était un homme sans préjugés, aux yeux de qui toute sentimentalité, tout raisonnement, toute conviction, se rapportaient à ce mot puissant qui gouverne l'univers : l'argent.

Madame de Raimbault avait d'autres propriétés en diverses provinces, et des procès partout. Les procès étaient l'occupation majeure de sa vie; elle prétendait qu'ils la minaient de fatigues et d'agitations, mais sans eux elle fût morte d'ennui. C'était, depuis la perte de ses grandeurs, le seul aliment qu'eussent son activité et son amour de l'intrigue; elle y épanchait aussi toute la bile que les contrariétés de sa situation amassaient en elle. Dans ce moment, elle en avait un fort important, en Sologne, contre les habitants d'un bourg qui lui disputaient une vaste étendue de bruyères. La cause allait être plaidée, et la comtesse brûlait d'être là pour stimuler son avocat, influencer ses juges, menacer ses adversaires, se livrer enfin à toute cette activité fébrile qui est le vrai rongeur des âmes longtemps nourries d'ambition. Sans la maladie de Valentine, elle serait partie, comme elle se l'était promis, le lendemain du mariage, pour aller s'occuper de cette affaire; maintenant, voyant sa fille hors de danger, et n'ayant plus qu'une courte absence à faire, elle se décida à partir avec son gendre, qui prenait la route de Paris, et qui lui fit ses adieux à mi-chemin, sur le lieu de la contestation.

Valentine restait seule pour plusieurs jours, avec sa grand'mère et sa nourrice, au château de Raimbault.

## XXV.

Une nuit, Bénédict, accablé jusque-là par des souffrances atroces, qui ne lui avaient pas laissé retrouver une pensée, s'éveilla plus calme, et fit un effort pour se rappeler sa situation. Sa tête était empaquetée au point qu'une partie de son visage était privée d'air. Il fit un mouvement pour soulever ces obstacles et retrouver la première faculté qui s'éveille en nous, le besoin de voir, avant celui même de penser. Aussitôt une main légère détacha les épingles, dénoua un bandeau, et l'aida à se satisfaire. Il regardait cette femme pâle qui se penchait sur lui, et, à la lueur vacillante d'une veilleuse, il distingua un profil noble et pur, qui avait de la ressemblance avec celui de Valentine. Il crut avoir une vision, et sa main chercha celle du fantôme. Le fantôme saisit la sienne et y colla ses lèvres.

— Qui êtes-vous? dit Bénédict en frissonnant.

— Vous me le demandez? lui répondit la voix de Louise.

Cette bonne Louise avait tout quitté pour venir soigner son ami. Elle était là jour et nuit, souffrant à peine que madame Lhéry la relayât pendant quelques heures dans la matinée, se dévouant au triste emploi d'infirmière auprès d'un moribond presque sans espoir de salut. Pourtant, grâce aux admirables soins de Louise et à sa propre jeunesse, Bénédict échappa à une mort presque certaine, et un jour il trouva assez de force pour la remercier et lui reprocher en même temps de lui avoir conservé la vie.

— Mon ami, lui dit Louise, effrayée de l'abattement moral qu'elle trouvait en lui, si je vous rappelle cruellement à cette existence que mon affection ne saurait embellir, c'est par dévouement pour Valentine.

Bénédict tressaillit.

— C'est, continua Louise, pour conserver la sienne, qui, en ce moment, est au moins aussi menacée que la vôtre.

— Menacée! pourquoi? s'écria Bénédict.

— En apprenant votre folie et votre crime, Bénédict, Valentine, qui sans doute avait pour vous une tendre amitié, est tombée subitement malade. Un rayon d'espoir pourrait la sauver peut-être; mais elle ignore que vous vivez et que vous pouvez nous être rendu.

— Qu'elle l'ignore donc toujours! dit Bénédict, et puisque le mal est fait, puisque le coup est porté, laissez-la en mourir avec moi.

En parlant ainsi, Bénédict arracha les bandages de sa blessure, et l'eût rouverte sans les efforts de Louise, qui lutta courageusement avec lui, et tomba épuisée d'énergie, et abreuvée de douleur après l'avoir sauvé de lui-même.

Une autre fois, il sembla sortir d'une profonde léthargie, et saisissant la main de Louise avec force :

— Pourquoi êtes-vous ici? lui dit-il; votre sœur est mourante, et ce n'est pas moi que s'adressent vos soins!

Subjuguée par un mouvement de passion et d'enthousiasme Louise, oubliant tout, s'écria :

— Et si je vous aimais plus encore que Valentine?

— En ce cas vous êtes maudite, répondit Bénédict en la repoussant d'un air égaré; car vous préférez le chaos à la lumière, le démon à l'archange. Vous êtes une misérable folle! Sortez d'ici! Ne suis-je pas assez malheureux, sans que vous veniez me navrer l'âme de vos malheurs?

Louise, atterrée, cacha sa figure dans les rideaux et en enveloppa sa tête pour étouffer ses sanglots. Bénédict se mit à pleurer aussi, et ces larmes le calmèrent.

Un instant après il la rappela.

— Je crois que je vous ai parlé durement tout à l'heure, lui dit-il; il faut pardonner quelque chose au délire de la fièvre.

Louise ne répondit qu'en baisant la main qu'il lui tendait. Bénédict eut besoin de tout le peu de force morale qu'il avait reconquise pour supporter sans humeur ce témoignage d'amour et de soumission. Explique qui pourra cette bizarrerie; la présence de Louise, au lieu de le consoler, lui était désagréable; ses soins l'irritaient. Là reconnaissance luttait chez lui avec l'impatience et le mécontentement. Recevoir de Louise tous ces services, toutes ces marques de dévouement, c'était comme un reproche, comme une critique amère de son amour pour une autre. Plus cet amour lui était funeste, plus il s'offensait des efforts qu'on faisait pour l'en dissuader, il s'y cramponnait comme on fait avec orgueil aux choses désespérées. Et puis, s'il avait eu, dans son bonheur, l'âme assez large pour accorder de l'intérêt et de la compassion à Louise, il ne l'avait plus dans son désespoir. Il trouvait que ses propres maux étaient assez lourds à porter, et cette espèce d'appel fait par l'amour de Louise à sa générosité lui semblait la plus égoïste et la plus inopportune des exigences. Ces injustices étaient inexcusables peut-être, et cependant les forces de l'homme sont-elles bien toujours proportionnées à ses maux? C'est une consolante promesse évangélique; mais qui tiendra la balance, et qui sera le juge? Dieu nous rend-il ses comptes? daigne-t-il mesurer la coupe après que nous l'avons vidée?

La comtesse était absente depuis deux jours, lorsque Bénédict eut son plus terrible redoublement de fièvre. Il fallut l'attacher dans son lit. C'est encore une cruelle tyrannie que celle de l'amitié; souvent elle nous impose une existence pire que la mort, et emploie la force arbitraire pour nous attacher au pilori de la vie.

Enfin Louise, ayant demandé à être seule avec lui, le calma en lui répétant avec patience le nom de Valentine.

— Eh bien! dit tout d'un coup Bénédict en se dressant avec force et comme frappé de surprise, où est-elle?

— Bénédict, répondit-elle, elle est comme vous aux portes du tombeau. Voulez-vous, par une mort furieuse, empoisonner ses derniers instants?

— Elle va mourir! dit-il avec un sourire affreux. Ah! Dieu est bon! nous serons donc unis!

— Et si elle vivait? lui dit Louise, si elle vous ordonnait de vivre! et, pour prix de votre soumission, elle vous rendait son amitié?

— Son amitié! dit Bénédict avec un rire dédaigneux, qu'en ferais-je? N'avez-vous pas la mienne? qu'en retirez-vous?

— Oh! vous êtes bien cruel, Bénédict! s'écria Louise avec douleur; mais pour vous sauver que ne ferais-je pas! Eh bien! dites-moi, si Valentine vous aimait, si je l'avais vue, si j'avais recueilli dans son délire des aveux que vous n'avez jamais osé espérer?

— Je les ai reçus moi-même! répondit Bénédict avec le calme apparent dont l'entourait souvent ses plus violentes émotions. Je sais que Valentine m'aime comme j'avais aspiré à être aimé. Me raillerez-vous maintenant?

— A Dieu ne plaise! répondit Louise stupéfaite.

Louise s'était introduite la nuit précédente auprès de Valentine. Il lui avait été facile de prévenir et de gagner la nourrice, qui lui était dévouée, et qui l'avait vue avec joie au chevet de sa sœur. C'est alors qu'elles avaient réussi à faire comprendre à cette infortunée que Bénédict n'était pas mort. D'abord elle avait témoigné sa joie par d'énergiques caresses à ces deux personnes amies; puis elle était retombée dans un état d'abattement complet, et, à l'approche du jour, Louise avait été forcée de se retirer sans pouvoir obtenir d'elle un regard ou un mot.

Elle apprit le lendemain que Valentine était mieux, et passa la nuit entière auprès de Bénédict, qui était plus mal; mais la nuit suivante, ayant appris que Valentine avait eu un redoublement, elle quitta Bénédict au milieu de son paroxysme, et se rendit auprès de sa sœur. Partagée entre ces deux malades, la triste et courageuse Louise s'oubliait elle-même.

Elle trouva le médecin auprès de Valentine. Celle-ci était calme et dormait lorsqu'elle entra. Alors, prenant le docteur à part, elle crut de son devoir de lui ouvrir son cœur, et de confier à sa délicatesse les secrets de ces deux amants, pour le mettre à même d'essayer sur eux un traitement moral plus efficace.

« Vous avez fort bien fait, répondit le médecin, de me

confier cette histoire, mais il n'en était pas besoin ; je l'aurais devinée, quand même on ne vous eût pas prévenue. Je comprends fort bien vos scrupules dans la situation délicate où les préjugés et les usages vous rejettent ; mais moi, qui m'applique plus positivement à obtenir des résultats physiques, je me charge de calmer ces deux cœurs égarés, et de guérir l'un par l'autre.

En ce moment Valentine ouvrit les yeux et reconnut sa sœur. Après l'avoir embrassée, elle lui demanda à voix basse des nouvelles de Bénédict. Alors le médecin prit la parole :

— Madame, lui dit-il, c'est moi qui puis vous en donner, puisque c'est moi qui l'ai soigné et qui ai eu le bonheur jusqu'ici de prolonger sa vie. L'ami qui vous inquiète, et qui a des droits à l'intérêt de toute âme noble et généreuse comme la vôtre, est maintenant physiquement hors de danger. Mais le moral est loin d'une aussi rapide guérison, et vous seule pouvez l'opérer.

— O mon Dieu ! dit la pâle Valentine en joignant les mains et en attachant sur le médecin ce regard triste et profond que donne la maladie.

— Oui, Madame, reprit-il, un ordre de votre bouche, une parole de consolation et de force, peuvent seuls fermer cette blessure ; elle le serait sans l'affreuse obstination du malade à en arracher l'appareil aussitôt que la cicatrice se forme. Notre jeune ami est atteint d'un profond découragement, Madame, et ce n'est pas moi qui ai des secrets assez puissants pour la douleur morale. J'ai besoin de votre aide, voudrez-vous me l'accorder ?

En parlant ainsi, le bon vieux médecin de campagne, obscur savant, qui avait maintes fois dans sa vie étanché du sang et des larmes, prit la main de Valentine avec une affectueuse douceur qui n'était pas sans un mélange d'antique galanterie, et la baisa méthodiquement, après en avoir compté les pulsations.

Valentine, trop faible pour bien comprendre ce qu'elle entendait, le regardait avec une surprise naïve et un triste sourire.

— Eh bien ! ma chère enfant, dit le vieillard, voulez-vous être mon aide-major et venir mettre la dernière main à cette cure ?

Valentine ne répondit que par un signe d'avidité ingénue.

— Demain ? reprit-il.

— Oh ! tout de suite ! répondit-elle d'une voix faible et pénétrante.

— Tout de suite, ma pauvre enfant ? dit le médecin en souriant. Eh ! voyez donc ces flambeaux ! il est deux heures du matin ; vous voulez me promettre d'être sage et de bien dormir, et de ne pas reprendre la fièvre d'ici à demain, nous irons dans la matinée faire une promenade dans le bois de Vavray. Il y a de ce côté-là une petite maison où vous porterez l'espoir et la vie.

Valentine pressa à son tour la main du vieux médecin, se laissa médicamenter avec la docilité d'un enfant, passa son bras autour du cou de Louise, et s'endormit sur son sein d'un sommeil paisible.

— Y pensez-vous, monsieur Faure ? dit Louise en la voyant assoupie. Comment voulez-vous qu'elle ait la force de sortir, elle qui était encore à l'agonie il y a quelques heures ?

— Elle l'aura, comptez-y, répondit M. Faure. Ces affections nerveuses n'affaiblissent le corps qu'aux heures de la crise. Celle-ci est si évidemment liée à des causes morales, qu'une révolution favorable dans les idées doit en amener une équivalente dans la maladie. Plusieurs fois, depuis l'invasion du mal, j'ai vu madame de Lansac passer d'une prostration effrayante à une surabondance d'énergie à laquelle j'eusse voulu donner un aliment. Il existe des symptômes de la même affection chez Bénédict ; ces deux personnes sont nécessaires l'une à l'autre...

— Oh ! monsieur Faure ! dit Louise, n'allons-nous pas commettre une grande imprudence ?

— Je ne le crois pas ; les passions dangereuses pour la vie des individus comme pour celle des sociétés sont les passions que l'on irrite et que l'on exaspère. N'ai-je

pas été jeune ? n'ai-je pas été amoureux à en perdre l'esprit ? N'ai-je pas guéri ? ne suis-je pas devenu vieux ? Allez, le temps et l'expérience marchent pour tous. Laissez guérir ces pauvres enfants ; après qu'ils auront trouvé la force de vivre, ils trouveront celle de se séparer. Mais, croyez-moi, hâtons le paroxysme de la passion ; elle éclaterait sans nous d'une manière peut-être plus terrible ; en la sanctionnant de notre présence, nous la calmerons un peu.

— Oh ! pour lui, pour elle, je ferai tous les sacrifices ! répondit Louise ; mais que dira-t-on de nous, monsieur Faure ? Quel rôle coupable allons-nous jouer ?

— Si votre conscience ne vous le reproche pas, qu'avez-vous à craindre des hommes ? Ne vous ont-ils pas fait le mal qu'ils pouvaient vous faire ? Leur devez-vous beaucoup de reconnaissance pour l'indulgence et la charité que vous avez trouvées en ce monde ?

Le sourire malin et affectueux du vieillard fit rougir Louise. Elle se chargea d'éloigner de chez Bénédict tout témoin indiscret, et le lendemain Valentine, M. Faure et la nourrice, s'étant fait promener environ une heure en calèche dans le bois de Vavray, mirent pied à terre dans un endroit sombre et solitaire, où ils dirent à l'équipage de les attendre. Valentine, appuyée sur le bras de sa nourrice, s'enfonça dans un des chemins tortueux qui descendent vers le ravin ; et M. Faure, prenant les devants, alla s'assurer par lui-même qu'il n'y avait personne de trop à la maison de Bénédict. Louise avait, sous différents prétextes, renvoyé tout le monde ; elle était seule avec son malade endormi. Le médecin lui avait défendu de le prévenir, dans la crainte que l'impatience ne lui fût trop pénible et n'augmentât son irritation.

Quand Valentine approcha du seuil de cette chaumière, elle fut saisie d'un tremblement convulsif ; mais M. Faure, venant à elle, lui dit :

— Allons, Madame, il est temps d'avoir du courage et d'en donner à ceux qui en manquent ; songez que la vie de mon malade est dans vos mains.

Valentine, réprimant aussitôt son émotion avec cette force de l'âme qui devrait détruire toutes les convictions du matérialisme, pénétra dans cette chambre grise et sombre, où gisait le malade entre ses quatre rideaux de serge verte.

Louise voulait conduire sa sœur vers Bénédict, mais M. Faure lui prenant la main :

— Nous sommes de trop ici, ma belle curieuse ; allons admirer les légumes du jardin. Et vous, Catherine, dit-il à la nourrice, installez-vous sur ce banc, au seuil de la maison, et, si quelqu'un paraissait sur le sentier, frappez des mains pour nous avertir.

Il entraîna Louise, dont les angoisses furent inexprimables durant cet entretien. Nous ne saurions affirmer si une involontaire et poignante jalousie n'entrait pas pour beaucoup dans le déplaisir de sa situation et dans les reproches qu'elle se faisait à elle-même.

## XXVI.

Au léger bruit que firent les anneaux du rideau en glissant sur la tringle rouillée, Bénédict se souleva à demi éveillé et murmura le nom de Valentine. Il venait de la voir dans ses rêves ; mais quand il la vit réellement devant lui, il fit un cri de joie que Louise entendit du fond du jardin, et qui la pénétra de douleur.

— Valentine, dit-il, est-ce votre ombre qui vient m'appeler ? Je suis prêt à vous suivre.

Valentine se laissa tomber sur une chaise.

— C'est moi qui viens vous ordonner de vivre, lui répondit-elle, ou vous prier de me tuer avec vous.

— Je l'aimerais mieux ainsi, dit Bénédict.

— O mon ami ! Valentine, le suicide est un acte impie ; sans cela, nous serions réunis dans la tombe. Mais Dieu le défend ; il nous maudirait, il nous punirait par une éternelle séparation. Acceptons la vie, quelle

Louise jetait mélancoliquement des feuilles dans le courant. (Page 28.)

qu'elle soit; n'avez-vous pas en vous une pensée qui devrait vous donner du courage?

Laquelle, Valentine? dites-la.

— Mon amitié n'est-elle pas?...

— Votre amitié? c'est beaucoup plus que je ne mérite, Madame; aussi je me sens indigne d'y répondre, et je n'en veux pas. Ah! Valentine, vous devriez dormir toujours; mais la femme la plus pure redevient hypocrite en s'éveillant. Votre amitié!

— Oh! vous êtes égoïste, vous ne vous souciez pas de mes remords!

— Madame, je les respecte; c'est pour cela que je veux mourir. Qu'êtes-vous venue faire ici? Il fallait abjurer toute religion, tout scrupule, et venir à moi pour me dire : « Vis, et je t'aimerai; » ou bien il fallait rester chez vous, m'oublier et me laisser périr. Vous ai-je rien demandé? ai-je voulu empoisonner votre vie? Me suis-je fait un jeu de votre bonheur, de vos principes? Ai-je imploré votre pitié, seulement? Tenez, Valentine, cette compassion que vous me témoignez, ce sentiment d'humanité qui vous amène ici, cette amitié que vous m'offrez, tout cela, ce sont de vains mots qui m'eussent

trompé il y a un mois, lorsque j'étais un enfant et qu'un regard de vous me faisait vivre tout un jour. A présent, j'ai trop vécu, j'ai trop appris les passions pour m'aveugler. Je n'essaierai plus une lutte inutile et folle contre ma destinée. Vous devez me résister, je le sais; vous le ferez, je n'en doute pas. Vous me jetterez parfois une parole d'encouragement et de pitié pour m'aider à souffrir, et encore vous vous la reprocherez comme un crime, et il faudra qu'un prêtre vous en absolve pour que vous vous la pardonniez. Votre vie sera troublée et gâtée par moi; votre âme, sereine et pure jusqu'ici, sera désormais orageuse comme la mienne! A Dieu ne plaise! Et moi, en dépit de ces sacrifices qui vous sembleront grands, je me trouverai le plus misérable des hommes! Non, non, Valentine, ne nous abusons pas. Il faut que je meure. Telle que vous êtes, vous ne pouvez pas m'aimer sans remords et sans tourments; je ne veux point d'un bonheur qui vous coûterait si cher. Loin de vous accuser, c'est pour votre vertu, pour votre force que je vous aime avec tant d'ardeur et d'enthousiasme. Restez donc telle que vous êtes; ne descendez pas au-dessous de vous-même pour arriver jusqu'à moi. Vivez, et méritez

Bénédict n'était pas absolument dépourvu de beauté. (Page 28.)

le ciel. Moi, dont l'âme est au néant, j'y veux retourner. Adieu, Valentine; vous êtes venue me dire adieu, vous je en remercie.

Ce discours dont Valentine ne sentit que trop toute la force, la jeta dans le désespoir. Elle ne sut rien trouver pour y répondre, et se jeta la face contre le lit en pleurant avec une profonde amertume. Le plus grand charme de Valentine était une franchise d'impressions qui ne cherchait jamais à abuser ni elle-même ni les autres.

Sa douleur fit plus d'effet sur Bénédict que tout ce qu'elle eût pu dire : en voyant ce cœur si noble et si droit se briser à l'idée de le perdre, il s'accusa lui-même. Il saisit les mains de Valentine, elle pencha son front vers les siennes et les arrosa de larmes. Alors il fut comme inondé de joie, de force et de repentir.

— Pardon, Valentine, s'écria-t-il, je suis un lâche et un misérable, moi qui vous fais pleurer ainsi. Non, non! je ne mérite pas ces regrets et cet amour; mais Dieu m'est témoin que je m'en rendrai digne! Ne m'accordez rien, ne me promettez rien; ordonnez seulement, et j'obéirai. Oh! oui, c'est mon devoir; plutôt que de vous coûter une de ces larmes, je dois vivre, fussé-je

malheureux! Mais avec le souvenir de ce que vous avez fait pour moi aujourd'hui, je ne le serai pas, Valentine. Je jure que je supporterai tout, que je ne me plaindrai jamais, que je ne chercherai point à vous imposer des sacrifices et des combats. Dites-moi seulement que vous me plaindrez quelquefois dans le secret de votre cœur; dites que vous aimerez Bénédict en silence et dans le sein de Dieu... Mais non, ne me dites rien, ne m'avez-vous pas tout dit? Ne vois-je pas bien que je suis ingrat et stupide d'exiger plus que ces pleurs et ce silence!

N'est-ce pas une étrange chose que le langage de l'amour? et, pour un spectateur froid, quelle inexplicable contradiction que ce serment de stoïcisme et de vertu, scellé par des baisers de feu, à l'ombre d'épais rideaux sur un lit d'amour et de souffrance! Si l'on pouvait ressusciter le premier homme à qui Dieu donna une compagne avec un lit de mousse et la solitude des bois, en vain peut-être chercherions-nous dans cette âme primitive la puissance d'aimer. De combien de grandeur et de poésie le trouverions-nous ignorant! Et que dirions-nous si nous découvrions qu'il est inférieur à l'homme dégénéré de la civilisation? si ce corps athlétique ne renfermait qu'une âme sans passion et sans vigueur? Mais non, l'homme n'a pas changé; et sa force s'exerce contre d'autres obstacles; voilà tout. Autrefois il domptait les ours et les tigres, aujourd'hui il lutte contre la société pleine d'erreurs et d'ignorance. Là est sa vigueur, son audace, et peut-être sa gloire. A la puissance physique a succédé la puissance morale. A mesure que le système musculaire s'énervait chez les générations, l'esprit humain grandissait en énergie.

La guérison de Valentine fut prompte; celle de Bénédict plus lente, mais miraculeuse néanmoins pour ceux qui n'en surent point le secret. Madame de Raimbault ayant gagné son procès, succès dont elle s'attribua tout l'honneur, revint passer quelques jours auprès de Valentine. Elle ne se fut pas plus tôt assurée de sa guérison qu'elle repartit pour Paris. En se sentant débarrassée des devoirs de la maternité, il lui sembla qu'elle rajeunissait de vingt ans. Valentine, désormais libre et souveraine dans son château de Raimbault, resta donc seule avec sa grand'mère, qui n'était pas, comme on sait, un mentor incommode.

Ce fut alors que Valentine désira se rapprocher réellement de sa sœur. Il ne fallait que l'assentiment de M. de Lansac; car la marquise reverrait certainement avec joie sa petite-fille. Mais jamais M. de Lansac ne s'était prononcé assez franchement à cet égard pour inspirer de la confiance à Louise, et Valentine commençait aussi à douter beaucoup de la sincérité de son mari.

Néanmoins elle voulait à tout risque lui offrir un asile dans sa maison, et lui témoigner ostensiblement sa tendresse, comme une espèce de réparation de tout ce qu'elle avait souffert de la part de sa famille; mais Louise refusa positivement.

— Non, chère Valentine, lui dit-elle, je ne souffrirai jamais que pour moi tu t'exposes à déplaire à ton mari. Ma fierté souffrirait de l'idée que je suis dans une maison d'où l'on pourrait me chasser. Il vaut mieux que nous vivions ainsi. Nous avons désormais la liberté de nous voir, que nous faut-il de plus? D'ailleurs, je ne pourrais m'établir pour longtemps à Raimbault. L'éducation de mon fils est loin d'être finie, et il faut que je reste à Paris pour la surveiller encore quelques années. Là nous nous verrons avec plus de liberté encore; mais que cette amitié reste entre nous un doux mystère. Le monde te blâmerait certainement de m'avoir tendu la main; ta mère te maudirait presque. Ce sont là des maîtres injustes qu'il faut craindre, et dont les lois ne seraient pas impunément bravées en face. Restons ainsi; Bénédict a encore besoin de mes soins. Dans un mois au plus il faudra que je parte; en attendant, je tâcherai de te voir tous les jours.

En effet, elles eurent de fréquentes entrevues. Il y avait dans le parc un joli pavillon où M. de Lansac avait demeuré durant son séjour à Raimbault; Valentine le fit arranger pour s'en servir comme de cabinet d'étude. Elle y fit transporter des livres et son chevalet; elle y passait une partie de ses journées, et, le soir, Louise venait l'y trouver et causer pendant quelques heures avec elle. Malgré ses précautions, l'*identité* de Louise était désormais bien constatée dans le pays, et le bruit avait fini par en venir aux oreilles de la vieille marquise. D'abord, elle en avait éprouvé un sentiment de joie aussi vif qu'il lui était possible de le ressentir, et s'était promis de faire venir sa petite-fille pour l'embrasser, car Louise avait été longtemps ce que la marquise aimait le mieux dans le monde; mais la demoiselle de compagnie, qui était une personne prudente et posée, et qui dominait entièrement sa maîtresse, lui avait fait comprendre que madame de Raimbault finirait par apprendre cette démarche et qu'elle pourrait s'en venger.

— Mais qu'ai-je à craindre d'elle, à présent? avait répondu la marquise. Ma pension ne doit-elle pas être désormais *servie* par Valentine? Ne suis-je pas chez Valentine? Et si Valentine voit sa sœur en secret, comme on l'assure, ne serait-elle pas heureuse de me voir partager ses intentions?

— Madame de Lansac, répondit la vieille suivante, dé-pend de son mari, et vous savez bien que M. de Lansac et vous, n'êtes pas toujours fort bien ensemble. Prenez garde, madame la marquise, de compromettre par une étourderie l'existence de vos vieux jours. Votre petite-fille n'est pas très-empressée de vous voir, puisqu'elle ne vous a point fait part de son arrivée dans le pays; madame de Lansac elle-même n'a pas jugé à propos de vous confier ce secret. Mon avis est donc que vous fassiez comme vous avez fait jusqu'ici, c'est-à-dire que vous ayez l'air de ne rien voir du danger où les autres s'exposent, et que vous tâchiez de maintenir votre tranquillité à tout prix.

Ce conseil avait dans le caractère même de la marquise un trop puissant auxiliaire pour être méconnu; elle ferma donc les yeux sur ce qui se passait autour d'elle, et les choses en restèrent à ce point.

Athénaïs avait été d'abord fort cruelle pour Pierre Blutty, et pourtant elle avait vu avec un certain plaisir l'obstination de celui-ci à combattre ses dédains. Un homme comme M. de Lansac se fût retiré piqué dès le premier refus; mais Pierre Blutty avait sa diplomatie qui en valait bien une autre. Il voyait son ardeur à mériter le pardon de sa femme, son humilité à l'implorer, et le bruit un peu ridicule qu'il faisait devant trente témoins de son martyre, flattaient la vanité de la jeune fermière. Quand ses amis le quittèrent le soir de ses noces, quoiqu'il ne fût pas encore rentré en grâce en apparence, un sourire significatif qu'il échangea avec eux leur fit comprendre qu'il n'était pas aussi désespéré qu'il voulait bien le paraître. En effet, laissant Athénaïs barricader la porte de sa chambre, il imagina de grimper par la fenêtre. Il serait difficile de n'être pas touchée de la résolution d'un homme qui s'expose à se casser le cou pour vous obtenir, et le lendemain, à l'heure où l'on apporta, au milieu du repas, la nouvelle de la mort de Bénédict à la ferme de Pierre Blutty, Athénaïs avait une main dans celle de son mari, et chaque regard énergique du fermier couvrait de rougeur les belles joues de la fermière.

Mais le récit de cette catastrophe réveilla l'orage assoupi. Athénaïs jeta des cris perçants, il fallut l'emporter de la salle. Le lendemain, dès qu'elle eut appris que Bénédict n'était point mort, elle voulut aller le voir. Blutty comprit que ce n'était pas le moment de la contrarier, d'autant plus que son père et sa mère lui donnaient l'exemple et couraient auprès du moribond. Il pensa qu'il ferait bien d'y aller lui-même, et de montrer ainsi à sa nouvelle famille qu'il était disposé à déférer à leurs intentions. Cette marque de soumission ne pouvait pas compromettre sa fierté auprès de Bénédict, puisque celui-ci était hors d'état de le reconnaître.

Il accompagna donc Athénaïs, et quoique son intérêt ne fût pas fort sincère, il se conduisit assez convenablement pour mériter de sa part une mention honorable. Le soir, malgré la résistance de sa fille, qui voulait passer la nuit auprès du malade, madame Lhéry lui ordonna de se mettre en route avec son mari. Tête à tête dans la carriole, les deux époux se boudèrent d'abord, et puis Pierre Blutty changea de tactique. Au lieu de paraître choqué des pleurs que sa femme donnait au cousin, il se mit à déplorer avec elle le malheur de Bénédict et à faire l'oraison funèbre du mourant. Athénaïs ne s'attendait point à tant de générosité; elle tendit la main à son mari, et se rapprochant de lui:

— Pierre, lui dit-elle, vous avez un bon cœur; je tâcherai de vous aimer comme vous le méritez.

Quand Blutty vit que Bénédict ne mourait point, il souffrit un peu plus des visites de sa femme à la chaumière du ravin, cependant il n'en témoigna rien; mais quand Bénédict fut assez fort pour se lever et marcher, il sentit sa haine pour lui se réveiller, et il jugea qu'il était temps d'user de son autorité. Il mit *dans son droit*, comme disent les paysans avec tant de finesse, lorsqu'ils peuvent mettre l'appui des lois au-dessus de la conscience. Bénédict n'avait pas besoin des soins de sa cousine, et l'intérêt qu'elle lui marquait ne pouvait plus que le compromettre. En déduisant ces raisons à sa femme, Blutty mit dans son regard et dans sa voix quelque chose d'énergique qu'elle ne connaissait pas encore, et qui lui fit comprendre admirablement que le moment était venu d'obéir.

Elle fut triste pendant quelques jours, et puis elle en prit son parti; car si Pierre Blutty commençait à faire le mari à certains égards, sous tous les autres il était demeuré amant passionné; et cela fut un exemple de la différence du préjugé dans les diverses classes de la société. Un homme de qualité et un bourgeois se fussent trouvés également compromis par l'amour de leur femme pour un autre. Ce fait avéré, ils n'eussent pas recherché Athénaïs en mariage, l'opinion les eut flétris; eussent-ils été trompés, le ridicule les eût poursuivis. Tout au contraire, la manière savante et hardie dont Blutty conduisit toute cette affaire lui fit le plus grand honneur parmi ses pareils.

— Voyez Pierre Blutty, se disaient-ils lorsqu'ils voulaient citer un homme de résolution. Il a épousé une petite femme bien coquette, bien revêche, qui ne se cachait guère d'en aimer un autre, et qui, le jour de ses noces, a fait un scandale pour se séparer de lui. Eh bien, il ne s'est pas rebuté; il est venu à bout, non-seulement de se faire obéir, mais de se faire aimer. C'est là un garçon qui s'y entend. Il n'y a pas de danger qu'on se moque de lui.

Et, à l'exemple de Pierre Blutty, chaque garçon du pays se promettait bien de ne jamais prendre au sérieux les premières rigueurs d'une femme.

## XXVII.

Valentine avait fait plus d'une visite à la maisonnette du ravin: d'abord sa présence avait calmé l'irritation de Bénédict; mais dès qu'il eut repris ses forces, comme elle cessa de le voir, son amour, à lui, redevint âpre et cuisant; sa situation lui sembla insupportable; il fallut que Louise consentît à le mener quelquefois le soir avec elle au pavillon du parc. Dominée entièrement par lui, la faible Louise éprouvait de profonds remords, et ne savait comment excuser son imprudence aux yeux de Valentine. De son côté, celle-ci s'abandonnait à des dangers dont elle n'était pas trop fâchée de voir sa sœur complice. Elle se laissait emporter par sa destinée, sans vouloir regarder en avant, et puisait dans l'imprévoyance de Louise des excuses pour sa propre faiblesse.

Valentine n'était point née passionnée, mais la fatalité semblait se plaire à la jeter dans une situation d'exception, et à l'entourer de périls au-dessus de ses forces. L'amour a causé beaucoup de suicides, mais il est douteux que beaucoup de femmes aient vu à leurs pieds l'homme qui s'était brûlé la cervelle pour elles. Pût-on ressusciter les morts, sans doute la générosité féminine accorderait beaucoup de pardons à des dévouements si énergiques; et si rien n'est plus douloureux au cœur d'une femme que le suicide de son amant, rien peut-être aussi n'est plus flatteur pour cette secrète vanité qui trouve sa place dans toutes les passions humaines. C'était pourtant là la situation de Valentine. Le front de Bénédict, encore sillonné d'une large cicatrice, était toujours devant ses yeux comme le sceau d'un terrible serment dont elle ne pouvait révoquer la sincérité. Ces refus de nous croire, ces railleuses méfiances dont elles se servent toutes contre nous pour se dispenser de nous plaindre et de nous consoler, Valentine ne pouvait s'en servir contre Bénédict. Il avait fait ses preuves; ce n'était point là une de ces vagues menaces dont on abuse tant auprès des femmes. Quoique la plaie large et profonde fût fermée, Bénédict en porterait toute sa vie le stigmate indélébile. Vingt fois, durant sa maladie, il avait essayé de la rouvrir, il en avait arraché l'appareil et cruellement élargi les bords. Une si ferme volonté de mourir n'avait-ce pas été fléchie que par Valentine elle-même; c'était par son ordre, par ses prières, qu'il y avait renoncé. Mais Valentine avait-elle bien compris à quel point elle se liait envers lui en exigeant ce sacrifice?

Bénédict ne pouvait se le dissimuler; loin d'elle, il faisait mille projets hardis, il s'obstinait dans ses espérances

nouvelles; il se disait que Valentine n'avait plus le droit de lui rien refuser; mais dès qu'il se retrouvait sous l'empire de ses regards si purs, de ses manières si nobles et si douces, il s'arrêtait subjugué et se tenait bien heureux des plus faibles marques d'amitié.

Cependant les dangers de leurs situations allaient croissant. Pour donner le change à leurs sentiments, ils se témoignaient une amitié intime; c'était une imprudence de plus, car la rigide Valentine elle-même ne pouvait pas s'y tromper. Afin de rendre leurs entrevues plus calmes, Louise, qui se mettait à la torture pour imaginer quelque chose, imagina de faire de la musique. Elle accompagnait un peu, et Bénédict chantait admirablement. Cela compléta les périls dont ils s'environnaient. La musique peut paraître un art d'agrément, un futile et innocent plaisir pour les esprits calmes et rassis; pour les âmes passionnées, c'est la source de toute poésie, le langage de toute passion forte. C'est bien ainsi que Bénédict l'entendait; il savait que la voix humaine, modulée avec âme, est la plus rapide, la plus énergique expression des sentiments, qu'elle arrive à l'intelligence d'autrui avec plus de puissance que lorsqu'elle est refroidie par les développements de la parole. Sous la forme de mélodie, la pensée est grande, poétique et belle.

Valentine, récemment éprouvée par une maladie de nerfs très-violente, était encore en proie, à de certaines heures, à une sorte d'exaltation fébrile. Ces heures-là, Bénédict les passait auprès d'elle, et il chantait. Valentine avait le frisson, tout son sang affluait à son cœur et à son cerveau; elle passait d'une chaleur dévorante à un froid mortel. Elle tenait son cœur sous ses mains pour l'empêcher de briser ses parois, tant il palpitait avec fougue, à de certains sons partis de la poitrine et de l'âme de Bénédict. Lorsqu'il chantait, il était beau, malgré ou plutôt à cause de la mutilation de son front. Il aimait Valentine avec passion, et il le lui avait bien prouvé. N'était-ce pas de quoi l'embellir un peu? Et puis ses yeux avaient un éclat prestigieux. Dans l'obscurité, lorsqu'il était au piano, elle les voyait scintiller comme deux étoiles. Quand elle regardait, au milieu des lueurs vagues du crépuscule, ce front large et blanc que rehaussait la profusion de ses cheveux noirs, cet œil de feu et ce long visage pâle dont les traits s'effaçant dans l'ombre, prenaient mille aspects singuliers, Valentine avait peur; il lui semblait voir en lui le spectre sanglant de l'homme qui l'avait aimée; et s'il chantait, d'une voix creuse et lugubre, quelque souvenir du Roméo de Zingarelli, elle se sentait si émue de frayeur et de superstition, qu'elle se pressait, en frissonnant, contre sa sœur.

Ces scènes de passion muette et comprimée se passaient dans le pavillon du jardin, où elle avait fait porter son piano, et où, insensiblement, Louise et Bénédict vinrent passer toutes les soirées avec elle. Pour que Bénédict ne pût deviner les émotions violentes qui la dominaient, Valentine avait coutume, pendant les soirées d'été, de demeurer sans lumière. Bénédict chantait de mémoire, ensuite on faisait quelques tours de promenade dans le parc, ou bien l'on causait auprès d'une fenêtre où l'on respirait la bonne odeur des feuilles mouillées après une pluie d'orage, ou bien encore on allait voir la lune du haut de la colline. Cette vie eût été délicieuse si elle avait pu durer; mais Valentine sentait bien, à ses remords, qu'elle durait déjà depuis trop longtemps.

Louise ne les quittait pas un instant; cette surveillance sur Valentine lui semblait un devoir, et pourtant ce devoir lui devenait souvent à charge, car elle s'apercevait qu'elle y portait une jalousie toute personnelle, et alors elle éprouvait toutes les tortures d'une âme noble en lutte avec des sentiments étroits.

Un soir où Bénédict lui parut plus animé que de coutume, ses regards enflammés, l'expression de sa voix, en s'adressant à Valentine, lui firent tant de mal qu'elle se retira, découragée de son rôle et de ses chagrins. Elle alla rêver seule dans le parc. Une terrible palpitation s'empara de Bénédict lorsqu'il se vit seul avec Valentine. Elle essaya de lui parler de choses générales, sa voix tremblait. Effrayée d'elle-même, elle garda le silence quelques instants, puis elle le pria de chanter ; mais sa voix opéra sur ses nerfs une action plus violente encore, et elle sortit, le laissant seul au piano. Bénédict en eut du dépit, et il continua de chanter. Cependant Valentine s'était assise sous les arbres de la terrasse, à quelques pas de la fenêtre entr'ouverte. La voix de Bénédict lui arrivait ainsi plus suave et plus caressante parmi les feuilles émues, sur la brise odorante du soir. Tout était parfum et mélodie autour d'elle. Elle cacha sa tête dans ses mains, et, livrée à une des plus fortes séductions que la femme ait jamais bravées, elle laissa couler ses larmes. Bénédict cessa de chanter, et elle s'en aperçut à peine, tant elle était sous le charme. Il s'approcha de la fenêtre et la vit. Le salon n'était qu'au rez-de-chaussée ; il sauta sur l'herbe et s'assit à ses pieds. Comme elle ne lui parlait pas, il craignit qu'elle ne fût malade et osa écarter doucement ses mains. Alors il vit ses larmes, et laissa échapper un cri de surprise et de triomphe. Valentine, accablée de honte, voulut cacher son front dans le sein de son amant. Comment se fit-il que leurs lèvres se rencontrèrent? Valentine voulut se défendre ; Bénédict n'eut pas la force d'obéir. Avant que Louise fût auprès d'eux, ils avaient échangé vingt serments d'amour, vingt baisers dévorants. Louise, où étiez-vous donc ?

## XXVIII.

Dès ce moment, le péril devint imminent. Bénédict se sentit si heureux qu'il en devint fier, et se mit à mépriser le danger. Il prit sa destinée en dérision, et se dit qu'avec l'amour de Valentine il devait vaincre tous les obstacles. L'orgueil du triomphe le rendit audacieux ; il imposa silence à tous les scrupules de Louise. D'ailleurs il était affranchi de l'espèce de dépendance à laquelle les soins et le dévouement de celle-ci l'avaient soumis. Depuis qu'il était guéri complètement, Louise habitait la ferme, et le soir ils se rendaient auprès de Valentine, chacun de son côté. Il arriva plusieurs fois que Louise y vint bien après lui ; il arriva même que Louise ne put pas y venir, et que Bénédict passa de longues soirées seul avec Valentine. Le lendemain, lorsque Louise interrogeait sa sœur, il lui était facile de comprendre, à son trouble, la nature de l'entretien qu'elle avait eu avec son amant, car le secret de Valentine ne pouvait plus en être un pour Louise ; elle était trop intéressée à le pénétrer pour n'y avoir pas réussi depuis longtemps. Rien ne manquait plus à son malheur, et ce qui le complétait, c'est qu'elle se sentait incapable d'y apporter un prompt remède. Louise sentait que sa faiblesse perdait Valentine. N'eût-elle eu d'autre motif que son intérêt pour elle, elle n'eût pas hésité à l'éclairer sur les dangers de sa situation ; mais rongée de jalousie comme elle l'était, et conservant toute sa fierté d'âme, elle aimait mieux exposer le bonheur de Valentine que de s'abandonner à un sentiment dont elle rougissait. Il y avait de l'égoïsme dans ce désintéressement-là.

Elle se détermina à retourner à Paris pour mettre fin au supplice qu'elle endurait, sans avoir rien décidé pour sauver sa sœur. Elle résolut seulement de l'informer de son prochain départ, et un soir, au moment où Bénédict se retira, au lieu de sortir du parc avec lui, elle dit à Valentine qu'elle voulait lui parler un instant. Ces paroles donnèrent de l'ombrage à Bénédict ; il était toujours préoccupé de l'idée que Louise, tourmentée par ses remords, voulait lui nuire auprès de Valentine. Cette idée achevait de l'aigrir contre cette femme si généreuse et si dévouée, et lui faisait porter le poids de la reconnaissance avec humeur et parcimonie.

— Ma sœur, dit Louise à Valentine, le moment est arrivé où il faut que je te quitte. Je ne puis rester plus longtemps éloignée de mon fils. Tu n'as plus besoin de moi, je pars demain.

— Demain ! s'écria Valentine effrayée ; tu me quittes, tu me laisses seule, Louise ! Et que vais-je devenir ?

— N'es-tu pas guérie ? n'es-tu pas heureuse et libre, Valentine ? A quoi peut te servir désormais la pauvre Louise ?

— Ma sœur, ô ma sœur ! dit Valentine en l'enlaçant de ses bras ; vous ne me quitterez point ! Vous ne savez pas mes chagrins et les périls qui m'entourent. Si vous me quittez, je suis perdue.

Louise garda un triste silence ; elle se sentait une mortelle répugnance à écouter les aveux de Valentine, et pourtant elle n'osait les repousser. Valentine, le front couvert de honte, ne pouvait se résoudre à parler. Le silence froid et cruel de sa sœur la glaçait de crainte. Enfin, elle vainquit sa propre résistance, et lui dit d'une voix émue :

— Eh bien, Louise, ne voudras-tu pas rester auprès de moi, si je te dis que sans toi je suis perdue ?

Ce mot, deux fois répété, offrit à Louise un sens qui l'irrita malgré elle.

— Perdue ! reprit-elle avec amertume, vous êtes _perdue_, Valentine ?

— Oh! ma sœur ! dit Valentine blessée de l'empressement avec lequel Louise accueillait cette idée, Dieu m'à protégée jusqu'ici ; il m'est témoin que je ne me suis livrée volontairement à aucun sentiment, à aucune démarche contraire à mes devoirs.

Ce noble orgueil d'elle-même, auquel Valentine avait encore droit, acheva d'aigrir celle qui se livrait trop aveuglément peut-être à sa passion. Toujours facile à blesser, parce que sa vie passée était souillée d'une tache ineffaçable, elle éprouva comme un sentiment de haine pour la supériorité de Valentine. Un instant, l'amitié, la compassion, la générosité, tous les nobles sentiments s'éteignirent dans son cœur ; elle ne trouva pas de meilleure vengeance à exercer que d'humilier Valentine.

— Mais de quoi donc est-il question? lui dit-elle avec dureté. Quels dangers courez-vous? Je ne comprends pas de quoi vous me parlez.

Il y avait dans sa voix une sécheresse qui fit mal à Valentine ; jamais elle ne l'avait vue ainsi. Elle s'arrêta quelques instants pour la regarder avec surprise. A la lueur d'une pâle bougie qui brûlait sur le piano au fond de l'appartement, elle crut voir dans les traits de sa sœur une expression qu'elle ne leur connaissait pas. Ses sourcils étaient contractés, ses lèvres pâles et serrées ; son œil, terne et sévère, était impitoyablement attaché sur Valentine. Celle-ci, troublée, recula involontairement sa chaise, et, toute tremblante, chercha à s'expliquer la froideur dédaigneuse dont pour la première fois elle se sa vie elle se voyait l'objet. Mais elle eût tout imaginé plutôt que de deviner la vérité. Humble et pieuse, elle eut en ce moment tout l'héroïsme que l'esprit religieux donne aux femmes, et, se jetant aux pieds de sa sœur, elle cacha son visage baigné de larmes sur ses genoux.

— Vous avez raison de m'humilier ainsi, lui dit-elle ; je l'ai bien mérité, et quinze ans de vertu vous donnent le droit de réprimander ma jeunesse imprudente et vaine. Grondez-moi, méprisez-moi ; mais ayez compassion de mon repentir et de mes terreurs. Protégez-moi, Louise, sauvez-moi ; vous le pouvez, car vous savez tout !

— Laisse! s'écria Louise, bouleversée par cette conduite et ramenée tout à coup aux nobles sentiments qui faisaient le fond de son caractère, relève-toi, Valentine, ma sœur, mon enfant, ne reste pas ainsi à mes genoux. C'est moi qui devrais être aux tiens ; c'est moi qui suis méprisable et qui devrais te demander, ange du ciel, de me réconcilier avec Dieu ! Hélas ! Valentine, je ne sais que trop tes chagrins ; mais pourquoi me les confier, à moi, misérable, qui ne puis t'offrir aucune protection et qui n'ai pas le droit de te conseiller ?

— Tu peux me conseiller et me protéger, Louise, répondit Valentine en l'embrassant avec effusion. N'as-tu pas pour toi, l'expérience qui donne la raison et la force? Il faut que cet homme s'éloigne d'ici et il faut que je parte moi-même. Nous ne devons pas nous voir davantage ; car chaque jour le mal augmente, et le retour à Dieu devient plus difficile. Oh ! tout à l'heure je me vantais ! je sens que mon cœur est bien coupable.

Les larmes amères que répandait Valentine brisèrent le cœur de Louise.

— Hélas ! dit-elle, pâle et consternée, le mal est _donc_

aussi grand que je craignais! Vous aussi, vous voilà malheureuse à jamais!

— A jamais! dit Valentine épouvantée; avec la volonté de guérir et l'aide du ciel...

— On ne guérit pas! reprit Louise d'un ton sinistre, en mettant ses deux mains sur son cœur sombre et désolé.

Puis elle se leva, et, marchant avec agitation, elle s'arrêtait de temps en temps devant Valentine pour lui parler d'une voix entrecoupée.

— Pourquoi me demander des conseils, à moi? Qui suis-je pour consoler et pour guérir? Eh quoi! vous me demandez l'héroïsme qui terrasse les passions, et les vertus qui préservent la société, à moi! à moi malheureuse, que les passions ont flétrie, que la société a maudite et repoussée! Et où prendrais-je, pour vous le donner, ce qui n'est pas en moi? Adressez-vous aux femmes que le monde estime; adressez-vous à votre mère! Celle-là est irréprochable; nul n'a su positivement que mon amant ait été le sien. Elle avait tant de prudence! Et quand mon père, quand son époux a tué cet homme qui lui avait été parjure, elle a battu des mains; et le monde l'a vue triompher, tant elle avait de force et d'âme et de fierté! Voilà les femmes qui savent vaincre une passion ou la guérir!...

Valentine, épouvantée de ce qu'elle entendait, voulait interrompre sa sœur; mais celle-ci, en proie à une sorte de délire, continua :

— Les femmes comme moi succombent, et sont à jamais perdues! Les femmes comme vous, Valentine, doivent prier et combattre; elles doivent chercher leur force en elles-mêmes et ne pas la demander aux autres. Des conseils! des conseils! quels conseils vous donnerais-je que vous ne sachiez fort bien vous dicter? C'est la force de les suivre qu'il faut trouver. Vous me croyez donc plus forte que vous? Non, Valentine, je ne le suis pas. Vous savez bien quelle a été ma vie, avec quelles passions indomptables je suis née; vous savez bien où elles m'ont conduite!

— Tais-toi, Louise, s'écria Valentine en s'attachant à elle avec douleur, cesse de te calomnier ainsi. Quelle femme fut plus grande et plus forte que toi dans sa chute? Peut-on t'accuser éternellement d'une faute commise dans l'âge de l'ignorance et de la faiblesse? Hélas! vous étiez une enfant! et depuis vous avez été sublime, vous avez forcé l'estime de tout ce qui porte un cœur élevé. Vous voyez bien que vous savez ce que c'est que la vertu.

— Hélas! dit Louise, ne l'apprenez jamais au même prix; abandonnée à moi-même dès mon enfance, privée des secours de la religion et de la protection d'une mère, livrée à notre aïeule, cette femme si légère et si dépourvue de pudeur, je devais tomber de flétrissure en flétrissure! Oui, cela serait arrivé sans les sanglantes et terribles leçons que me donna le sort. Mon amant immolé par mon père; mon père lui-même, abreuvé de douleur et de honte par ma faute, cherchant et trouvant la mort quelques jours après sur un champ de bataille; moi, bannie, chassée honteusement du toit paternel, et réduite à traîner ma misère de ville en ville avec mon enfant mourant de faim dans mes bras! Ah! Valentine, c'est là une horrible destinée!

C'était la première fois que Louise parlait aussi hardiment de ses malheurs. Exaltée par la crise douloureuse où elle se trouvait, elle s'abandonnait à la triste satisfaction de se plaindre elle-même, et elle oubliait les chagrins de Valentine et l'appui qu'elle lui devait. Mais ces cris du remords et du désespoir produisirent plus d'effet que les plus éloquentes remontrances. En mettant sous les yeux de Valentine le tableau des malheurs où peuvent entraîner les passions, elle la frappa d'épouvante. Valentine se vit sur le bord de l'abîme où sa sœur était tombée.

— Vous avez raison, s'écria-t-elle, c'est une horrible destinée, et, pour la porter avec courage et vertu, il faut être vous; mon âme, plus faible, s'y perdrait. Mais, Louise, aidez-moi à avoir du courage, aidez-moi à éloigner Bénédict.

Comme elle prononçait ce nom, un faible bruit lui fit tourner la tête. Toutes deux jetèrent un cri perçant en voyant Bénédict debout, derrière elles, comme une pâle apparition.

— Vous avez prononcé mon nom, Madame, dit-il à Valentine avec ce calme profond qui donnait souvent le change sur ses impressions réelles.

Valentine s'efforça de sourire. Louise ne partagea pas son erreur.

— Où étiez-vous donc, lui dit-elle, pour avoir si bien entendu?

— J'étais fort près d'ici, Mademoiselle, répondit Bénédict avec un regard double.

— Cela est au moins fort étrange, dit Valentine d'un ton sévère. Ma sœur vous avait dit, ce me semble, qu'elle voulait me parler en particulier, et vous êtes resté assez près de nous pour nous écouter, sans doute?

Bénédict n'avait jamais vu Valentine irritée contre lui; il en fut étourdi un instant, et faillit renoncer à son hardi projet. Mais comme c'était pour lui une crise décisive, il paya d'audace, et, conservant dans son regard et dans son attitude cette fermeté grave qui lui donnait tant de puissance sur l'esprit des autres :

— Il est fort inutile de dissimuler, dit-il; j'étais assis derrière ce rideau, et je n'ai rien perdu de votre entretien. J'aurais pu en entendre davantage et me retirer, sans être aperçu, par la même fenêtre qui m'avait donné entrée. Mais j'étais si intéressé dans le sujet de votre discussion...

Il s'arrêta en voyant Valentine devenir plus pâle que sa collerette et tomber sur un fauteuil d'un air consterné. Il eut envie de se jeter à ses pieds, de pleurer sur ses mains; mais il sentait trop la nécessité de dominer l'agitation de ces deux femmes à force de sang-froid et de fermeté.

— J'étais si intéressé dans votre discussion, reprit-il, que j'ai cru rentrer dans mon droit en venant y prendre part. Si j'ai tort, l'avenir en décidera. En attendant, tâchons d'être plus forts que notre destinée. Louise, vous ne sauriez rougir de ce que vous avez dit devant moi; vous ne pouvez oublier que vous vous êtes souvent accusée ainsi à moi-même, et je serais tenté de croire qu'il y a de la coquetterie dans votre vertueuse humilité, tant vous savez bien quel doit en être l'effet sur ceux qui, comme moi, vous vénèrent pour les épreuves que vous avez subies.

En parlant ainsi, il prit la main de Louise, qui était penchée sur sa sœur et la tenait embrassée; puis il l'attira doucement d'un air affectueux vers un siége plus éloigné; et quand il l'y eut assise, il porta cette main à ses lèvres avec tendresse, et aussitôt, s'emparant du siége dont il l'avait arrachée, et se plaçant entre elle et Valentine, il lui tourna le dos et ne s'occupa plus d'elle.

— Valentine! dit-il alors d'une voix pleine et grave.

C'était la première fois qu'il osait l'appeler par son nom en présence d'un tiers. Valentine tressaillit, écarta ses mains dont elle se cachait le visage, et laissa tomber sur lui un regard froid et offensé. Mais il répéta son nom avec une douceur pleine d'autorité, et tant d'amour brillait dans ses yeux que Valentine se cacha de nouveau le visage pour ne pas le voir.

— Valentine, reprit-il, n'essayez pas avec moi ces feintes puériles qu'on dit être la grande défense de votre sexe; nous ne pouvons plus nous tromper l'un l'autre. Voyez cette cicatrice! je l'emporterai dans la tombe! C'est le sceau et le symbole de mon amour pour vous. Vous ne pouvez pas croire que j'y consente à vous perdre, c'est une erreur trop naïve pour que vous l'admettiez; Valentine, vous n'y songez pas.

Il prit ses mains dans les siennes. Subjuguée par son air de résolution, elle les lui abandonna et le regarda d'un air effrayé.

— Ne me cachez pas vos traits, lui dit-il, et ne craignez pas de me voir en face de vous ne spectre que vous avez retiré du tombeau! Vous l'avez voulu, Madame! si je suis devant vous aujourd'hui comme un objet de terreur et d'aversion, Valentine, écoute, ma Valentine, ma toute-puissante maîtresse, je t'aime trop pour te contrarier; dis un mot, et je retourne au linceul dont tu m'as retiré.

En même temps, il tira un pistolet de sa poche, et le lui montrant :

— Vois-tu, lui dit-il, c'est le même, absolument le même ; ses braves services ne l'ont point endommagé ; c'est un ami fidèle et toujours à tes ordres. Parle, chasse-moi, il est toujours prêt... Oh ! rassurez-vous, s'écria-t-il d'un ton railleur, en voyant ces deux femmes, pâles d'effroi, se reculer en criant ; ne craignez pas que je commette l'inconvenance de me tuer sous vos yeux ; je sais trop les égards qu'on doit aux nerfs des femmes.

— C'est une scène horrible ! s'écria Louise avec angoisse ; vous voulez faire mourir Valentine.

— Tout à l'heure, Mademoiselle, vous me réprimanderez, répondit-il d'un air haut et sec ; à présent je parle à Valentine, et je n'ai pas fini.

Il désarma son pistolet et le mit dans sa poche.

— Voyez-vous, Madame, dit-il à Valentine, c'est absolument à cause de vous que je vis, non pour votre plaisir, mais pour le mien. Mon plaisir est et sera toujours bien modeste. Je ne demande rien que vous ne puissiez accorder sans remords à la plus pure amitié. Consultez votre mémoire et votre conscience ; l'avez-vous trouvé bien audacieux et bien dangereux, ce Bénédict qui n'a au monde qu'une passion ? Cette passion, c'est vous. Vous ne pouvez pas espérer qu'il en ait jamais une autre, lui qui est déjà vieux de cœur et d'expérience pour tout le reste ! lui qui vous a aimée, n'aimera jamais une autre femme ; car enfin, ce n'est pas une brute, ce Bénédict que vous voulez chasser ! Eh quoi ! vous m'aimez assez pour me craindre, et vous me méprisez assez pour espérer me soumettre à vous perdre ? Oh ! quelle folie ! Non, non ! je ne vous perdrai pas tant que j'aurai un souffle de vie, j'en jure par le ciel et par l'enfer ! je vous verrai, je serai votre ami, votre frère, ou que Dieu me damne ♦i...

— Par pitié, laissez-nous, dit Valentine, pâle et suffoquée, en lui pressant les mains d'une manière convulsive ; je ferai ce que vous voudrez, je perdrai mon âme à jamais, s'il le faut, pour sauver votre vie...

— Non, vous ne perdrez pas votre âme, répondit-il, vous nous sauverez tous deux. Croyez-vous donc que je ne puisse pas aussi mériter le ciel et tenir un serment ? Hélas ! avant vous je croyais à peine en Dieu ; mais j'ai adopté tous vos principes, toutes vos croyances. Je suis prêt à jurer par celui de vos anges que vous me nommerez. Laissez-moi vivre, Valentine ; que vous importe ? Je ne repousse pas la mort ; imposée par vous, cette fois, elle me serait plus douce que la première. Mais, par pitié, Valentine, ne me condamnez pas au néant !... Vous froncez le sourcil à ce mot. Eh ! tu sais bien que je crois au ciel avec toi ; mais le ciel sans toi, c'est le néant. Le ciel n'est pas où tu n'es pas ; j'en suis si certain que, si tu me condamnes à mourir, je te tuerai peut-être aussi afin de ne pas te perdre. J'ai déjà eu cette idée... Il s'en est fallu de peu qu'elle ne dominât toutes les autres !... Mais, crois-moi, vivons encore quelques jours ici-bas. Hélas ! ne sommes-nous pas heureux ? En quoi donc sommes-nous coupables ? Tu ne me quitteras pas, dis ?... Tu ne m'ordonneras pas de mourir, c'est impossible ; car tu m'aimes, et tu sais bien que l'amour, ton honneur, tes principes me sont sacrés. Est-ce que vous me croyez capable d'en abuser, Louise ? dit-il en se tournant brusquement vers elle. Vous faisiez tout à l'heure une horrible peinture des maux où la passion nous entraîne ; je proteste que j'ai foi en moi-même, et que si j'eusse été aimé de vous jadis, je n'aurais point flétri et empoisonné votre vie. Non, Louise, non, Valentine, tous les hommes ne sont pas des lâches...

Bénédict parla encore longtemps, tantôt avec force et passion, tantôt avec une froide ironie, tantôt avec douceur et tendresse. Après avoir épouvanté ces deux femmes et les avoir subjuguées par la crainte, il vint à bout de les dominer par l'attendrissement. Il sut si bien s'emparer d'elles, qu'en les quittant il avait obtenu toutes les promesses qu'elles se seraient crues incapables d'accorder une heure auparavant.

## XXIX.

Voici quel fut le résultat de leurs conventions.

Louise partit pour Paris, et revint quinze jours après avec son fils. Elle força madame Lhéry à traiter avec elle pour une pension qu'elle voulait lui payer chaque mois. Bénédict et Valentine se chargèrent tour à tour de l'éducation de Valentin, et continuèrent à se voir presque tous les jours après le coucher du soleil.

Valentin était un garçon de quinze ans, grand, mince et blond. Il ressemblait à Valentine ; il avait comme elle un caractère égal et facile. Ses grands yeux bleus avaient déjà cette expression de douceur caressante qui charmait en elle ; son sourire avait la même fraîcheur, la même bonté. Il ne l'eut pas plus tôt vue, qu'il se prit d'affection pour elle au point que sa mère en fut jalouse.

On régla ainsi l'emploi de son temps : il allait passer dans la matinée deux heures avec sa tante, qui cultivait en lui les arts d'agrément. Le reste du jour, il le passait à la maisonnette du ravin. Bénédict avait fait d'assez bonnes études pour remplacer avantageusement ses professeurs. Il avait pour ainsi dire forcé Louise à lui confier l'éducation de cet enfant ; il s'était senti le courage et la volonté ferme de s'en charger et de lui consacrer plusieurs années de sa vie. C'était une manière de s'acquitter envers elle, et sa conscience embrassait cette tâche avec ardeur. Mais quand il eut vu Valentin, la ressemblance de ses traits et de son caractère avec Valentine, et jusqu'à la similitude de son nom, lui firent concevoir pour lui une affection dont il ne se serait pas cru capable. Il l'adopta dans son cœur, et pour lui épargner les longues courses qu'il était forcé de faire chaque jour, il obtint que sa mère le laissât habiter avec lui. Il lui fallut bien souffrir alors que, sous prétexte de rendre l'habitation commode à son nouvel occupant, Valentine et Louise y fissent faire quelques embellissements. Par leurs soins, la maison du ravin devint en peu de jours une retraite délicieuse pour un homme frugal et poétique comme l'était Bénédict ; le pavé humide et malsain fit place à un plancher élevé de plusieurs pieds au-dessus de l'ancien sol. Les murs furent recouverts d'une étoffe sombre et fort commune, mais élégamment plissée en forme de tente pour cacher les poutres du plafond. Des meubles simples, mais propres, des livres choisis, quelques gravures, et de jolis tableaux peints par Valentine, furent apportés du château, et achevèrent de créer comme par magie un élégant cabinet de travail sous le toit de chaume de Bénédict. Valentine fit présent à son neveu d'un joli poney du pays pour venir chaque matin déjeuner et travailler avec elle. Le jardinier du château vint arranger le petit jardin de la chaumière ; il cacha les légumes prosaïques derrière des haies de pampres ; il sema de fleurs le tapis de verdure qui s'arrondissait devant la porte de la maison, il fit courir des guirlandes de liseron de de houblon sur le chaume rembruni de la toiture ; il couronna la porte d'un dais de chèvrefeuille et de clématite : il élagua un peu les houx et les buis du ravin, et ouvrit quelques percées d'un aspect sauvage et pittoresque. En homme intelligent, que la science de l'horticulture n'avait pas abruti, il respecta les longues fougères qui s'accrochaient aux rochers ; il nettoya le ruisseau sans lui ôter ses pierres moussues et ses marges de bruyères empourprées, enfin il embellit considérablement cette demeure. Les libéralités de Bénédict et les bontés de Valentine fermèrent la bouche à tout commentaire insolent. Qui pouvait en mal aimer Valentine ? Dans les premiers jours, l'arrivée de Valentin, ce témoignage vivant du déshonneur de sa mère, fit un peu jaser le village et les serviteurs du château. Quelque porté qu'on soit à la bienveillance, on ne renonce pas aisément à une occasion si favorable de blâmer et de médire. Alors on fit attention à tout ; on remarqua les fréquentes visites de Bénédict au château, le genre de vie mystérieux et retiré de madame de Lansac. Quelques vieilles femmes qui, du reste, détestaient cordialement madame de Raimbault, firent observer à leurs voisines, avec un soupir et un clignement d'œil piteux, que les habitudes étaient déjà bien changées au château depuis le départ de la comtesse, et que tout ce qui s'y passait ne lui conviendrait guère si elle pouvait s'en douter. Mais les commérages furent tout à coup arrêtés par l'invasion d'une épidémie dans le pays. Valentine, Louise et Bénédict prodiguèrent leurs soins, s'exposèrent courageusement aux dangers de la contagion, fournirent avec générosité à toutes les dépenses, prévinrent tous les besoins du pauvre, éclairèrent l'ignorance du riche. Bénédict avait étudié un peu en médecine ; avec une saignée et quelques ordonnances rationnelles, il sauva beaucoup de malades. Les tendres soins de Louise et de Valentine adoucirent les dernières souffrances des autres ou calmèrent la douleur des survivants. Quand l'épidémie fut passée, personne ne se souvint des cas de conscience qui s'étaient élevés à propos de ce jeune et beau garçon transplanté dans le pays. Tout ce que firent Valentine, Bénédict ou Louise, fut déclaré inattaquable ; et si quelque habitant d'une ville voisine eût osé tenir un propos équivoque sur leur compte, il n'était pas un paysan à trois lieues à la ronde qui ne le lui eût fait payer cher. Le passant curieux et désœuvré était mal venu lui-même à faire dans les cabarets de village quelques questions trop indiscrètes sur le compte de ces trois personnes.

Ce qui compléta leur sécurité, c'est que Valentine n'avait gardé à son service aucun de ces valets nés dans la livrée, peuple insolent, ingrat et bas, qui salit tout ce qu'il regarde, et dont la comtesse de Raimbault aimait à s'entourer, pour avoir apparemment des esclaves à tyranniser. Après son mariage, Valentine avait renouvelé sa maison ; elle ne l'avait composée que de ces bons serviteurs à demi villageois qui font un bail pour entrer au service d'un maître, le servent avec gravité, avec lenteur, avec *complaisance*, si l'on peut parler ainsi ; qui répondent : *Je veux bien*, ou : *Il y a moyen*, à ses ordres, l'impatientent et le désespèrent souvent ; cassent ses porcelaines, ne lui volent pas un sou, mais par maladresse et lourdeur font un horrible dégât dans une maison élégante ; gens insupportables, mais excellents, qui rappellent toutes les vertus de l'âge patriarcal ; qui, dans leur solide bon sens et leur heureuse ignorance, n'ont pas l'idée de cette rapide et servile soumission de la domesticité selon nos usages ; qui obéissent sans se presser, mais avec respect ; gens précieux, qui ont encore la foi de leur devoir, parce que leur devoir est une convention franche et raisonnée ; gens robustes, qui rendraient des coups de cravache à un dandy ; qui ne font rien que par amitié ; qu'on ne peut s'empêcher ni d'aimer ni de maudire ; qu'on souhaite, cent fois par jour, voir à tous les diables, mais qu'on ne se décide jamais à mettre à la porte.

La vieille marquise eût pu être une sorte d'obstacle aux projets de nos trois amis. Valentine s'apprêtait à lui en faire la confidence et à la disposer en sa faveur. Mais, à cette époque, elle faillit succomber à une attaque d'apoplexie. Son raisonnement et sa mémoire en reçurent une si vive atteinte, qu'il ne fallut pas espérer lui faire comprendre ce dont il s'agissait. Elle cessa d'être active et robuste ; elle se renferma presque entièrement dans sa chambre, et se livra avec sa gouvernante aux pratiques d'une dévotion puérile. La religion, dont elle s'était fait un jeu toute sa vie, lui devint un amusement nécessaire, et sa mémoire usée ne s'exerça plus qu'à réciter des patenôtres. Il n'y avait donc plus qu'une personne qui eût pu nuire à Valentine ; c'était cette demoiselle de compagnie. Mais mademoiselle Beaujon (c'était son nom) ne demandait qu'une chose au monde, c'était de rester auprès de sa maîtresse, et de la circonvenir de manière à accaparer tous les legs que lui serait en son pouvoir de lui faire. Valentine, tout en la surveillant de manière à ce qu'elle n'abusât jamais de l'empire qu'elle avait sur l'esprit de la marquise, s'étant assurée qu'elle méritait par son zèle et ses soins toutes les récompenses qu'elle pourrait en obtenir, lui témoigna une confiance dont elle fut reconnaissante. Madame de Raimbault, à demi instruite par la voix publique (car rien ne peut rester absolument secret, si bien qu'on s'y prenne), lui écrivit pour savoir à quoi s'en tenir sur les différents propos qui lui étaient parvenus. Elle avait grande confiance dans cette Beaujon, qui n'avait jamais beaucoup aimé Valentine, et qui, en revanche, avait toujours aimé à médire. Mais la Beaujon, dans un style et dans une orthographe remarquablement bizarres, s'empressa de la détromper et de l'assurer qu'elle n'avait jamais entendu parler de ces étranges nouvelles, inventées probablement dans les petites villes des environs. La Beaujon comptait se retirer du service aussitôt que la vieille marquise serait morte ; elle se souciait fort peu ensuite du courroux de la comtesse, pourvu qu'elle quittât cette maison les poches pleines.

M. de Lansac écrivait fort rarement, et ne témoignait nulle impatience de revoir sa femme, nul désir de s'occuper de ses affaires de cœur. Ainsi une réunion de circonstances favorables concourait à protéger le bonheur que Louise, Valentine et Bénédict, volaient pour ainsi dire à la loi des convenances et des préjugés. Valentine fit entourer d'une clôture la partie du parc où était situé le pavillon. Cette espèce de parc réservé était fort sombre et fort bien planté. On y ajouta sur les confins, des massifs de plantes grimpantes, des remparts de vigne vierge, d'aristoloche, et de ces haies de jeunes cyprès qu'on taille en rideau, et qui forment une barrière impénétrable à la vue. Au milieu de ces lianes, et derrière ces discrets ombrages, le pavillon s'élevait dans une situation délicieuse, auprès d'une source dont le bouillonnement, s'échappant à travers les roches, entretenait sans cesse un frais murmure autour de cette rêveuse et mystérieuse retraite. Personne n'y fut admis que Valentin, Louise, Bénédict et Athénaïs, lorsqu'elle pouvait échapper à la surveillance de son mari, qui n'aimait pas beaucoup à lui voir conserver des relations avec son cousin. Chaque matin, Valentin, qui avait une clef du pavillon, venait y attendre Valentine. Il arrosait ses fleurs, il renouvelait celles du salon, il essayait quelques études sur le piano, ou bien il donnait des soins à la volière. Quelquefois il s'oubliait, sur un banc, aux vagues et inquiètes rêveries de son âge ; mais sitôt qu'il apercevait la forme svelte de sa tante à travers les arbres, il se remettait à l'ouvrage. Valentine aimait à constater la similitude de leurs caractères et de leurs inclinations ; elle se plaisait à retrouver dans ce jeune homme, malgré la différence des sexes, les goûts paisibles, l'amour de la vie intime et retirée qui étaient en elle. Et puis elle l'aimait à cause de Bénédict, dont il recevait les soins et les leçons, et dont chaque jour il lui apportait un reflet.

Valentin, sans comprendre la force des liens qui l'attachaient à Bénédict et à Valentine, les aimait déjà avec une vivacité et une délicatesse au-dessus de son âge. Cet enfant, né dans les larmes, le plus grand fléau et la plus grande consolation de sa mère, avait fait de bonne heure l'essai de cette sensibilité qui se développe plus tard dans le cours des destinées ordinaires. Dès qu'il avait été en âge de comprendre un peu la vie, Louise lui avait exposé nettement sa position dans le monde, les malheurs de sa destinée, la tache de sa naissance, les sacrifices qu'elle lui avait faits, et tout ce qu'elle avait à braver pour remplir envers lui ces devoirs si faciles et si doux aux autres mères. Valentin avait profondément senti toutes ces choses ; son âme, facile et tendre, avait pris dès lors une teinte de mélancolie et de fierté ; il avait conçu pour sa mère une reconnaissance passionnée, et, dans toutes ses douleurs, elle avait trouvé en lui de quoi la récompenser et la consoler.

Mais il faut bien l'avouer, Louise, qui était capable d'un si grand courage et de tant de vertus supérieures au vulgaire, était peu agréable dans le commerce de la vie ordinaire ; passionnée à propos de tout, et, en dépit d'elle-même, sensible à toutes les blessures dont elle aurait dû savoir émousser l'atteinte, elle faisait souvent retomber l'amertume de son âme sur l'âme si douce et si impressionnable de son fils. Aussi, à force d'irriter ses jeunes facultés, elle les avait déjà un peu épuisées. Il y avait comme des teintes de vieillesse sur ce front de quinze ans, et cet enfant, à peine éclos à la vie, éprouvait déjà

Et pendant ce temps Bénédict et Valentine qui ne s'apercevaient de rien. (Page 30.)

a fatigue de vivre et le besoin de se reposer dans une existence calme et sans orage. Comme une belle fleur née le matin sur les rochers et déjà battue des vents avant de s'épanouir, il penchait sa tête pâle sur son sein, et son sourire avait une langueur qui n'était pas de son âge. Aussi, l'intimité si caressante et si sereine de Valentine, le dévouement si prudent et si soutenu de Bénédict, commencèrent pour lui une nouvelle ère. Il se sentit épanouir dans cette atmosphère plus favorable à sa nature. Sa taille souple et frêle prit un essor plus rapide, et une douce nuance d'incarnat vint se mêler à la blancheur mate de ses joues. Athénaïs, qui faisait plus de cas de la beauté physique que de toute chose au monde, déclarait n'avoir jamais vu une tête aussi ravissante que celle de ce bel adolescent, avec ses cheveux d'un blond cendré, comme ceux de Valentine, flottant par grosses boucles sur un cou blanc et poli comme le marbre de l'Antinoüs. L'étourdie n'était pas fâchée de répéter à tout propos que c'était un enfant sans conséquence, afin d'avoir le droit de baiser de temps en temps ce front si pur et si limpide, et de passer ses doigts dans ces cheveux qu'elle comparait à la soie vierge des cocons dorés.

Le pavillon était donc pour tous, à la fin du jour, un lieu de repos et de délices. Valentine n'y admettait aucun profane, et ne permettait aucune communication avec les gens du château. Catherine avait seule droit d'y pénétrer et d'en prendre soin. C'était l'Élysée, le monde poétique, la vie dorée de Valentine; au château, tous les ennuis, toutes les servitudes, toutes les tristesses; la grand'mère infirme, les visites importunes, les réflexions pénibles et l'oratoire plein de remords; au pavillon, tous les bonheurs, tous les amis, tous les doux rêves, l'oubli des terreurs, et les joies pures d'un amour chaste. C'était comme une île enchantée au milieu de la vie réelle, comme une oasis dans le désert.

Au pavillon, Louise oubliait ses amertumes secrètes, ses violences comprimées, son amour méconnu. Bénédict, heureux de voir Valentine s'abandonner sans résistance à sa foi, semblait avoir changé de caractère; il avait dépouillé ses inégalités, ses injustices, ses brusqueries cruelles. Il s'occupait de Louise presque autant que de sa sœur; il se promenait avec elle sous les tilleuls du parc, un bras passé sous le sien. Il lui parlait de Valentin, lui vantait ses qualités, son intelligence, ses progrès rapides;

TATTIOT

C'est que Valentine semblait bien mieux faite qu'Athénaïs pour être sa femme. ( Page 31. )

il la remerciait de lui avoir donné un ami et un fils. La pauvre Louise pleurait en l'écoutant, et s'efforçait de trouver l'amitié de Bénédict plus flatteuse et plus douce que ne l'eût été son amour.

Athénaïs, rieuse et folâtre, reprenait au pavillon toute l'insouciance de son âge; elle oubliait là les tracas du ménage, les orageuses tendresses et la jalouse défiance de Pierre Blutty. Elle aimait encore Bénédict, mais autrement que par le passé; elle ne voyait plus en lui qu'un ami sincère. Il l'appelait sa sœur, comme Louise et Valentine; seulement il se plaisait à la nommer sa petite sœur. Athénaïs n'avait pas assez de poésie dans l'esprit pour s'obstiner à nourrir une passion malheureuse. Elle était assez jeune, assez belle pour aspirer à un amour partagé, et jusque-là Pierre Blutty n'avait pas contribué à faire souffrir sa petite vanité de femme. Elle en parlait avec estime, la rougeur au front et le sourire sur les lèvres; et puis, à la moindre remarque maligne de Louise, elle s'enfuyait, légère espiègle, parmi les sentiers du parc, traînant après elle le timide Valentin, qu'elle traitait de petit écolier, et qui n'avait guère qu'un an de moins qu'elle.

Mais ce qu'il serait impossible de rendre, c'est la tendresse muette et réservée de Bénédict et de Valentine, c'est ce sentiment exquis de pudeur et de dévonement qui dominait chez eux la passion ardente toujours prête à déborder. Il y avait dans cette lutte éternelle mille tourments et mille délices, et peut-être Bénédict chérissait-il autant les uns que les autres. Valentine pouvait souvent encore craindre d'offenser Dieu et souffrir de ses scrupules religieux ; mais lui, qui ne concevait pas aussi bien l'étendue des devoirs d'une femme, se flattait de n'avoir entraîné Valentine dans aucune faute et de ne l'exposer à aucun repentir. Il lui sacrifiait avec joie ces brûlantes aspirations qui le dévoraient. Il était fier de savoir souffrir et vaincre : tout bas, son imagination s'enivrait de mille désirs et de mille rêves; mais tout haut il bénissait Valentine des moindres faveurs. Effleurer ses cheveux, respirer ses parfums, se coucher sur l'herbe à ses pieds, la tête appuyée sur un coin de son tablier de soie, reprendre sur le front de Valentin un des baisers qu'elle venait d'y déposer, emporter furtivement, le soir, le bouquet qui s'était flétri à sa ceinture, c'étaient là les grands accidents et les grandes joies de cette vie de privation, d'amour et de bonheur.

## QUATRIÈME PARTIE.

## XXX.

Quinze mois s'écoulèrent ainsi : quinze mois de calme et de bonheur dans la vie de cinq individus, c'est presque fabuleux. Il en fut ainsi pourtant. Le seul chagrin qu'éprouva Bénédict, ce fut de voir quelquefois Valentine pâle et rêveuse. Alors il se hâtait d'en chercher la cause, et il découvrait toujours qu'elle avait rapport à quelque alarme de son âme pieuse et timorée. Il parvenait à chasser ces légers nuages, car Valentine n'avait plus le droit de douter de sa force et de sa soumission. Les lettres de M. de Lansac achevaient de la rassurer, elle avait pris le parti de lui écrire que Louise était installée à la ferme avec son fils, et que *M. Lhéry* (Bénédict) s'occupait de l'éducation de ce jeune homme, sans dire dans quelle intimité elle vivait avec ces trois personnes. Elle avait ainsi expliqué leurs relations, en affectant de regarder M. de Lansac comme lié envers elle par la promesse de lui laisser voir sa sœur. Toute cette histoire avait paru bizarre et ridicule à M. de Lansac. S'il n'avait pas tout à fait deviné la vérité, du moins était-il sur la voie. Il avait haussé les épaules en songeant au mauvais goût et au mauvais ton d'une intrigue de sa femme avec un cuistre de province.

Mais, tout bien considéré, la chose lui plaisait mieux ainsi qu'autrement. Il s'était marié avec la ferme résolution de ne pas s'embarrasser de madame de Lansac, et, pour le moment, il entretenait avec une première danseuse du théâtre de Saint-Pétersbourg des relations qui lui faisaient envisager très-philosophiquement la vie. Il trouvait donc fort juste que sa femme se créât de son côté des affections qui l'enchaînassent loin de lui sans reproches et sans murmures. Tout ce qu'il désirait, c'était qu'elle agît avec prudence, et qu'elle ne le couvrît point, par une conduite dissolue, de ce sot et injuste ridicule qui s'attache aux maris trompés. Or, il se fiait assez au caractère de Valentine pour dormir en paix sur ce point; et puisqu'il fallait nécessairement à cette jeune femme abandonnée ce qu'il appelait une occupation de cœur, il aimait mieux la lui voir chercher dans le mystère de la retraite qu'au milieu du bruit et de l'éclat des salons. Il se garda donc bien de critiquer ou de blâmer son genre de vie, et toutes ses lettres exprimèrent, dans les termes les plus affectueux et les plus honorables, la profonde indifférence avec laquelle il était résolu d'accueillir toutes les démarches de Valentine.

La confiance de son mari, dont elle attribua les motifs à de plus nobles causes, tourmenta longtemps Valentine en secret. Cependant peu à peu les susceptibilités de son esprit rigide s'engourdirent et se reposèrent dans le sein de Bénédict. Tant de respect, de stoïcisme, de désintéressement, un amour si pur et si courageux, la touchèrent profondément. Elle en vint à se dire que, loin d'être un sentiment dangereux, c'était là une vertu héroïque et précieuse, que Dieu et l'honneur sanctionnaient leurs liens, que son âme s'épurait et se fortifiait à ce feu sacré. Toutes les sublimes utopies de la passion robuste et patiente vinrent l'éblouir. Elle osa bien remercier le ciel de lui avoir donné pour sauveur et pour appui, dans les périls de la vie, ce puissant et magnanime complice qui la protégeait et la gardait contre elle-même. La dévotion jusqu'alors avait été pour elle comme un code de principes sacrés, fortement raisonnés et gravement repassés chaque jour pour la défense de ses mœurs; elle changea de nature dans son esprit, et devint une passion poétique et enthousiaste, une source de rêves ascétiques et brûlants, qui, bien loin de servir de rempart à son cœur, l'ouvrirent de tous côtés aux attaques de la passion. Cette dévotion nouvelle lui sembla meilleure que l'ancienne. Comme elle la sentit plus intense et plus féconde en vives émotions, en ardentes aspirations vers le ciel, elle l'accueillit avec imprudence, et se plut à penser que l'amour de Bénédict l'avait allumée.

« De même que le feu purifie l'or, se disait-elle, l'amour vertueux élève l'âme, dirige son essor vers Dieu, source de tout amour. »

Mais, hélas! Valentine ne s'aperçut point que cette foi, retrempée au feu des passions humaines, transigeait souvent avec les devoirs de son origine, et descendait à des alliances terrestres. Elle laissa ravager les forces que vingt ans de calme et d'ignorance avaient amassées en elle; elle la laissa envahir et altérer ses convictions, jadis si nettes et si rigides, et couvrir de ses fleurs trompeuses l'âpre et étroit sentier du devoir. Ses prières devinrent plus longues; le nom et l'image de Bénédict s'y mêlaient sans cesse, et elle ne les repoussait plus; elle s'en entourait pour s'exciter à mieux prier : le moyen était infaillible, mais il était dangereux. Valentine sortait de son oratoire avec une âme exaltée, des nerfs irrités, un sang actif et brûlant ; alors les regards et les paroles de Bénédict ravageaient son cœur comme une lave ardente. Qu'il eût été assez hypocrite ou assez habile pour présenter l'adultère sous un jour mystique, et Valentine se perdait en invoquant le ciel.

Mais ce qui devait les préserver longtemps, c'était la candeur de ce jeune homme, en qui résidait vraiment une âme honnête. Il s'imaginait qu'au moindre effort pour ébranler la vertu de Valentine il devrait perdre son estime et sa confiance, si péniblement achetées. Il ne savait pas qu'une fois engagée sur la pente rapide des passions on ne revient guère sur ses pas. Il n'avait pas la conscience de sa puissance ; l'eût-il eue, peut-être ne s'en serait-il pas servi, tant était droit et loyal encore cet esprit tout neuf et tout jeune.

Il fallait voir de quelles nobles fatuités, de quelles sublimes paradoxes ils sanctionnaient leur imprudent amour.

— Comment pourrais-je t'engager à manquer à tes principes, disait Bénédict à Valentine, moi qui te chéris pour cette force virile que tu m'opposes! moi qui préfère ta vertu à ta beauté, et ton âme à ton corps! moi qui te tuerais avec moi, si l'on pouvait m'assurer de te posséder immédiatement dans le ciel, comme les anges possèdent Dieu!

— Non, tu ne saurais mentir, lui répondait Valentine, toi que Dieu m'a envoyé pour m'apprendre à le connaître et à l'aimer; toi qui le premier m'as fait concevoir sa puissance et m'as enseigné les merveilles de la création. Hélas! je la croyais si petite et si bornée! Mais toi, tu as grandi le sens des prophéties, tu m'as donné la clef des poésies sacrées, tu m'as révélé l'existence d'un vaste univers dont le pur amour est le lien et la richesse. Je sais maintenant que nous avons été créés l'un pour l'autre, et que l'alliance immatérielle contractée entre nous est préférable à tous les liens terrestres.

Un soir, ils étaient tous réunis dans le joli salon du pavillon. Valentin, qui avait une voix agréable et fraîche, essayait une romance; sa mère l'accompagnait. Athénaïs, un coude appuyé sur le piano, regardait attentivement son jeune favori, et ne voulait point s'apercevoir du mal aise qu'elle lui causait. Bénédict et Valentine, assis près de la fenêtre, s'enivraient des parfums de la soirée, du calme, d'amour, de mélodie et d'air pur. Jamais Valentine n'avait senti une si profonde sécurité. L'enthousiasme se glissait de plus en plus dans son âme, et, sous le voile d'une juste admiration pour la vertu de son amant, grandissait sa passion intense et rapide. La pâle clarté des étoiles leur permettait à peine de se voir. Pour remplacer ce chaste et dangereux plaisir que verse le regard, ils laissèrent leurs mains s'enlacer. Peu à peu, l'étreinte devint plus brûlante, plus avide; leurs siéges se rapprochèrent insensiblement, leurs cheveux s'effleuraient et se communiquaient l'électricité abondante qu'ils dégagent; leurs haleines se mêlaient, et la brise du soir s'embrasait autour d'eux. Bénédict, accablé du poids du bonheur délicat et pénétrant que recèle un amour à la fois repoussé et partagé, pencha sa tête sur le bord de la croisée et appuya son front sur la main de Valentine, qu'il tenait toujours dans les siennes. Ivre et palpitant, il n'osait faire un mouvement, de peur de déranger l'autre main qui s'était glissée sur sa tête, et qui se promenait moelleuse et légère, comme le souffle d'un follet, parmi les flots rudes et noirs de sa chevelure. C'était une émotion qui brisait sa poitrine et qui faisait refluer tout son sang à son cœur. Il y avait de quoi en mourir ; mais il serait mort plutôt que de laisser voir son trouble, tant il craignait d'éveiller les méfiances et les remords de Valentine. Si elle avait su quels torrents de délices elle versait dans son sein, elle se fût retirée. Pour obtenir cet abandon, ces molles caresses, ces cuisantes voluptés, il y fallait paraître insensible. Bénédict retenait sa respiration, et comprimait l'ardeur de sa fièvre. Son silence finit par gêner Valentine ; elle lui parla à voix basse pour se distraire de l'émotion trop vive qui commençait à la gêner aussi.

— N'est-ce pas que nous sommes heureux, lui dit-elle, peut-être pour lui faire entendre ou pour se dire à elle-même qu'il ne fallait pas désirer de l'être davantage.

— Oh ! dit Bénédict, en s'efforçant malgré lui d'assurer le son de sa voix, il faudrait mourir ainsi !

Un pas rapide, qui traversait la pelouse et s'approchait du pavillon, retentit au milieu du silence. Je ne sais quel pressentiment vint effrayer Bénédict ; il serra convulsivement la main de Valentine et la pressa contre son cœur, qui battait aussi haut dans sa poitrine que le bruit inquiétant de ces pas inattendus. Valentine sentit le sien se glacer d'une peur vague, mais terrible ; elle retira brusquement ses mains et se dirigea vers la porte. Mais elle s'ouvrit avant qu'elle l'eût atteinte, et Catherine essoufflée parut.

— Madame, dit-elle d'un air empressé et consterné, M. de Lansac est au château !

Ce mot fit sur tous ceux qui l'entendirent le même effet qu'une pierre lancée au sein des ondes pures et immobiles d'un lac ; les cieux, les arbres, les délicieux paysages qui s'y reflétaient se brisent, se tordent et s'effacent ; un caillou a suffi pour faire rentrer dans le chaos toute une scène enchantée : ainsi fut rompue l'harmonie délicieuse qui régnait en ce lieu une minute auparavant. Ainsi fut bouleversé le beau rêve de bonheur dont se berçait cette famille. Dispersée tout à coup comme les feuilles que le vent balaie en tourbillon ; elle se sépara pleine d'anxiétés et d'alarmes. Valentine pressa Louise et son fils dans ses bras.

— A jamais à vous ! leur dit-elle en les quittant ; nous nous reverrons bientôt, j'espère ; peut-être demain.

Valentin secoua tristement la tête ; un mouvement de fierté et de haine indéfinissable venait d'éclore en lui au nom de M. de Lansac. Il avait souvent songé que ce noble comte pourrait bien le chasser de sa maison ; cette idée avait parfois empoisonné le bonheur qu'il y goûtait.

— Cet homme fera bien de vous rendre heureuse, dit-il à sa tante d'un air martial qui la fit sourire d'attendrissement ; sinon il aura affaire à moi !

— Que pourrais-tu craindre avec un tel chevalier ? dit Athénaïs à madame de Lansac en s'efforçant de paraître gaie, et en donnant une petite tape de sa main ronde et polie sur la joue enflammée du jeune homme.

— Venez-vous, Bénédict ? cria Louise en se dirigeant vers la porte du parc qui s'ouvrait sur la campagne.

— Tout à l'heure, répondit-il.

Il suivit Valentine vers l'autre sortie, et tandis que Catherine éteignait à la hâte les bougies et fermait le pavillon :

— Valentine !… lui dit-il d'une voix sourde et violemment agitée.

Il ne put en dire davantage. Comment eût-il osé exprimer d'ailleurs le sujet de ses craintes et de sa fureur ?

Valentine le comprit, et lui tendant la main d'un air ferme :

— Soyez tranquille, lui répondit-elle avec un sourire d'amour et de fierté.

L'expression de sa voix et de son regard eut tant de puissance sur Bénédict que, docile à la volonté de Valentine, il s'éloigna presque tranquille.

## XXXI.

M. de Lansac en costume de voyage et affectant une grande fatigue, s'était drapé nonchalamment sur le canapé du grand salon. Il vint au-devant de Valentine d'un air galant et empressé dès qu'il l'aperçut. Valentine tremblait et se sentait près de s'évanouir. Sa pâleur, sa consternation, n'échappèrent point au comte ; il feignit de ne pas s'en apercevoir, et lui fit compliment au contraire sur l'éclat de ses yeux et la fraîcheur de son teint. Puis il se mit aussitôt à causer avec cette aisance que donne l'habitude de la dissimulation ; et le ton dont il parla de son voyage, la joie qu'il exprima de se retrouver auprès de sa femme, les questions bienveillantes qu'il lui adressa sur sa santé, sur les plaisirs de sa retraite, l'aidèrent à se remettre de son émotion et à paraître, comme lui, calme, gracieuse et polie.

Ce fut alors seulement qu'elle remarqua dans un coin du salon un homme gros et court, d'une figure rude et commune ; M. de Lansac le lui présenta comme *un de ses amis*. Il y avait quelque chose de contraint dans la manière dont M. de Lansac prononça ces mots ; le regard sombre et terne de cet homme, le salut raide et gauche qu'il lui rendit, inspirèrent à Valentine un éloignement irrésistible pour cette figure ingrate, qui semblait se trouver déplacée en sa présence, et qui s'efforçait, à force d'impudence, de déguiser le malaise de sa situation.

Après avoir soupé à la même table et vis-à-vis de cet inconnu d'un extérieur si repoussant, M. de Lansac pria Valentine de donner des ordres pour qu'on préparât un des meilleurs appartements du château à *son bon M. Grapp*. Valentine obéit, et quelques instants après M. Grapp se retira, après avoir échangé quelques paroles à voix basse avec M. de Lansac, et avoir salué sa femme avec le même embarras et le même regard d'insolente servilité que la première fois.

Lorsque les deux époux furent seuls ensemble, une mortelle frayeur s'empara de Valentine. Pâle et les yeux baissés, elle cherchait en vain à renouer la conversation, quand M. de Lansac, rompant le silence, lui demanda la permission de se retirer, accablé qu'il était de fatigue.

— Je suis venu de Pétersbourg en quinze jours, lui dit-il avec une sorte d'affectation ; je ne me suis arrêté que vingt-quatre heures à Paris ; aussi je crois… j'ai certainement de la fièvre.

— Oh ! sans doute, vous avez…. vous devez avoir la fièvre, répéta Valentine avec un empressement maladroit.

Un sourire haineux effleura les lèvres discrètes du diplomate.

— Vous avez l'air de Rosine dans *le Barbier !* dit-il d'un ton semi-plaisant, semi-amer, *Buona sera, don Basilio !* Ah ! ajouta-t-il en se traînant vers la porte d'un air accablé, j'ai un impérieux besoin de sommeiller ! Une nuit de plus en poste, et je tombais malade. Il y a de quoi, n'est-ce pas, ma chère Valentine ?

— Oh oui ! répondit-elle, il faut vous reposer ; je vous ai fait préparer…

— L'appartement du pavillon, n'est-il pas vrai, ma très-belle ? C'est le plus propice au sommeil. J'aime ce pavillon ; il me rappellera l'heureux temps où je vous voyais tous les jours…

— Le pavillon ! répondit Valentine d'un air épouvanté qui n'échappa point à son mari, et qui lui servit de point de départ pour les découvertes qu'il se proposait de faire avant peu.

— Est-ce que vous avez disposé du pavillon ? dit-il d'un air parfaitement simple et indifférent.

— J'en ai fait une espèce de retraite pour étudier, répondit-elle avec embarras ; car elle ne savait pas mentir. Le lit est enlevé, il ne saurait être prêt pour ce soir…. Mais l'appartement de ma mère, au rez-de-chaussée, est tout prêt à vous recevoir… s'il vous convient.

— J'en réclamerai peut-être un autre demain, dit M. de Lansac avec une intention féroce de vengeance et un sourire plein d'une fade tendresse ; en attendant, je m'arrangerai de celui que vous m'assignez.

Il lui baisa la main. Sa bouche sembla glacée à Valentine. Elle froissa cette main dans l'autre pour la ranimer, quand elle se trouva seule. Malgré la soumission de M. de Lansac à se conformer à ses désirs, elle comprenait si peu ses véritables intentions que la peur domina d'abord toutes les angoisses de son âme. Elle s'enferma dans sa chambre, et le souvenir confus de cette nuit de léthargie qu'elle y avait passée avec Bénédict lui revenant à l'esprit, elle se leva et marcha dans l'appartement avec agitation pour chasser les idées décevantes et cruelles que l'image de ces événements éveillait en elle. Vers trois heures, ne pouvant ni dormir ni respirer, elle ouvrit sa fenêtre. Ses yeux s'arrêtèrent longtemps sur un objet immobile, qu'elle ne pouvait préciser, mais qui, se mêlant aux tiges des arbres, semblait être un tronc d'arbre lui-même. Tout à coup elle le vit se mouvoir et s'approcher ; elle reconnut Bénédict. Épouvantée de le voir ainsi se montrer à découvert en face des fenêtres de M. de Lansac, qui étaient directement au-dessous des siennes, elle se pencha avec épouvante pour lui indiquer, par signes, le danger auquel il s'exposait. Mais Bénédict, au lieu d'en être effrayé, ressentit une joie vive en apprenant que son rival occupait cet appartement. Il joignit les mains, les éleva vers le ciel avec reconnaissance, et disparut. Malheureusement M. de Lansac, que l'agitation fébrile du voyage empêchait aussi de dormir, avait observé cette scène de derrière un rideau qui le cachait à Bénédict.

Le lendemain, M. de Lansac et M. Grapp se promenèrent seuls dès le matin.

— Eh bien ! dit le petit homme ignoble au noble comte, avez-vous parlé à votre *épouse* ?

— Comme vous y allez, mon cher ? Eh ! donnez-moi le temps de respirer.

— Je ne l'ai pas, moi, Monsieur. Il faut terminer cette affaire avant huit jours ; vous savez que je ne puis différer davantage.

— Eh ! patience ! dit le comte avec humeur.

— Patience ? reprit le créancier d'une voix sombre ; il y a dix ans, Monsieur, que je prends patience ; et je vous déclare que ma patience est à bout. Vous deviez vous acquitter en vous mariant, et voici déjà deux ans que vous.....

— Mais que diable craignez-vous ? Cette terre vaut cinq cent mille francs, et n'est grevée d'aucune autre hypothèque.

— Je ne dis pas que j'ai rien à risquer, répondit l'intraitable créancier ; mais je dis que je veux rentrer dans mes fonds, réunir mes capitaux, et sans tarder. Cela est convenu, Monsieur, et j'espère que vous ne ferez pas encore cette fois comme les autres.

— Dieu m'en préserve ! j'ai fait cet horrible voyage exprès pour me débarrasser à tout jamais de vous... de votre créance, je veux dire, et il me tarde de me voir enfin libre de soucis. Avant huit jours vous serez satisfait.

— Je ne suis pas aussi tranquille que vous, reprit l'autre du même ton rude et persévérant ; votre femme... c'est-à-dire votre *épouse*, peut faire avorter tous vos projets ; elle peut refuser de signer...

— Elle ne refusera pas...

— Hein ! vous direz peut-être que je vais trop loin ; mais moi, après tout, j'ai le droit de voir clair dans les affaires de famille. Il m'a semblé que vous n'étiez pas aussi enchantés de vous revoir que vous me l'aviez fait entendre.

— Comment ! dit le comte pâlissant de colère à l'insolence de cet homme.

— Non, non ! reprit tranquillement l'usurier. Madame la comtesse a eu l'air médiocrement flattée. Je m'y connais, moi...

— Monsieur ! dit le comte d'un ton menaçant.

— Monsieur ! dit l'usurier d'un ton plus haut encore et fixant sur son débiteur ses petits yeux de sanglier ; écoutez, il faut de la franchise en affaires, et vous n'en avez point mis dans celle-ci.... Écoutez, écoutez ! Il ne s'agit pas de s'emporter. Je n'ignore pas que d'un mot madame de Lansac peut prolonger indéfiniment ma créance ; et qu'est-ce que je tirerai de vous après ? Quand je vous ferais coffrer à Sainte-Pélagie, il faudrait vous y nourrir ; et il n'est pas sûr qu'au train dont va l'affection de votre femme, elle voulût vous en tirer de si tôt...

— Mais enfin, Monsieur, s'écria le comte outré, que voulez-vous dire ? sur quoi fondez vous...

— Je veux dire que j'ai aussi, moi, une femme jeune et jolie. Avec de l'argent, qu'est-ce qu'on n'a pas ? Eh bien, quand j'ai fait une absence de quinze jours seulement, quoique ma maison soit aussi grande que la vôtre, ma femme, je veux dire mon épouse, n'occupe pas le premier étage tandis que j'occupe le rez-de-chaussée. Au lieu qu'ici, Monsieur... Je sais bien que les ci-devant nobles ont conservé leurs anciens usages, qu'ils vivent à part de leurs femmes ; mais mordieu ! Monsieur, il y a deux ans que vous êtes séparé de la vôtre...

Le comte froissait avec fureur une branche qu'il avait ramassée pour se donner une contenance.

— Monsieur, brisons là ! dit-il étouffant de colère. Vous n'avez pas le droit de vous immiscer dans mes affaires à ce point ; demain vous aurez la garantie que vous exigez, et je vous ferai comprendre alors que vous avez été trop loin.

Le ton dont il prononça ces paroles effraya fort peu M. Grapp ; il était endurci aux menaces, et il y avait une chose dont il avait bien plus peur que des coups de canne : c'était la banqueroute de ses débiteurs.

La journée fut employée à visiter la propriété. M. Grapp avait fait venir dans la matinée un employé au cadastre. Il parcourut les bois, les champs, les prairies, estimant tout, chicanant pour un sillon, pour un arbre abattu ; dépréciant tout, prenant des notes, et faisant le tourment et le désespoir du comte, qui fut vingt fois tenté de le jeter dans la rivière. Les habitants de Grangeneuve furent très-surpris de voir arriver ce noble comte en personne, escorté de son acolyte qui examinait tout, et dressait presque déjà l'inventaire du bétail et du mobilier aratoire. M. et madame Lhéry crurent voir dans cette démarche de leur nouveau propriétaire un témoignage de méfiance et l'intention de résilier le bail. Ils ne demandaient pas mieux désormais. Un riche maître de forges, parent et ami de la maison, venait de mourir sans enfants, et de laisser par testament deux cent mille francs à *sa chère et digne filleule Athénaïs Lhéry, femme Blutty*. Le père Lhéry proposa donc à M. de Lansac la résiliation du bail, et M. Grapp se chargea de répondre que dans trois jours les parties s'entendraient à cet égard.

Valentine avait cherché vainement une occasion d'entretenir son mari et de lui parler de Louise. Après le dîner, M. de Lansac proposa à Grapp d'examiner le parc. Ils sortirent ensemble, et Valentine les suivit, craignant, avec quelque raison, les recherches du côté du parc réservé. M. de Lansac lui offrit son bras, et affecta de s'entretenir avec elle sur un ton d'amitié et d'aisance parfaite.

Elle commençait à reprendre courage, et se serait hasardée à lui adresser quelques questions, lorsque la clôture particulière dont elle avait entouré sa *réserve* vint frapper l'attention de M. de Lansac.

— Puis-je vous demander, ma chère, ce que signifie cette division ? lui dit-il d'un ton très-naturel. On dirait d'une remise pour le gibier. Vous livrez-vous donc au royal plaisir de la chasse ?

Valentine expliqua, en s'efforçant de prendre un ton dégagé, qu'elle avait établi sa retraite particulière en ce lieu, qu'elle y venait jouir d'une plus libre solitude pour travailler.

— Eh ! mon Dieu, dit M. de Lansac, quel travail profond et consciencieux exige donc de semblables précautions ? Eh quoi ! des palissades, des grilles, des massifs impénétrables ! mais vous avez fait du pavillon un palais de fées, j'imagine ! Moi qui croyais déjà la solitude du château si austère ! Vous la dédaignez, vous ! C'est le secret du cloître ; c'est le mystère qu'il faut à vos sombres élucubrations. Mais, dites-moi, cherchez-vous la pierre philosophale, ou la meilleure forme de gouvernement? Je vois bien que nous avons tort là-bas de nous creuser l'esprit sur la destinée des empires ; tout cela se pèse, se prépare et se dénoue au pavillon de votre parc.

Valentine, accablée et effrayée de ces plaisanteries, où il lui semblait voir percer moins de gaieté que de malice, eût voulu pour beaucoup détourner M. de Lansac de ce sujet ; mais il insista pour qu'elle leur fît les honneurs de sa retraite, et il fallut s'y résigner. Elle avait espéré le prévenir de ses réunions de chaque jour avec sa sœur et son fils avant qu'il entreprît cette promenade. En conséquence, elle n'avait pas donné à Catherine l'ordre de faire disparaître les traces que ses amis pouvaient y avoir laissées de leur présence quotidienne : M. de Lansac les saisit du premier coup d'œil. Des vers écrits au crayon sur le mur par Bénédict, et qui célébraient les douceurs de l'amitié et le repos des champs ; le nom de Valentin, qui, par une habitude d'écolier, était tracé de tous côtés ; des cahiers de musique appartenant à Bénédict, et portant son chiffre ; un joli fusil de chasse avec lequel Valentin poursuivait quelquefois les lapins dans le parc, tout fut exploré minutieusement par M. de Lansac, et lui fournit le sujet de quelque remarque moitié aigre, moitié plaisante. Enfin il ramassa sur un fauteuil une élégante toque de velours qui appartenait à Valentin, et la montrant à Valentine :

— Est-ce là, lui dit-il en affectant de rire, la toque de l'invisible alchimiste que vous évoquez en ce lieu ?

Il l'essaya, s'assura qu'elle était trop petite pour un homme, et la replaça froidement sur le piano ; puis se retournant vers Grapp, comme si un mouvement de colère et de vengeance contre sa femme l'eût emporté sur les ménagements qu'il devait à sa position :

— Combien évaluez-vous ce pavillon ? lui dit-il d'un ton brusque et sec.

— Presque rien, répondit l'autre. Ces objets de luxe et de fantaisie sont des non-valeurs dans une propriété. La bande noire ne vous en donnerait pas cinq cents francs. Dans l'intérieur d'une ville, c'est différent. Mais quand il y aura, autour de cette construction, un champ d'orge ou une prairie artificielle, je suppose, à quoi sera-t-elle bonne ? à jeter par terre, pour le moellon et la charpente.

Le ton grave dont Grapp prononça cette réponse fit passer un frisson involontaire dans le sang de Valentine. Quel était donc cet homme à figure immonde, dont le regard sombre semblait dresser l'inventaire de sa maison, dont la voix appelait la ruine sur le toit de ses pères, dont l'imagination promenait la charrue sur ces jardins, asile mystérieux d'un bonheur pur et modeste ?

Elle regarda en tremblant M. de Lansac, dont l'air insouciant et calme était impénétrable.

Vers dix heures du soir, Grapp, se préparant à se retirer dans sa chambre, attira M. de Lansac sur le perron.

— Ah çà, lui dit-il avec humeur, voici tout un jour de perdu ; tâchez que cette nuit amène un résultat pour mes affaires, sinon je m'en explique dès demain avec madame de Lansac. Si elle refuse de faire honneur à vos dettes, je saurai du moins à quoi m'en tenir. Je vois bien que ma figure ne lui plaît guère ; je ne veux pas l'ennuyer, mais je ne veux pas qu'on se joue de moi. D'ailleurs je n'ai pas le temps de m'amuser à la vie de château. Parlez, Monsieur ; aurez-vous un entretien ce soir avec votre épouse ?

— Morbleu ! Monsieur, s'écria Lansac impatienté en frappant sur la grille dorée du perron, vous êtes un bourreau !

— C'est possible, répondit Grapp, jaloux de se venger par l'insulte de la haine et du mépris qu'il inspirait. Mais, croyez-moi, transportez votre oreiller à un autre étage.

Il s'éloigna en grommelant je ne sais quelles sales réflexions. Le comte, qui n'était pas fort délicat dans le cœur, l'était pourtant assez dans la forme ; il ne put s'empêcher de penser en cet instant que cette chaste et sainte institution du mariage s'était horriblement souillée en traversant les siècles cupides de notre civilisation.

Mais d'autres pensées, qui avaient un rapport plus in-téressant avec sa situation, occupèrent bientôt son esprit pénétrant et froid.

## XXXII.

M. de Lansac se trouvait dans une des plus diplomatiques situations qui puissent se présenter dans la vie d'un homme du monde. Il y a plusieurs sortes d'honneur en France : l'honneur d'un paysan n'est pas l'honneur d'un gentilhomme, celui d'un gentilhomme n'est pas celui d'un bourgeois. Il y en a pour tous les rangs et peut-être aussi pour tous les individus. Ce qu'il y a de certain, c'est que M. de Lansac en avait à sa manière. Philosophe sous certains rapports, il avait encore des préjugés sous bien d'autres. Dans ces temps de lumières, de perceptions hardies et de rénovation générale, les vieilles notions du bien et du mal doivent nécessairement s'altérer un peu, et l'opinion flotter incertaine sur d'innombrables contestations de limites.

M. de Lansac consentait bien à être trahi, mais non pas trompé. A cet égard, il avait fort raison ; avec les doutes que certaines découvertes élevaient en lui relativement à la fidélité de sa femme, on conçoit qu'il n'était pas disposé à effectuer un rapprochement plus intime et à couvrir de sa responsabilité les suites d'une erreur présumée. Ce qu'il y avait de laid dans sa situation, c'est que de viles considérations d'argent entravaient l'exercice de sa dignité, et le forçaient à marcher de biais vers son but.

Il était livré à ces réflexions, lorsque, vers minuit, il lui sembla entendre un léger bruit dans la maison, silencieuse et calme depuis plus d'une heure.

Une porte vitrée donnait du salon sur le jardin à l'autre extrémité du bâtiment, mais sur la même façade que l'appartement du comte ; il s'imagina entendre ouvrir cette porte avec précaution. Aussitôt le souvenir de ce qu'il avait vu la nuit précédente, joint au désir ardent d'obtenir des preuves qui lui donneraient un empire sans bornes sur sa femme, vint le frapper ; il passa à la hâte une robe de chambre, mit des pantoufles, et, marchant dans l'obscurité avec toute la précaution d'un homme habitué à la prudence, il sortit par la porte encore entr'ouverte du salon, et s'enfonça dans le parc sur les traces de Valentine.

Bien qu'elle eût refermé sur elle la grille de l'enclos, il lui fut facile d'y pénétrer, en escaladant la clôture, quelques minutes après elle. Guidé par l'instinct et par de faibles bruits, il arriva au pavillon ; et se cachant parmi les hauts dahlias qui croissaient devant la principale fenêtre, il put entendre tout ce qui s'y passait.

Valentine, oppressée par l'émotion que lui causait une telle démarche, s'était laissé tomber en silence sur le sofa du salon. Bénédict, debout auprès d'elle, et moins troublé, resta muet aussi pendant quelques instants ; enfin il fit un effort pour sortir de cette pénible situation.

— J'étais fort inquiet, lui dit-il ; je craignais que vous n'eussiez pas reçu mon billet.

— Ah ! Bénédict, répondit tristement Valentine, ce billet est d'un fou, et il faut que je sois folle moi-même pour me soumettre à cette audacieuse et coupable sommation. Oh ! j'ai failli ne pas venir, mais je n'ai pas eu la force de résister ; que Dieu me le pardonne !

— Sur mon âme, Madame ! dit Bénédict avec un emportement dont il n'était pas maître, vous avez fort bien fait de ne l'avoir pas eue ; car, au risque de votre vie et de la mienne, j'aurais été vous chercher, fût-ce...

— N'achevez pas, malheureux ! Maintenant vous êtes rassuré, dites-moi ! Vous m'avez vue, vous êtes bien sûr que je suis libre ; laissez-moi vous quitter...

— Croyez-vous donc être en danger ici, et croyez-vous n'y être pas au château ?

— Tout ceci est bien coupable et bien ridicule, Bénédict. Heureusement Dieu semble inspirer à M. de Lansac la pensée de ne pas m'exposer à une criminelle révolte...

— Madame, je ne crains pas votre faiblesse, je crains vos principes.

— Oseriez-vous les combattre maintenant!

— Maintenant, Madame, je ne sais pas ce que je n'oserais pas. Ménagez-moi, je n'ai pas ma tête, vous le voyez bien.

— Oh! mon Dieu! dit Valentine avec amertume, que s'est-il donc passé en vous depuis si peu de temps? Est-ce ainsi que je devais vous retrouver, vous si calme et si fort il y a vingt-quatre heures?

— Depuis vingt-quatre heures, répondit-il, j'ai vécu toute une vie de tortures, j'ai combattu avec toutes les furies de l'enfer! Non, non, en vérité, je ne suis plus ce que j'étais il y a vingt-quatre heures. Une jalousie diabolique, une haine inextinguible, se sont réveillées. Ah! Valentine, je pouvais bien être vertueux il y a vingt-quatre heures; mais à présent tout est changé.

— Mon ami, dit Valentine effrayée, vous n'êtes pas bien; séparons-nous, cet entretien ne sert qu'à irriter vos souffrances. Songez d'ailleurs... Mon Dieu! n'ai-je pas vu comme une ombre passer devant la fenêtre?

— Qu'importe? dit Bénédict en s'approchant tranquillement de la fenêtre; ne vaut-il pas mieux cent fois vous voir dans mes bras que de vous savoir vivante aux bras d'un autre? Mais rassurez-vous; tout est calme, ce jardin est désert.

— Écoutez, Valentine, dit-il d'un ton calme mais abattu, je suis bien malheureux. Vous avez voulu que je vécusse; vous m'avez condamné à porter un lourd fardeau!

— Hélas! dit-elle, des reproches! Depuis quinze mois ne sommes-nous pas heureux, ingrat?

— Oui, Madame, nous étions heureux, mais nous ne le serons plus!

— Pourquoi ces noirs présages? Quelle calamité pourrait nous menacer?

— Votre mari peut vous emmener, il peut nous séparer à jamais, et il est impossible qu'il ne le veuille pas.

— Mais jusqu'ici, au contraire, ses intentions paraissent très-pacifiques. S'il voulait m'attacher à sa fortune, ne l'eût-il pas fait plus tôt? Je soupçonne précisément qu'il lui tarde d'être débarrassé de je ne sais quelles affaires...

— Ces affaires, j'en devine la nature. Permettez-moi de vous le dire, Madame, puisque l'occasion s'en présente : ne dédaignez pas le conseil d'un ami dévoué, qui s'occupe fort peu des intérêts et des spéculations de ce monde, mais qui sort de son indifférence lorsqu'il s'agit de vous. M. de Lansac a des dettes, vous ne l'ignorez pas.

— Je ne l'ignore pas, Bénédict, mais je trouve fort peu convenable d'examiner sa conduite avec vous et en ce lieu...

— Rien n'est moins *convenable* que la passion que j'ai pour vous, Valentine; mais si vous l'avez tolérée jusqu'ici par compassion pour moi, vous devez tolérer de même un avis que je vous donne par intérêt pour vous. Ce que je dois conclure de la conduite de votre mari à votre égard, c'est que cet homme est peu empressé, et par conséquent peu digne de vous posséder. Vous seconderiez peut-être ses intentions secrètes en vous créant sur-le-champ une existence à part de la sienne...

— Je vous comprends, Bénédict : vous me proposez une séparation, une sorte de divorce; vous me conseillez un crime...

— Eh! non, Madame; dans les idées de soumission conjugale que vous nourrissez si religieusement, si M. de Lansac lui-même le désire, rien de plus moral qu'une division sans éclat et sans scandale. A votre place je la solliciterais, et n'en voudrais pour garantie que l'honneur des deux personnes intéressées. Mais, par cette sorte de contrat fait entre vous avec bienveillance et loyauté, vous assureriez au moins votre existence à venir contre les envahissements de ses créanciers; au lieu que je crains...

— J'aime à vous entendre parler ainsi, Bénédict, répondit-elle; ces conseils me prouvent votre candeur; mais j'ai tant entendu parler d'affaires à ma mère, que j'en ai un peu plus que vous la connaissance. Je sais que nulle promesse n'engage un homme sans honneur à respecter les biens de sa femme, et si j'avais le malheur d'être mariée

à une pareil homme, je n'aurais d'autre ressource que ma fermeté, d'autre guide que ma conscience. Mais, rassurez-vous, Bénédict, M. de Lansac est un cœur probe et généreux. Je ne redoute rien de semblable de sa part, et d'ailleurs, je sais qu'il ne peut aliéner aucune de mes propriétés sans me consulter...

— Et moi, je sais que vous ne lui refuseriez aucune signature; car je connais votre facile caractère, votre mépris pour les richesses...

— Vous vous trompez, Bénédict; j'aurais du courage, s'il le fallait. Il est vrai que pour moi je me contenterais de ce pavillon et de quelques arpents de terre; réduite à douze cents francs de rente je me trouverais encore riche. Mais ces biens dont on a frustré ma sœur, je veux au moins les transmettre à son fils après ma mort : Valentin sera mon héritier. Je veux qu'il soit un jour comte de Raimbault. C'est là le but de ma vie. Pourquoi avez-vous frémi ainsi, Bénédict?

— Vous me demandez pourquoi? s'écria Bénédict sortant du calme où la tournure de cet entretien l'avait amené. Hélas! que vous connaissez peu la vie! que vous êtes tranquille et imprévoyante! Vous parlez de mourir avec postérité, comme si... Juste ciel! tout mon sang se soulève à cette pensée; mais, sur mon âme, si vous ne dites pas vrai, Madame...

Il se leva et marcha dans la chambre avec agitation; de temps en temps il cachait sa tête dans ses mains, et sa forte respiration trahissait les tourments de son âme.

— Mon ami, lui dit Valentine avec douceur, vous êtes aujourd'hui sans force et sans raison. Le sujet de notre entretien est d'une nature trop délicate; croyez-moi, brisons là; car je suis bien assez coupable d'être venue ici à une pareille heure sur la sommation d'un enfant sans prudence. Ces pensées orageuses qui vous torturent, je ne puis les calmer par mon silence, et vous devez savoir l'interpréter sans exiger de moi des promesses coupables... Pourtant, ajouta-t-elle d'une voix tremblante en voyant l'agitation de Bénédict augmenter à mesure qu'elle parlait, s'il faut absolument pour vous rassurer et pour vous contenir, que je manque à tous mes devoirs et à tous mes scrupules, eh bien! soyez content : je vous jure sur votre affection et sur la mienne (je n'oserais jurer par le ciel!) que je mourrai plutôt que d'appartenir à aucun homme.

— Enfin!... dit Bénédict d'une voix brève et en s'approchant d'elle, vous daignez me jeter une parole d'encouragement! J'ai cru vous me laisseriez partir dévoré d'inquiétude et de jalousie; j'ai cru que vous ne me feriez jamais le sacrifice d'une seule de vos étroites idées. Vraiment! vous avez promis cela? Mais, Madame, cela est héroïque!

— Vous êtes amer, Bénédict. Il y avait bien longtemps que je ne vous avais vu ainsi. Il faut donc que tous les chagrins m'arrivent à la fois!

— Ah! c'est que, moi, je vous aime avec fureur, dit Bénédict en lui prenant le bras avec un transport farouche; c'est que je donnerais mon âme pour sauver vos jours; c'est que je vendrais ma part du ciel pour épargner à votre cœur le moindre des tourments que le mien dévore; c'est que je commettrais tous les crimes pour vous amuser, et que vous ne feriez pas la plus légère faute pour me rendre heureux!

— Ah! ne parlez pas ainsi, répondit-elle avec abattement. Depuis si longtemps je m'étais habituée à me fier à vous; il faudra donc encore craindre et lutter! il faudra vous fuir peut-être...

— Ne jouons pas sur les mots! s'écria Bénédict avec fureur et rejetant violemment son bras qu'il tenait encore. Vous parlez de me fuir! Condamnez-moi à mort, ce sera plus tôt fait. Je ne pensais pas, Madame, que vous reviendriez sur ces menaces; vous espériez donc que ces quinze mois m'ont changé? Eh bien, vous avez raison; ils m'ont rendu plus amoureux de vous que je ne l'avais jamais été; ils m'ont donné l'énergie de vivre, au lieu que mon ancien amour ne m'avait donné que celle de mourir. A présent, Valentine, il n'est plus temps de s'en départir : je vous aime exclusivement; je n'ai que vous sur la terre; je n'aime Louise et son fils que pour vous. Vous êtes mon avenir, mon but, ma seule passion, ma seule pensée; que voulez-vous que je devienne si vous me repoussez? Je n'ai point d'ambition, point d'amis, point d'état; je n'aurai jamais rien de tout ce qui compose la vie des autres. Vous m'avez dit souvent que dans un âge plus avancé je serais avide des mêmes intérêts que le reste des hommes; je ne sais si vous aurez jamais raison avec moi sur ce point; mais ce qu'il y a de certain, c'est que je suis encore loin de l'âge où les nobles passions s'éteignent, et que je ne puis pas avoir la volonté de l'atteindre si vous m'abandonnez. Non, Valentine, vous ne me chasserez pas, cela est impossible; ayez pitié de moi, je manque de courage!

Bénédict fondit en pleurs. Il faut de telles commotions morales pour amener aux larmes et à la faiblesse de l'enfant l'homme irrité et passionné, que la femme la moins impressionnable résiste rarement à ces rapides élans d'une sensibilité impérieuse. Valentine se jeta en pleurant dans le sein de celui qu'elle aimait, et l'ardeur dévorante du baiser qui unit leurs lèvres lui fit connaître enfin combien l'exaltation de la vertu est près de l'égarement. Mais ils eurent peu de temps pour s'en convaincre; car à peine avaient-ils échangé cette brûlante effusion de leurs âmes, qu'une petite toux sèche et un air d'opéra fredonné sous la fenêtre avec le plus grand calme frappèrent Valentine de terreur. Elle s'arracha des bras de Bénédict, et, saisissant son bras d'une main froide et contractée, elle lui couvrit la bouche de son autre main.

— Nous sommes perdus, lui dit-elle à voix basse, c'est lui!

— Valentine! n'êtes-vous pas ici, ma chère? dit M. de Lansac en s'approchant du perron avec beaucoup d'aisance.

— Cachez-vous! dit Valentine en poussant Bénédict derrière une grande glace portative qui occupait un angle de l'appartement; et elle s'élança au-devant de M. de Lansac avec cette force de dissimulation que la nécessité révèle miraculeusement aux femmes les plus novices.

— J'étais bien sûr de vous avoir vu prendre le chemin du pavillon il y a un quart d'heure, dit Lansac en entrant, et, ne voulant pas troubler votre promenade solitaire, j'avais dirigé la mienne d'un autre côté; mais l'instinct du cœur ou la force magique de votre présence me ramène malgré moi au lieu où vous êtes. Ne suis-je pas indiscret de venir interrompre ainsi vos rêveries, et daignerez-vous m'admettre dans le sanctuaire?

— J'étais venue ici pour prendre un livre que je veux achever cette nuit, dit Valentine d'une voix forte et brève, toute différente de sa voix ordinaire.

— Permettez-moi de vous dire, ma chère Valentine, que vous menez un genre de vie tout à fait singulier et qui m'alarme pour votre santé. Vous passez les nuits à vous promener et à lire; cela n'est ni raisonnable ni prudent.

— Mais je vous assure que vous vous trompez, dit Valentine en essayant de l'emmener vers le perron. C'est par hasard que, ne pouvant dormir cette nuit, j'ai voulu respirer l'air frais du parc. Je me sens tout à fait calmée, je vais rentrer.

— Mais ce livre que vous vouliez emporter, vous ne l'avez pas?

— Ah! c'est vrai, dit Valentine troublée.

Et elle feignit de chercher un livre sur le piano. Par un malheureux hasard, il ne s'en trouvait pas un seul dans l'appartement.

— Comment espérez-vous le trouver dans cette obscurité? dit M. de Lansac. Laissez-moi allumer une bougie.

— Oh! ce serait impossible! dit Valentine épouvantée. Non, non, n'allumez pas, je n'ai pas besoin de ce livre, je n'ai plus envie de lire.

— Mais pourquoi y renoncer, quand il est si facile de se procurer de la lumière? J'ai remarqué hier sur cette cheminée un flacon phosphorique très-élégant. Je gagerais mettre la main dessus.

En même temps il prit le flacon, y plaça une allumette qui pétilla en jetant une vive lumière dans l'appartement,

puis, passant à un ton bleu et faible, sembla mourir en s'enflammant; ce rapide éclair avait suffi à M. de Lansac pour saisir le regard d'épouvante que sa femme avait jeté sur la glace. Quand la bougie fut allumée, il affecta plus de calme et de simplicité encore : il savait où était Bénédict.

— Puisque nous voici ensemble, ma chère, dit-il en s'asseyant sur le sofa, au mortel déplaisir de Valentine, je suis résolu de vous entretenir d'une affaire assez importante dont je suis tourmenté. Ici nous sommes bien sûrs de n'être ni écoutés ni interrompus : voulez-vous avoir la bonté de m'accorder quelques minutes d'attention?

Valentine, plus pâle qu'un spectre, se laissa tomber sur une chaise.

— Daignez vous approcher, ma chère, dit M. de Lansac en tirant à lui une petite table sur laquelle il plaça la bougie.

Il appuya son menton sur sa main, et entama la conversation avec l'aplomb d'un homme habitué à proposer aux souverains la paix ou la guerre sur le même ton.

## XXXIII.

— Je présume, ma chère amie, que vous désirez savoir quelque chose de mes projets, afin d'y conformer les vôtres, dit-il en attachant sur elle des yeux fixes et perçants qui la tinrent comme fascinée à sa place. Sachez donc que je ne puis quitter mon poste, ainsi que je l'espérais, avant un certain nombre d'années. Ma fortune a reçu un échec considérable qu'il m'importe de réparer par mes travaux. Vous emmènerai-je ou ne vous emmènerai-je pas? *What is the question*, comme dit Hamlet. Désirez-vous me suivre, désirez-vous rester? Autant qu'il dépendra de moi, je me conformerai à vos intentions; mais prononcez-vous, car sur ce point toutes vos lettres ont été d'une retenue par trop chaste. Je suis votre mari enfin, j'ai quelque droit à votre confiance.

Valentine remua les lèvres, mais sans pouvoir articuler une parole. Placée entre son maître railleur et son amant jaloux, elle était dans une horrible situation.

Elle essaya de lever les yeux sur M. de Lansac; son regard de faucon était toujours attaché sur elle. Elle perdit tout à fait contenance, balbutia et ne répondit rien.

— Puisque vous êtes si timide, reprit-il en élevant un peu la voix, j'en augure bien pour votre soumission, et il est temps que je vous parle des devoirs que nous avons contractés l'un envers l'autre. Jadis, nous étions amis, Valentine, et ce sujet d'entretien ne vous effarouchait pas; aujourd'hui vous êtes devenue avec moi d'une réserve que je ne sais comment expliquer. Je crains que des gens peu disposés en ma faveur ne vous aient beaucoup trop entourée en mon absence; je crains.... vous dirai-je tout? que des intimités trop vives n'aient un peu affaibli la confiance que vous aviez en moi.

Valentine rougit et pâlit; puis elle eut le courage de regarder son mari en face pour s'emparer de sa pensée. Elle crut alors saisir une expression de malice haineuse sous cet air calme et bienveillant, et se tint sur ses gardes.

— Continuez, Monsieur, lui dit-elle avec plus de hardiesse qu'elle ne s'attendait elle-même à en montrer; j'attends que vous vous expliquiez tout à fait pour vous répondre.

— Entre gens de bonne compagnie, répondit Lansac, on doit s'entendre avant même de se parler; mais puisque vous le voulez, Valentine, je parlerai. Je souhaite, ajouta-t-il avec une affectation effrayante, que mes paroles ne soient pas perdues. Je vous parlais tout à l'heure de nos devoirs respectifs; les miens sont de vous assister et de vous protéger...

— Oui, Monsieur, de me protéger! répéta Valentine avec consternation, et cependant avec quelque amertume.

— J'entends fort bien, reprit-il; vous trouvez que ma protection a un peu trop ressemblé jusqu'ici à celle de Dieu. J'avoue qu'elle a été un peu lointaine, un peu dis-

M. de Lansac parut bientôt noir de la tête aux pieds. (Page 43.)

crète ; mais si vous le désirez, dit-il d'un ton ironique, elle se fera sentir davantage.

Un brusque mouvement derrière la glace rendit Valentine aussi froide qu'une statue de marbre. Elle regarda son mari d'un air effaré ; mais il ne parut pas s'être aperçu de ce qui causait sa frayeur, et il continua :

— Nous en reparlerons, ma belle ; je suis trop homme du monde pour importuner des témoignages de mon affection une personne qui les repousserait. Ma tâche d'amitié et de protection envers vous sera donc remplie selon vos désirs et jamais au delà ; car, dans le temps où nous vivons, les maris sont particulièrement insupportables pour être trop fidèles à leurs devoirs. Que vous en semble ?

— Je n'ai point assez d'expérience pour vous répondre.

— Fort bien répondu. Maintenant, ma chère belle, je vais vous parler de vos devoirs envers moi. Ce ne sera pas galant ; aussi, comme j'ai horreur de tout ce qui ressemble au pédagogisme, ce sera la seule et dernière fois de ma vie. Je suis convaincu que le sens de mes préceptes ne sortira jamais de votre mémoire. Mais comme vous tremblez ! quel enfantillage ! Me prenez-vous pour un de ces rustres antédiluviens qui n'ont rien de plus

agréable à mettre sous les yeux de leurs femmes que le joug de la fidélité conjugale ? Croyez-vous que je vais vous prêcher comme un vieux moine, et enfoncer dans votre cœur les stylets de l'inquisition pour vous demander l'aveu de vos secrètes pensées ? — Non, Valentine, non, reprit-il après une pause pendant laquelle il la contempla froidement ; je sais mieux ce qu'il faut vous dire pour ne pas vous troubler. Je ne réclamerai de vous que ce que je pourrai obtenir sans contrarier vos inclinations et sans faire saigner votre cœur. Ne vous évanouissez pas, je vous en prie, j'aurai bientôt tout dit. Je ne m'oppose nullement à ce que vous viviez intimement avec une famille de votre choix qui se rassemble souvent ici, et dont les traces peuvent attester la présence récente...

Il prit sur la table un album de dessins sur lequel était gravé le nom de Bénédict, et le feuilleta d'un air d'indifférence.

— Mais, ajouta-t-il en repoussant l'album d'un air ferme et impérieux, j'attends de votre bon sens que nul conseil étranger n'intervienne dans nos affaires privées, et ne tente de mettre obstacle à la gestion de nos pro-

Alors elle se leva et courut vers la porte. (Page 49.)

priétés communes. J'attends cela de votre conscience, et je le réclame au nom des droits que votre position me donne sur vous. Eh bien ! ne me répondrez-vous pas ? Que regardez-vous dans cette glace ?

— Monsieur, répondit Valentine frappée de terreur, je n'y regardais pas.

— Je croyais, au contraire, qu'elle vous occupait beaucoup. Allons, Valentine, répondez-moi, ou, si vous avez encore des distractions, je vais transporter cette glace dans un autre coin de l'appartement, où elle n'attirera plus vos yeux.

— N'en faites rien, Monsieur ! s'écria Valentine éperdue. Que voulez-vous que je vous réponde ? qu'exigez-vous de moi ? que m'ordonnez-vous ?

— Je n'ordonne rien, répondit-il en reprenant sa manière accoutumée et son air nonchalant ; j'implore votre obligeance pour demain. Il sera question d'une longue et ennuyeuse affaire ; il faudra que vous consentiez à quelques arrangements nécessaires, et j'espère qu'aucune influence étrangère ne saurait vous décider à me désobliger, pas même les conseils de votre miroir, ce donneur d'avis que les femmes consultent à propos de tout.

— Monsieur, dit Valentine d'un ton suppliant, je souscris d'avance à tout ce qu'il vous plaira d'imposer ; mais retirons-nous, je vous prie, je suis très-fatiguée.

— Je m'en aperçois, reprit M. de Lansac.

Et pourtant il resta encore quelques instants assis avec indolence, regardant Valentine qui, debout, le flambeau à la main, attendait avec une mortelle anxiété la fin de cette scène.

Il eut l'idée d'une vengeance plus amère que celle qu'il venait d'exercer ; mais se rappelant la profession de foi que Bénédict avait faite quelques instants auparavant, il jugea fort prudemment ce jeune exalté capable de l'assassiner ; il prit donc le parti de se lever et de sortir avec Valentine. Celle-ci, par une dissimulation bien inutile, affecta de fermer soigneusement la porte du pavillon.

— C'est une précaution fort sage, lui dit M. de Lansac d'un ton caustique, d'autant plus que les fenêtres sont disposées de manière à laisser entrer et sortir facilement ceux qui trouveraient la porte fermée.

Cette dernière remarque convainquit enfin Valentine de sa véritable situation à l'égard de son mari.

## XXXIV.

Le lendemain, à peine était-elle levée que le comte et M. Grapp demandèrent à être admis dans son appartement. Ils apportaient différents papiers.

— Lisez-les, Madame, dit M. de Lansac en voyant qu'elle prenait machinalement la plume pour les signer.

Elle leva en pâlissant les yeux sur lui ; son regard était si absolu, son sourire si dédaigneux, qu'elle se hâta de signer d'une main tremblante, et les lui rendant :

— Monsieur, lui dit-elle, vous voyez que j'ai confiance en vous, sans examiner si les apparences vous accusent.

— J'entends, Madame, répondit Lansac en remettant les papiers à M. Grapp.

En ce moment il se sentit si heureux et si léger d'être débarrassé de cette créance qui lui avait suscité dix ans de tourments et de persécutions, qu'il eut pour sa femme quelque chose qui ressemblait à de la reconnaissance, et lui baisa la main en lui disant d'un air presque franc :

— Un service en vaut un autre, Madame.

Le soir même, il lui annonça qu'il était forcé de repartir le lendemain avec M. Grapp pour Paris, mais qu'il ne rejoindrait point l'ambassade sans lui avoir fait ses adieux et sans la consulter sur ses projets particuliers, auxquels, disait-il, il ne mettrait jamais d'opposition.

Il alla se coucher, heureux d'être débarrassé de sa dette et de sa femme.

Valentine, en se retrouvant seule le soir, réfléchit enfin avec calme aux événements de ces trois jours. Jusque-là, l'épouvante l'avait rendue incapable de raisonner sa position ; maintenant que tout s'était arrangé à l'amiable, elle pouvait y reporter un regard lucide. Mais ce ne fut pas la démarche irréparable qu'elle avait faite en donnant sa signature qui l'occupa un seul instant ; elle ne put trouver dans son âme que le sentiment d'une consternation profonde, en songeant qu'elle était perdue sans retour dans l'opinion de son mari. Cette humiliation lui était si douloureuse qu'elle absorbait tout autre sentiment.

Espérant trouver un peu de calme dans la prière, elle s'enferma dans son oratoire ; mais alors, habituée qu'elle était à mêler le souvenir de Bénédict à toutes ses aspirations vers le ciel, elle fut effrayée de ne plus trouver cette image aussi pure au fond de ses pensées. Le souvenir de la nuit précédente, de cet entretien orageux dont chaque parole, entendue sans doute par M. de Lansac, faisait monter la rougeur au front de Valentine, la sensation de ce baiser, qui était restée cuisante sur ses lèvres, ses terreurs, ses remords, ses agitations, en se retraçant les moindres détails de cette scène, tout l'avertissait qu'il était temps de retourner en arrière, et elle ne voulait tomber dans un abime. Jusque-là le sentiment audacieux de sa force l'avait soutenue, un instant avait suffi pour lui montrer combien la volonté humaine est fragile. Quinze mois d'abandon et de confiance n'avaient pas rendu Bénédict tellement stoïque qu'un instant n'eût détruit le fruit de ces vertus péniblement acquises, lentement amassées, témérairement vantées. Valentine ne pouvait pas se le dissimuler, l'amour qu'elle inspirait n'était pas celui des anges pour le Seigneur ; c'était un amour terrestre, passionné, impétueux, un orage prêt à tout renverser.

Elle ne fut pas plus tôt descendue ainsi dans les replis de sa conscience, que son ancienne piété, rigide, positive et terrible, vint la tourmenter de repentirs et de frayeurs. Toute la nuit se passa dans ces angoisses, elle essaya vainement de dormir. Enfin, vers le jour, exaltée par ses souffrances, elle s'abandonna à un projet romanesque et sublime, qui a tenté plus d'une jeune femme au moment de commettre sa première faute : elle résolut de voir son mari et d'implorer son appui.

Effrayée de ce qu'elle allait faire, à peine fut-elle habillée et prête à sortir de sa chambre qu'elle y renonça ; puis elle y revint, recula encore, et après un quart d'heure d'hésitations et de tourments, elle se détermina à descendre au salon et à faire demander M. de Lansac.

Il était à peine cinq heures du matin ; le comte avait espéré quitter le château avant que sa femme fût éveillée. Il se flattait d'échapper ainsi à l'ennui de nouveaux adieux et de nouvelles dissimulations. L'idée de cette entrevue le contraria donc vivement, mais il n'était aucun moyen convenable de s'y soustraire. Il s'y rendit, un peu tourmenté de n'en pouvoir deviner l'objet.

L'attention avec laquelle Valentine ferma les portes, afin de n'être entendue de personne, et l'altération de ses traits et de sa voix, achevèrent d'impatienter M. de Lansac, qui ne se sentait pas le temps d'essuyer une scène de sensibilité. Malgré lui, ses mobiles sourcils se contractèrent, et quand Valentine essaya de prendre la parole, elle trouva dans sa physionomie quelque chose de si glacial et de si repoussant qu'elle resta devant lui muette et anéantie.

Quelques mots polis de son mari lui firent sentir qu'il s'ennuyait d'attendre ; alors elle fit un effort violent pour parler, mais elle ne trouva que des sanglots pour exprimer sa douleur et sa honte.

— Allons, ma chère Valentine, dit-il enfin en s'efforçant de prendre un air ouvert et caressant, trève de puérilités ! Voyons, que pouvez-vous avoir à me dire ? Il me semblait que nous étions parfaitement d'accord sur tous les points. De grâce, ne perdons pas de temps ; Grapp m'attend, Grapp est impitoyable.

— Eh bien, Monsieur, dit Valentine en rassemblant son courage, je vous dirai en deux mots que j'ai à implorer de votre pitié : emmenez-moi.

En parlant ainsi, elle courba presque le genou devant le comte, qui recula de trois pas.

— Vous emmener ! vous ! y pensez-vous, Madame ?

— Je sais que vous me méprisez, s'écria Valentine avec la résolution du désespoir ; mais je sais que vous n'en avez pas le droit. Je jure, Monsieur, que je suis encore digne d'être la compagne d'un honnête homme.

— Voudriez-vous me faire le plaisir de m'apprendre, dit-il d'un ton lent et accentué par l'ironie, combien de promenades nocturnes vous avez faites seule (comme hier soir, par exemple) au pavillon du parc depuis environ deux ans que nous sommes séparés ?

Valentine, qui se sentait innocente, sentit en même temps son courage augmenter.

— Je vous jure sur Dieu et l'honneur, dit-elle, que ce fut hier la première fois.

— Dieu est bénévole, et l'honneur des femmes est fragile. Tachez de jurer par quelque autre chose.

— Mais, Monsieur, s'écria Valentine en saisissant le bras de son mari d'un ton d'autorité, vous avez entendu notre entretien cette nuit ; je le sais, j'en suis sûre. Eh bien, j'en appelle à votre conscience, ne vous a-t-il pas prouvé que mon égarement fut toujours involontaire ? N'avez-vous pas compris que si j'étais coupable et odieuse à mes propres yeux, du moins ma conduite n'était pas souillée de cette tache qu'un homme ne saurait pardonner ? Oh ! vous le savez bien ! vous savez bien que s'il en était autrement, je n'aurais pas l'effronterie de venir réclamer votre protection. Oh ! Évariste, ne me la refusez pas ! Il est temps encore de me sauver ; ne me laissez pas succomber à ma destinée ; arrachez-moi à la séduction qui m'environne et qui me presse. Voyez ! je la fuis, je la hais, je veux la repousser ! Mais je suis une pauvre femme, isolée, abandonnée de toutes parts ; aidez-moi. Il est temps encore, vous dis-je, je puis vous regarder en face. Tenez ! ai-je rougi ? ma figure ment-elle ? Vous êtes pénétrant, vous, on ne vous tromperait pas si grossièrement. Est-ce que j'oserais ? Grand Dieu, vous ne me croyez pas ! Oh ! c'est une horrible punition que ce doute !

En parlant ainsi, la malheureuse Valentine, désespérant de vaincre la froideur insultante de cette âme de marbre, tomba sur ses genoux et joignit les mains en les élevant vers le ciel, comme pour le prendre à témoin.

— Vraiment, dit M. de Lansac après un silence féroce, vous êtes très-belle et très-dramatique ! Il faut être cruel pour vous refuser ce que vous demandez si bien ; mais comment voulez-vous que je vous expose à un nouveau parjure? N'avez-vous pas juré à votre amant cette nuit que vous n'appartiendriez jamais à aucun homme?

A cette réponse foudroyante, Valentine se releva indignée, et regardant son mari de toute la hauteur de sa fierté de femme outragée :

— Que croyez-vous donc que je sois venue réclamer ici? lui dit-elle. Vous affectez une étrange erreur, Monsieur; mais vous ne pensez pas que je me sois mise à genoux pour solliciter une place dans votre lit?

M. de Lansac, mortellement blessé de l'aversion hautaine de cette femme tout à l'heure si humble, mordit sa lèvre pâle et fit quelques pas pour se retirer. Valentine s'attacha à lui.

— Ainsi vous me repoussez! lui dit-elle, vous me refusez un asile dans votre maison et la sauvegarde de votre présence autour de moi! Si vous pouviez m'ôter votre nom, vous le feriez sans doute! Oh! cela est inique, Monsieur. Vous me parliez hier de nos devoirs respectifs; comment remplissez-vous les vôtres? Vous me voyez près de rouler dans un précipice dont j'ai horreur, et quand je vous supplie de me tendre la main, vous m'y poussez du pied. Eh bien! que mes fautes retombent sur vous!...

— Oui, vous dites vrai, Valentine, répondit-il d'un ton goguenard en lui tournant le dos, vos fautes retomberont sur ma tête.

Il sortait, charmé de ce trait d'esprit; elle le retint encore, et tout ce qu'une femme au désespoir peut inventer d'humble, de touchant et de pathétique, elle sut le trouver en cet instant de crise. Elle fut si éloquente et si vraie que M. de Lansac, surpris de son esprit, la regarda quelques instants d'un air qui lui fit espérer de l'avoir attendri. Mais il se dégagea doucement en lui disant :

— Tout ceci est parfait, ma chère, mais c'est souverainement ridicule. Vous êtes fort jeune, profitez d'un conseil d'ami : c'est qu'une femme ne doit jamais prendre son mari pour son confesseur; c'est lui demander plus de vertu que sa profession n'en comporte. Pour moi, je vous trouve charmante; mais ma vie est trop occupée pour que je puisse entreprendre de vous guérir d'une grande passion. Je n'aurais d'ailleurs jamais la fatuité d'espérer du succès. J'ai assez fait pour vous, ce me semble, en fermant les yeux; vous me les ouvrez de force : alors il faut que je fuie, car ma contenance vis-à-vis de vous n'est pas supportable, et nous ne pourrions nous regarder l'un l'autre sans rire.

— Rire! Monsieur, rire! s'écria-t-elle avec une juste colère.

— Adieu, Valentine! reprit-il; j'ai trop d'expérience, je vous l'avoue, pour me brûler la cervelle pour une infidélité; mais j'ai trop de bon sens pour vouloir servir de chaperon à une jeune tête aussi exaltée que la vôtre. C'est pour cela aussi que je ne désire pas trop vous voir rompre cette liaison qui a pour vous encore toute la beauté romanesque d'un premier amour. Le second serait plus rapide, le troisième...

— Vous m'insultez, dit Valentine d'un air morne, mais Dieu me protégera. Adieu, Monsieur; je vous remercie de cette dure leçon; je tâcherai d'en profiter.

Ils se saluèrent, et, un quart d'heure après, Bénédict et Valentin, en se promenant sur le bord de la grand'route, virent passer la chaise de poste qui emportait le noble comte et l'usurier vers Paris.

## XXXV.

Valentine, épouvantée en même temps qu'offensée mortellement des injurieuses prédictions de son mari, alla dans sa chambre dévorer ses larmes et sa honte. Plus que jamais effrayée des conséquences d'un égarement que le monde punissait d'un tel mépris, Valentine, accoutumée à respecter religieusement l'opinion, prit horreur de ses fautes et de ses imprudences. Elle roula mille fois dans son esprit le projet de se soustraire aux dangers de sa situation; elle chercha au dehors tous ses moyens de

résistance, car elle n'en trouvait plus en elle-même, et la peur de succomber achevait d'énerver ses forces; elle reprochait amèrement à sa destinée de lui avoir ôté tout secours, toute protection.

— Hélas! disait-elle, mon mari me repousse, ma mère ne saurait me comprendre, ma sœur n'ose rien; qui m'arrêtera sur ce versant dont la rapidité m'emporte?

Élevée pour le monde et selon ses principes, Valentine ne trouvait nulle part en lui l'appui qu'elle avait droit d'en attendre en retour de ses sacrifices. Si elle n'eût possédé l'inestimable trésor de la foi, sans doute elle eût foulé aux pieds, dans son désespoir, tous les préceptes de sa jeunesse. Mais sa croyance religieuse soutenait et ralliait toutes ses croyances.

Elle ne se sentit pas la force, ce soir-là, de voir Bénédict; elle ne le fit donc pas avertir du départ de son mari, et se flatta qu'il l'ignorerait. Elle écrivit un mot à Louise pour la prier de venir au pavillon à l'heure accoutumée.

Mais à peine étaient-ils ensemble que mademoiselle Beaujon dépêcha Catherine au petit parc pour avertir Valentine que sa grand'mère, sérieusement incommodée, demandait à la voir.

La vieille marquise avait pris dans la matinée une tasse de chocolat dont la digestion, trop pénible pour ses organes débilités, lui occasionnait une oppression et une fièvre violentes. Le vieux médecin, M. Faure, trouva sa situation fort dangereuse.

Valentine s'empressait à lui prodiguer ses soins, lorsque la marquise, se redressant tout à coup sur son chevet avec une netteté de prononciation et de regard qu'on n'avait pas remarquée en elle depuis longtemps, demanda à être seule avec sa petite-fille. Les personnes présentes se retirèrent aussitôt, excepté la Beaujon, qui ne pouvait supposer que cette mesure s'étendît jusqu'à elle. Mais la vieille marquise, rendue tout à coup, par une révolution miraculeuse de la fièvre, à toute la clarté de son jugement et à toute l'indépendance de sa volonté, lui ordonna impérieusement de sortir.

— Valentine, lui dit-elle quand elles furent seules, j'ai à te demander une grâce; il y a bien longtemps que je l'implore de la Beaujon, mais elle me trouble l'esprit par ses réponses; toi, tu me l'accorderas, je parie.

— Ô ma bonne maman! s'écria Valentine en se mettant à genoux devant son lit, parlez, ordonnez.

— Eh bien, mon enfant, dit la marquise en se penchant vers elle et en baissant la voix, je ne voudrais pas mourir sans voir ta sœur.

Valentine se leva avec vivacité et courut à une sonnette.

— Oh! ce sera bientôt fait, lui dit-elle joyeusement, elle n'est pas loin d'ici; quelle sera heureuse, chère grand'mère! Ses caresses vous rendront la vie et la santé!

Catherine fut chargée par Valentine d'aller chercher Louise, qui était restée au pavillon.

— Ce n'est pas tout, dit la marquise, je voudrais aussi voir mon fils.

Précisément, Valentin, envoyé par Bénédict, qui était inquiet de Valentine et n'osait se présenter devant elle sans son aveu, venait d'arriver au petit parc lorsque Catherine s'y rendit. Au bout de quelques minutes, Louise et son fils furent introduits dans la chambre de leur aïeule.

Louise, abandonnée avec un cruel égoïsme par cette femme, avait réussi à l'oublier, mais quand elle la retrouva sur son lit de mort, hâve et décrépite; quand elle revit les traits de celle dont la tendresse indulgente avait veillé bien ou mal sur les premières années d'innocence et de bonheur, elle sentit se réveiller cet inextinguible sentiment de respect et d'amour qui s'attache aux premières affections de la vie. Elle s'élança dans les bras de sa grand'mère, et ses larmes, dont elle croyait la source tarie pour elle, coulèrent avec effusion sur le sein qui l'avait bercée.

La vieille femme retrouva aussi de vifs élans de sensibilité à la vue de cette Louise, jadis si vive et si riche de jeunesse, de passion et de santé, maintenant si pâle, si frêle et si triste. Elle s'exprima avec une ardeur d'affection qui fut en elle comme le dernier éclair de cette tendresse ineffable dont le ciel a doué la femme dans son rôle de mère. Elle demanda pardon de son oubli avec une chaleur qui arracha des sanglots de reconnaissance à ses deux petites-filles ; puis elle pressa Valentin dans ses bras étiques ; s'extasia sur sa beauté, sur sa grâce, sur sa ressemblance avec Valentine. Cette ressemblance, ils la tenaient du comte Raimbault, le dernier fils de la marquise ; elle retrouvait en eux encore les traits de son époux. Comment les liens sacrés de la famille pourraient-ils être effacés et méconnus sur la terre ? Quoi de plus puissant sur le cœur humain qu'un type de beauté recueilli comme un héritage par plusieurs générations d'enfants aimés ! Quel lien d'affection que celui qui résume le souvenir et l'espérance ! Quel empire que celui d'un être dont le regard fait revivre tout un passé d'amour et de regrets, toute une vie que l'on croyait éteinte et dont on retrouve les émotions palpitantes dans un sourire d'enfant !

Mais bientôt cette émotion sembla s'éteindre chez la marquise, soit qu'elle eût hâté l'épuisement de ses facultés, soit que la légèreté naturelle à son caractère eût besoin de reprendre son cours. Elle fit asseoir Louise sur son lit, Valentine dans le fond de l'alcôve, et Valentin à son chevet. Elle leur parla avec esprit et gaieté, surtout avec autant d'aisance que si elle les eût quittés de la veille ; elle interrogea beaucoup Valentin sur ses études, sur ses goûts, sur ses rêves d'avenir.

En vain ses filles lui représentèrent qu'elle se fatiguait par cette longue causerie ; peu à peu elles s'aperçurent que ses idées s'obscurcissaient ; sa mémoire baissa : l'étonnante présence d'esprit qu'elle avait recouvrée fit place à des souvenirs vagues et flottants, à des perceptions confuses ; ses joues brillantes de fièvre passèrent à des tons violets, sa parole s'embarrassa. Le médecin, que l'on fit rentrer, lui administra un calmant. Il n'en était plus besoin ; on la vit s'affaisser et s'éteindre rapidement.

Puis tout à coup, se relevant sur son oreiller, elle appela encore Valentine, et fit signe aux autres personnes de se retirer au fond de l'appartement.

— Voici une idée qui me revient, lui dit-elle à voix basse. Je savais bien que j'oubliais quelque chose, et je ne voulais pas mourir sans te l'avoir dit. Je savais bien des secrets que je faisais semblant d'ignorer. Il y en a un que tu ne m'as pas confié, Valentine ; mais je l'ai deviné depuis longtemps : tu es amoureuse, mon enfant.

Valentine frémit de tout son corps ; dominée par l'exaltation que tous ces événements accumulés en si peu de jours devaient avoir produite sur son cerveau, elle crut qu'une voix d'en haut lui parlait par la bouche de son aïeule mourante.

— Oui, c'est vrai, répondit-elle en penchant son visage brûlant sur les mains glacées de la marquise ; je suis bien coupable ; ne me maudissez pas, dites-moi une parole qui me ranime et qui me sauve.

— Ah ! ma petite ! dit la marquise en essayant de sourire, ce n'est pas facile de sauver une jeune tête comme toi des passions ! Bah ! à ma dernière heure je puis bien être sincère. Pourquoi ferais-je de l'hypocrisie avec vous autres ? En pourrai-je faire dans un instant devant Dieu ? Non, va. Il n'est pas possible de se préserver de ce mal tant qu'on est jeune. Aime donc, ma fille ; il n'y a que cela de bon dans la vie. Mais reçois le dernier conseil de ta grand'mère et ne l'oublie pas : Ne prends jamais un amant qui ne soit pas de ton rang.

Ici la marquise cessa de pouvoir parler.

Quelques gouttes de la potion lui rendirent encore quelques minutes de vie. Elle adressa un sourire morbide à ceux qui l'environnaient et murmura des lèvres quelques prières. Puis, se tournant vers Valentine :

— Tu diras à ta mère que je la remercie de ses bons procédés, et que je lui pardonne les mauvais. Pour une femme sans naissance, après tout, elle s'est conduite assez bien envers moi. Je n'attendais pas tant, je l'avoue, de la part de mademoiselle Chignon.

Elle prononça ce mot avec une affectation de mépris. Ce fut le dernier qu'elle fit entendre ; et, selon elle, la

plus grande vengeance qu'elle pût tirer des tourments imposés à sa vieillesse, fut de dénoncer la roture de madame de Raimbault comme son plus grand vice.

La perte de sa grand'mère, quoique sensible au cœur de Valentine, ne pouvait pas être pour elle un malheur bien réel. Néanmoins, dans la disposition d'esprit où elle était, elle la regarda comme un nouveau coup de sa fatale destinée, et se plut à redire, dans l'amertume de ses pensées, que tous ses appuis naturels lui étaient successivement enlevés, et, comme à dessein, dans le temps où ils lui étaient le plus nécessaires.

De plus en plus découragée de sa situation, Valentine résolut d'écrire à sa mère pour la supplier de venir à son secours, et de ne point revoir Bénédict jusqu'à ce qu'elle eût consommé ce sacrifice. En conséquence, après avoir rendu les derniers devoirs à la marquise, elle se retira chez elle, s'y enferma, et, déclarant qu'elle était malade et ne voulait voir personne, elle écrivit à la comtesse de Raimbault.

Alors, quoique la dureté de M. de Lansac eût bien dû la dégoûter de verser sa douleur dans un cœur insensible, elle se confessa humblement devant cette femme orgueilleuse qui l'avait fait trembler toute sa vie. Maintenant, Valentine, exaspérée par la souffrance, avait le courage du désespoir pour tout entreprendre. Elle ne raisonnait plus rien ; une crainte majeure dominait toute autre crainte. Pour échapper à son amour, elle aurait marché sur la mer. D'ailleurs, au moment où tout lui manquait à la fois, une douleur de plus devenait moins effrayante que dans un temps ordinaire. Elle se sentait une énergie féroce envers elle-même, pourvu qu'elle n'eût pas à combattre Bénédict ; les malédictions du monde entier l'épouvantaient moins que l'idée d'affronter la douleur de son amant.

Elle avoua donc à sa mère qu'elle aimait *un autre homme que son mari*. Ce furent là tous les renseignements qu'elle donna sur Bénédict ; mais elle peignit avec chaleur l'état de son âme et le besoin qu'elle avait d'un appui. Elle la supplia de la rappeler auprès d'elle ; car elle se faisait un scrupule absolu d'exigeait la comtesse, que Valentine n'eût pas osé la rejoindre sans son aveu.

A défaut de tendresse, madame de Raimbault eût peut-être accueilli avec vanité la confidence de sa fille ; elle eût peut-être fait droit à sa demande, si le même courrier ne lui eût apporté une lettre datée du château de Raimbault, qu'elle lut la première : c'était une dénonciation en règle de mademoiselle Beaujon.

Cette fille, suffoquée de jalousie en voyant la marquise entourée d'une nouvelle famille à ses derniers moments, avait été furieuse surtout du don de quelques bijoux antiques offerts à Louise par sa grand'mère, comme gage de souvenir. Elle se regarda comme frustrée par ce legs, et, n'ayant aucun droit pour s'en plaindre, elle résolut au moins de s'en venger ; elle écrivit donc sur-le-champ à la comtesse, sous prétexte de l'informer de la mort de sa belle-mère, et elle profita de l'occasion pour révéler l'intimité de Louise et de Valentine. l'installation *scandaleuse* de Valentin dans le voisinage, son éducation faite à demi par madame de Lansac, et tout ce qu'il lui plut d'appeler les *mystères du pavillon* ; car elle ne s'en tint pas à dévoiler l'amitié des deux sœurs, elle noircit les relations qu'elles avaient avec le neveu du fermier, le *paysan Benoît Lhéry* ; elle présenta Louise comme une intrigante qui favorisait odieusement l'union coupable de ce rustre avec sa sœur ; elle ajouta qu'il était bien tard sans doute pour remédier à tout cela, car *le commerce* durait depuis quinze grands mois. Elle finit en déclarant que M. de Lansac avait sans doute fait à cet égard de fâcheuses découvertes, car il était parti au bout de trois jours sans avoir aucune relation avec sa femme.

Après avoir donné ce soulagement à sa haine, la Beaujon quitta Raimbault, riche des libéralités de la famille, et vengée des bontés que Valentine avait eues pour elle.

Ces deux lettres mirent la comtesse dans une fureur épouvantable ; elle eût accordé moins de foi aux aveux de la duègne, si les aveux de sa fille, arrivés en même temps, ne lui en eussent semblé la confirmation. Alors tout le mérite de cette confession naïve fut perdu pour Valentine. Madame de Raimbault ne vit plus en elle qu'une malheureuse dont l'honneur était entaché sans retour, et qui, menacée de la vengeance de son mari, venait implorer l'appui nécessaire de sa mère. Cette opinion ne fut que trop confirmée par les bruits de la province qui arrivaient chaque jour à ses oreilles. Le bonheur pur de deux amants n'a jamais pu s'abriter dans la paix obscure des champs sans exciter la jalousie et la haine de tout ce qui végète sottement au sein des petites villes. Le bonheur d'autrui est un spectacle qui dessèche et dévore le provincial ; la seule chose qui lui fait supporter sa vie étroite et misérable, c'est le plaisir d'arracher tout amour et toute poésie de la vie de son voisin.

Et puis madame de Raimbault, qui avait été déjà frappée du retour subit de M. de Lansac à Paris, lui, l'interrogea, ne put obtenir aucune réponse, mais put fort bien comprendre, à l'habileté de son silence et à la dignité de sa contenance évasive, que tout lien d'affection et de confiance était rompu entre sa femme et lui.

Alors elle fit à Valentine une réponse foudroyante, lui conseilla de chercher désormais son refuge dans la protection de cette sœur tarée comme elle, lui déclara qu'elle l'abandonnait à l'opprobre de son sort, et finit en lui donnant presque sa malédiction.

Il est vrai de dire que madame de Raimbault fut navrée de voir la vie de sa fille gâtée à tout jamais ; mais il entra encore plus d'orgueil blessé que de tendresse maternelle dans sa douleur. Ce qui le prouve, c'est que le courroux l'emporta sur la pitié, et qu'elle partit pour l'Angleterre, afin, prétendit-elle, de s'étourdir sur ses chagrins, mais, en effet, pour se livrer à la dissipation sans être exposée à rencontrer des gens informés de ses malheurs domestiques, et disposés à critiquer sa conduite en cette occasion.

Tel fut le résultat de la dernière tentative de l'infortunée Valentine. La réponse de sa mère jeta une telle douleur dans son âme qu'elle absorba toutes ses autres pensées. Elle se mit à genoux dans son oratoire, et répandit son affliction en longs sanglots. Puis, au milieu de cette amertume affreuse, elle sentit ce besoin de confiance et d'espoir qui soutient les âmes religieuses ; elle sentit surtout ce besoin d'affection qui dévore la jeunesse. Haïe, méconnue, repoussée de partout, il lui restait encore un asile : c'était le cœur de Bénédict. Était-il donc coupable, cet amour tant calomnié ? Dans quel crime l'avait-il donc entraînée ?

« Mon Dieu ! s'écria-t-elle avec ardeur, toi qui seul vois la pureté de mes désirs, toi qui seul connais l'innocence de ma conduite, ne me protégeras-tu pas ? te retireras-tu aussi de moi ? La justice que les hommes me refusent, n'est-ce pas en toi que je la trouverai ? Cet amour est-il donc si coupable ? »

Comme elle se penchait sur son prie-Dieu, elle aperçut un objet qu'elle y avait déposé comme l'*ex-voto* d'une superstition amoureuse ; c'était ce mouchoir teint de sang que Catherine avait rapporté de la maison du ravin le jour du suicide de Bénédict, et que Valentine avait réclamé ensuite en apprenant cette circonstance. En ce moment, la vue du sang répandu pour elle fut comme une victorieuse protestation d'amour et de dévouement, en réponse aux affronts qu'elle recevait de toutes parts. Elle saisit le mouchoir, le pressa contre ses lèvres, et, plongée dans une mer de tourments et de délices, elle resta longtemps immobile et recueillie, ouvrant son cœur à la confiance, et sentant revenir cette vie ardente qui dévorait son être quelques jours auparavant.

## XXXVI.

Bénédict était bien malheureux depuis huit jours. Cette feinte maladie, dont Louise ne savait lui donner aucun détail, le jetait dans de vives inquiétudes. Tel est l'égoïsme de l'amour, qu'il aimait encore mieux croire au mal de Valentine que de la soupçonner de vouloir le fuir. Ce soir-là, poussé par un vague espoir, il rôda longtemps autour

du parc ; enfin, maître d'une clef particulière que l'on confiait d'ordinaire à Valentin, il se décida à pénétrer jusqu'au pavillon. Tout était silencieux et désert dans ce lieu naguère si plein de joie, de confiance et d'affection. Son cœur se serra ; il en sortit, et se hasarda à entrer dans le jardin du château. Depuis la mort de la vieille marquise, Valentine avait supprimé plusieurs domestiques. Le château était donc peu habité. Bénédict en approcha sans rencontrer personne.

L'oratoire de Valentine était situé dans une tourelle vers la partie la plus solitaire du bâtiment. Un petit escalier en vis, reste des anciennes constructions sur lesquelles le nouveau manoir avait été bâti, descendait de sa chambre à l'oratoire, et de l'oratoire au jardin. La fenêtre, cintrée et surmontée d'ornements dans le goût italien de la renaissance, s'élevait au-dessus d'un massif d'arbres dont la cime s'empourprait alors des reflets du couchant. La chaleur du jour avait été extrême ; des éclairs silencieux glissaient faiblement sur l'horizon violet ; l'air était rare et comme chargé d'électricité ; c'était un de ces soirs d'été où l'on respire avec peine, où l'on sent en soi une excitation nerveuse extraordinaire, où l'on souffre d'un mal sans nom qu'on voudrait pouvoir soulager par des larmes.

Parvenu au pied du massif en face de la tour, Bénédict jeta un regard inquiet sur la fenêtre de l'oratoire. Le soleil embrasait ses vitraux coloriés. Bénédict chercha longtemps à saisir quelque chose derrière ce miroir ardent, lorsqu'une main de femme l'ouvrit tout à coup, et une forme fugitive se montra et disparut.

Bénédict monta sur un vieux if, et, caché par ses rameaux noirs et pendants, il s'éleva assez pour que sa vue pût plonger dans l'intérieur. Alors il vit distinctement Valentine à genoux, avec ses cheveux blonds à demi détachés, qui tombaient négligemment sur son épaule, et que le soleil dorait de ses derniers feux. Ses joues étaient animées, son attitude avait un abandon plein de grâce et de candeur. Elle pressait sur sa poitrine et baisait avec amour ce mouchoir sanglant que Bénédict avait cherché avec tant d'anxiété après son suicide, et qu'il reconnut aussitôt entre ses mains.

Alors Bénédict, promenant ses regards craintifs sur le jardin désert, et n'ayant qu'un mouvement à faire pour atteindre à cette fenêtre, ne put résister à la tentation. Il s'attacha à la balustrade sculptée, et, abandonnant la dernière branche qui le soutenait encore, il s'élança au péril de sa vie.

En voyant une ombre se dessiner dans l'air éblouissant de la croisée, Valentine jeta un cri ; mais, en le reconnaissant, sa terreur changea de nature.

— O ciel ! lui dit-elle, oserez-vous donc me poursuivre jusqu'ici ?

— Me chassez-vous ? répondit Bénédict. Voyez ! vingt pieds seulement me séparent du sol ; ordonnez-moi de lâcher cette balustrade, et j'obéis.

— Grand Dieu ! s'écria Valentine épouvantée de la situation où elle le voyait, entrez, entrez ! Vous me faites mourir de frayeur.

Il s'élança dans l'oratoire, et Valentine, qui s'était attachée à son vêtement dans la crainte de le voir tomber, le pressa dans ses bras par un mouvement de joie involontaire en le voyant sauvé.

En cet instant tout fut oublié, et les résistances que Valentine avait tant méditées, et les reproches que Bénédict s'était promis de lui faire. Ces huit jours de séparation, dans de si tristes circonstances, avaient été pour eux comme un siècle. Le jeune homme s'abandonnait à une joie folle en pressant contre son cœur Valentine, qu'il avait craint de trouver mourante, et qu'il voyait plus belle et plus aimante que jamais.

Enfin la mémoire de ce qu'il avait souffert loin d'elle lui revint ; il l'accusa d'avoir été menteuse et cruelle.

— Écoutez, lui dit Valentine avec feu en le conduisant devant sa madone, j'avais fait serment de ne jamais vous revoir, parce que je m'étais imaginé que je ne pourrais le faire sans crime. Maintenant jurez-moi que vous m'aiderez à respecter mes devoirs ; jurez-le devant Dieu, devant cette image, emblème de pureté ; rassurez-moi, rendez-moi la confiance que j'ai perdue. Bénédict, votre âme est sincère, vous ne voudriez pas commettre un sacrilège dans votre cœur ; dites ! vous sentez-vous plus fort que je ne le suis ?

Bénédict pâlit et recula avec épouvante. Il avait dans l'esprit une droiture vraiment chevaleresque, et préférait le malheur de perdre Valentine au crime de la tromper.

— Mais c'est un vœu que vous me demandez, Valentine ! s'écria-t-il. Pensez-vous que j'aie l'héroïsme de le prononcer et de le tenir sans y être préparé ?

— Eh quoi ! ne l'êtes-vous pas depuis quinze mois ? lui dit-elle. Ces promesses solennelles que vous me fîtes un soir en face de ma sœur, et que jusqu'ici vous aviez si loyalement observées...

— Oui, Valentine, j'ai eu cette force, et j'aurai peut-être celle de renouveler mon vœu. Mais ne me demandez rien aujourd'hui, je suis trop agité ; mes serments n'auraient nulle valeur. Tout ce qui s'est passé a chassé le calme que vous aviez fait rentrer dans mon sein. Et puis, Valentine ! femme imprudente ! vous me dites que vous tremblez ! Pourquoi me dites-vous cela ? Je n'aurais pas eu l'audace de le penser. Vous étiez forte quand je vous croyais forte ; pourquoi me demander, à moi, l'énergie que vous n'avez pas ? Où la trouverai-je maintenant ? Adieu, je vais me préparer à vous obéir. Mais jurez-moi que vous ne me fuirez plus ; car vous voyez l'effet de cette conduite sur moi : elle me tue, elle détruit tout l'effet de ma vertu passée.

— Eh bien ! Bénédict, je vous le jure ; car il m'est impossible de ne pas me fier à vous quand je vous vois et quand je vous entends. Adieu ; demain nous nous reverrons tous au pavillon.

Elle lui tendit la main ; Bénédict hésita à la toucher. Un tremblement convulsif l'agitait. A peine l'eut-il effleurée, qu'une sorte de rage s'empara de lui. Il étreignit Valentine dans ses bras, puis il voulut la repousser. Alors l'effroyable violence qu'il imposait à sa nature ardente depuis si longtemps ayant épuisé toutes ses forces, il se tordit les mains avec fureur et tomba presque mourant sur les marches du prie-Dieu.

— Prends pitié de moi, dit-il avec angoisse, toi qui as créé Valentine ; rappelle mon âme à toi, éteins ce souffle dévorant qui ronge ma poitrine et torture ma vie ; fais-moi la grâce de mourir.

Il était si pâle, tant de souffrance se peignait dans ses yeux éteints, que Valentine le crut réellement sur le point de succomber. Elle se jeta à genoux près de lui, le pressa sur son cœur avec délire, le couvrit de caresses et de pleurs, et tomba épuisée elle-même dans ses bras avec des cris étouffés, en le voyant défaillir et rejeter en arrière sa tête froide et mourante.

Enfin elle le rappela à lui-même ; mais il était si faible, si accablé, qu'elle ne voulut point le renvoyer ainsi. Retrouvant toute son énergie avec la nécessité de le secourir, elle le soutint et le traîna jusqu'à sa chambre, où elle lui prépara du thé.

En ce moment, la bonne et douce Valentine redevint l'officieuse et active ménagère dont la vie était toute consacrée à être utile aux autres. Ses terreurs de femme et d'amante se calmèrent pour faire place aux sollicitudes de l'amitié. Elle oublia en quel lieu elle amenait Bénédict et ce qui devait se passer dans son âme, pour ne songer qu'à secourir ses sens. L'imprudente ne fit point attention aux regards sombres et farouches qu'il jetait sur cette chambre où il n'était entré qu'une fois, sur ce lit où il l'avait vue dormir toute une nuit, sur tous ces meubles qui lui rappelaient la plus orageuse crise et la plus solennelle émotion de sa vie. Assis sur un fauteuil, les sourcils froncés, les bras pendants, il la regardait machinalement errer autour de lui, sans imaginer à quoi elle s'occupait.

Quand elle lui apporta le breuvage calmant qu'elle venait de lui préparer, il se leva brusquement et la regarda d'un air si étrange et si égaré qu'elle laissa échapper la tasse et recula avec effroi.

Bénédict jeta ses bras autour d'elle et l'empêcha de fuir.

— Laissez-moi, s'écria-t-elle, le thé m'a horriblement brûlée.

En effet, elle s'éloigna en boitant. Il se jeta à genoux et baisa son petit pied légèrement rougi au travers de son bas transparent, et puis il faillit mourir encore ; et Valentine, vaincue par la pitié, par l'amour, par la peur surtout, ne s'arracha plus de ses bras quand il revint à la vie...

C'était un moment fatal qui devait arriver tôt ou tard. Il y a bien de la témérité à espérer vaincre une passion, quand on se voit tous les jours et qu'on a vingt ans.

Durant les premiers jours, Valentine, emportée au delà de toutes ses impressions habituelles, ne songea point au repentir ; mais ce moment vint et il fut terrible.

Alors Bénédict regretta amèrement un bonheur qu'il fallait payer si cher. Sa faute reçut le plus rude châtiment qui pût lui être infligé : il vit Valentine pleurer et dépérir de chagrin.

Trop vertueux l'un et l'autre pour s'endormir dans des joies qu'ils avaient réprouvées et repoussées si longtemps, leur existence devint cruelle. Valentine n'était point capable de transiger avec sa conscience. Bénédict aimait trop passionnément pour sentir un bonheur que ne partageait plus Valentine. Tous deux étaient trop faibles, trop livrés à eux-mêmes, trop dominés par les impétueuses sensations de la jeunesse, pour s'arracher à ces joies pleines de remords. Ils se quittaient avec désespoir ; ils se retrouvaient avec enthousiasme. Leur vie était un combat perpétuel, un orage toujours renaissant, une volupté sans bornes et un enfer sans issue.

Bénédict accusait Valentine de l'aimer peu, de ne pas savoir le préférer à son honneur, à l'estime d'elle-même, de n'être capable d'aucun sacrifice complet ; et quand ces reproches avaient amené une nouvelle faiblesse de Valentine, quand il la voyait pleurer avec désespoir et succomber sous de pâles terreurs, il haïssait le bonheur qu'il venait de goûter ; il eût voulu au prix de son sang en laver le souvenir. Il lui offrait alors de la fuir, il lui jurait de supporter la vie et l'exil ; mais elle n'avait plus la force de l'éloigner.

— Ainsi je resterais seule et abandonnée à ma douleur ! lui disait-elle ; non, ne me laissez pas ainsi, j'en mourrais ; je ne puis plus vivre qu'en m'étourdissant. Dès que je rentre en moi-même, je sens que je suis perdue ; ma raison s'égare, et je serais capable de couronner mes crimes par le suicide. Votre présence du moins me donne la force de vivre dans l'oubli de mes devoirs. Attendons encore, espérons, prions Dieu ; seule, je ne puis plus prier ; mais près de vous l'espoir me revient. Je me flatte de trouver un jour assez de vertu en moi pour vous aimer sans crime. Peut-être m'en donnerez-vous le premier, car enfin vous êtes plus fort que moi ; c'est moi qui vous repousse et vous rappelle toujours.

Et puis venaient ces moments de passion impétueuse où l'enfer avec ses terreurs faisait sourire Valentine. Elle n'était pas incrédule alors, elle était fanatique d'impiété.

— Eh bien, disait-elle, bravons tout ; qu'importe que je perde mon âme ? Soyons heureux sur la terre ; le bonheur d'être à toi sera-t-il trop payé par une éternité de tourments ? Je voudrais avoir quelque chose de plus à te sacrifier ; dis, ne sais-tu pas un prix qui puisse m'acquitter envers toi ?

— Oh ! si tu étais toujours ainsi ! s'écriait Bénédict.

Ainsi Valentine, de calme et réservée qu'elle était naturellement, était devenue passionnée jusqu'au délire par suite d'un impitoyable concours de malheurs et de séductions qui avaient développé en elle de nouvelles facultés pour combattre et pour aimer. Plus sa résistance avait été longue et raisonnée, plus sa chute était violente. Plus elle avait amassé de forces pour repousser la passion, plus la passion trouvait en elle les aliments de sa force et de sa durée.

Un événement que Valentine avait pour ainsi dire oublié de prévoir, vint faire diversion à ces orages. Un matin, M. Grapp se présenta muni de pièces en vertu desquelles le château et la terre de Raimbault lui appartenaient, sauf une valeur de vingt mille francs environ, qui constituait à l'avenir toute la fortune de madame de Lansac. Les terres furent immédiatement mises en vente, au plus offrant, et Valentine fut sommée de sortir, sous vingt-quatre heures, des propriétés de M. Grapp.

Ce fut un coup de foudre pour ceux qui l'aimaient ; jamais fléau céleste ne causa dans le pays une semblable consternation. Mais Valentine ressentit moins son malheur qu'elle ne l'eût fait dans une autre situation ; elle pensa, dans le secret de son cœur, que M. de Lansac étant assez vil pour se faire payer son déshonneur au poids de l'or, elle était pour ainsi dire quitte envers lui. Elle ne regretta que le pavillon, asile d'un bonheur pour jamais évanoui, et, après en avoir retiré le peu de meubles qu'il lui fut permis d'emporter, elle accepta provisoirement un refuge à la ferme de Grangeneuve, que les Lhéry, en vertu d'un arrangement avec Grapp, étaient eux-mêmes sur le point de quitter.

## XXXVII.

Au milieu de l'agitation que lui causa ce bouleversement de sa destinée, elle passa quelques jours sans voir Bénédict. Le courage avec lequel elle supporta l'épreuve de sa ruine raffermit un peu son âme, et elle trouva en elle assez de calme pour tenter d'autres efforts.

Elle écrivit à Bénédict :

« Je vous supplie de ne point chercher à me voir durant cette quinzaine, que je vais passer dans la famille Lhéry. Comme vous n'êtes point entré à la ferme depuis le mariage d'Athénaïs, vous n'y sauriez reparaître maintenant sans afficher nos relations. Quelque invité que vous puissiez l'être par madame Lhéry, qui regrette toujours votre désunion apparente, refusez, si vous ne voulez m'affliger beaucoup. Adieu ; je ne sais point ce que je deviendrai, j'ai quinze jours pour m'en occuper. Quand j'aurai décidé de mon avenir, je vous le ferai savoir, et vous m'aiderez à le supporter, quel qu'il soit. V. »

Ce billet jeta une profonde terreur dans l'esprit de Bénédict ; il crut y voir cette décision tant redoutée qu'il avait fait révoquer si souvent à Valentine, mais qui, à la suite de tant de chagrins, devenait peut-être inévitable. Abattu, brisé sous le poids d'une vie si orageuse et d'un avenir si sombre, il se laissa aller au découragement. Il n'avait même plus l'espoir du suicide pour le soutenir. Sa conscience avait contracté des engagements envers le fils de Louise ; et puis, d'ailleurs, Valentine était trop malheureuse pour qu'il voulût ajouter ce coup terrible à tous ceux dont le sort l'avait frappée. Désormais qu'elle était ruinée, abandonnée, navrée de chagrins et de remords, son devoir, à lui, était de vivre pour s'efforcer de lui être utile et de veiller sur elle en dépit d'elle-même.

Louise avait enfin vaincu cette folle passion qui l'avait si longtemps torturée. La nature de ses liens avec Bénédict, consolidée et purifiée par la présence du son fils, était devenue calme et sainte. Son caractère violent s'était adouci à la suite de cette grande victoire intérieure. Il est vrai qu'elle ignorait complétement le malheur qu'avait eu Bénédict d'être trop heureux avec Valentine ; elle s'efforçait de consoler celle-ci de ses pertes, sans savoir qu'elle en avait fait une irréparable, celle de sa propre estime. Elle passait donc tous ses instants auprès d'elle, et ne comprenait pas quelles nouvelles anxiétés pesaient sur Bénédict.

La jeune et vive Athénaïs avait personnellement souffert de ces derniers événements, d'abord parce qu'elle aimait sincèrement Valentine, et puis parce que le pavillon fermé, les douces réunions du soir interrompues, le petit parc abandonné pour jamais, gonflaient son cœur d'une amertume indéfinissable. Elle s'étonnait elle-même de n'y pouvoir songer sans soupirer, elle s'effrayait de la longueur de ses jours et de l'ennui de ses soirées.

Évidemment il manquait à sa vie quelque chose d'important, et Athénaïs, qui touchait à peine à sa dix-huitième année, s'interrogeait naïvement à cet égard sans

oser se répondre. Mais, dans tous ses rêves, la blonde et noble tête du jeune Valentin se montrait parmi des buissons chargés de fleurs. Sur l'herbe des prairies, elle croyait courir poursuivie par lui ; elle le voyait grand, élancé, souple comme un chamois, franchir les haies pour l'atteindre ; elle folâtrait avec lui, elle partageait ses rires si francs et si jeunes ; puis elle rougissait elle-même en voyant la rougeur monter sur ce front candide, en sentant cette main frêle et blanche brûler en touchant la sienne, en surprenant un soupir et un regard mélancolique à cet enfant, dont elle ne voulait pas se méfier. Toutes les agitations timides d'un amour naissant, elle les ressentait à son insu. Et quand elle s'éveillait, quand elle trouvait à son côté ce Pierre Blutty, ce paysan si rude, si brutal en amour, si dépourvu d'élégance et de charme, elle sentait son cœur se serrer et des larmes venir au bord de ses paupières. Athénaïs avait toujours aimé l'aristocratie ; un langage élevé, lors même qu'il était au-dessus de sa portée et de son intelligence, lui semblait la plus puissante des séductions. Lorsque Bénédict parlait d'arts ou de sciences, elle l'écoutait avec admiration, parce qu'elle ne le comprenait pas. C'était par sa supériorité en ce genre qu'il l'avait longtemps dominée. Depuis qu'elle avait pris son parti de renoncer à lui, le jeune Valentin, avec sa douceur, sa retenue, la majesté féodale de son beau profil, son aptitude aux connaissances abstraites, était devenu pour elle un type de grâce et de perfection. Elle avait longtemps exprimé tout haut sa prédilection pour lui ; mais elle commençait à ne plus oser, car Valentin grandissait d'une façon effrayante, son regard devenait pénétrant comme le feu, et la jeune fermière sentait le sang lui monter au visage chaque fois qu'elle prononçait son nom.

Le pavillon abandonné était donc un sujet involontaire d'aspirations et de regrets. Valentin venait bien quelquefois embrasser sa mère et sa tante ; mais la maison du ravin était assez éloignée de la ferme pour qu'il ne pût faire souvent cette course sans se déranger beaucoup de ses études, et la première semaine parut mortellement longue à madame Blutty.

L'avenir devenait incertain. Louise parlait de retourner à Paris avec son fils et Valentine. D'autres fois, les deux sœurs faisaient le projet d'acheter une petite maison de paysan et d'y vivre solitaires. Blutty, qui était toujours jaloux de Bénédict, quoiqu'il n'en eût guère sujet, parlait d'emmener sa femme en Marche, où il avait des propriétés. De toutes les manières, il faudrait s'éloigner de Valentin ; Athénaïs ne pouvait plus y penser sans des regrets qui portaient une vive lumière dans les secrets de son cœur.

Un jour, elle se laissa entraîner par le plaisir de la promenade jusqu'à un pré fort éloigné, qu'en bonne fermière elle voulait parcourir. Ce pré touchait au bois de Vavrey, et le ravin n'était pas loin sur la lisière du bois. Or, il arriva que Bénédict et Valentin se promenaient par là ; que le jeune homme aperçut, sur le vert foncé de la prairie, la taille alerte et bien prise de madame Blutty, et qu'il franchit la haie sans consulter son mentor pour aller la rejoindre. Bénédict se rapprocha d'eux, et ils causèrent quelque temps ensemble.

Alors Athénaïs, qui avait pour son cousin un reste de ce vif intérêt qui rend l'amitié d'une femme pour un homme si complaisante et si douce, s'aperçut des ravages que depuis quelques jours surtout, le chagrin avait faits en lui. L'altération de ses traits l'effraya, et, passant son bras sous le sien, elle le pria avec instance de lui dire franchement la cause de sa tristesse et l'état de sa santé. Comme elle s'en doutait un peu, elle eut la délicatesse de renvoyer Valentin à quelque distance, en le chargeant de lui rapporter son ombrelle oubliée sous un arbre.

Il y avait si longtemps que Bénédict se contraignait pour cacher sa souffrance à tous les yeux, que l'affection de sa cousine lui fut douce. Il ne put résister au besoin de s'épancher, lui parla de son attachement pour Valentine, de l'inquiétude où il vivait séparé d'elle, et finit par lui avouer qu'il était réduit au désespoir par la crainte de la perdre à jamais.

Les métayers de la Croix-Bleue, en allant chercher leurs bœufs, l'ont ramassé.
(Page 52.)

Athénaïs, dans sa candeur, ne voulut pas voir dans cette passion, qu'elle connaissait depuis longtemps, le côté délicat, qui eût fait reculer une personne plus prudente. Dans la sincérité de son âme, elle ne croyait pas Valentine capable d'oublier ses principes, et jugeait cet amour aussi pur que celui qu'elle éprouvait pour Valentin. Elle s'abandonna donc à l'élan de la sympathie, et promit qu'elle solliciterait de Valentine une décision moins rigide que celle qu'elle méditait.

— Je ne sais si je réussirai, lui dit-elle avec cette franchise expansive qui la rendait aimable en dépit de ses travers ; mais je vous jure que je travaillerai à votre bonheur comme au mien propre. Puissé-je vous prouver que je n'ai jamais cessé d'être votre amie !

Bénédict, touché de cet élan d'amitié généreuse, lui baisa la main avec reconnaissance. Valentin, qui revenait en ce moment avec l'ombrelle, vit ce mouvement, et devint tour à tour si rouge et si pâle qu'Athénaïs s'en aperçut et perdit elle-même contenance ; mais, tâchant de se donner un air solennel et important :

— Il faudra nous revoir, dit-elle à Bénédict, pour nous entendre sur cette grande affaire. Comme je suis étourdie et maladroite, j'aurai besoin de votre direction. Je viendrai donc demain me promener par ici, et vous dire ce que j'aurai obtenu. Nous aviserons au moyen d'obtenir davantage. A demain !

Et elle s'éloigna légèrement avec un signe de tête amical à son cousin ; mais ce n'est pas lui qu'elle regarda en prononçant son dernier mot.

Le lendemain, en effet, ils eurent une nouvelle conférence. Tandis que Valentin errait en avant sur le sentier du bois, Athénaïs raconta à son cousin le peu de succès de ses tentatives. Elle avait trouvé Valentine impénétrable. Cependant elle ne se décourageait pas, et durant toute une semaine elle travailla de tout son pouvoir à rapprocher les deux amants.

La négociation ne marcha pas très-vite. Peut-être la jeune plénipotentiaire n'était-elle pas fâchée de multiplier les conférences dans la prairie. Dans les intervalles de ces causeries avec Bénédict, Valentin se rapprochait, et se consolait d'être exclu du secret en obtenant un sourire et un regard qui valaient plus que mille paroles. Et puis, quand les deux cousins s'étaient tout dit, Valentin courait après les papillons avec Athénaïs, et, tout en folâ-

Elle ne sut rien trouver à répondre. (Page 57.)

trant, il réussissait à toucher sa main, à effleurer ses cheveux, à lui ravir quelque ruban ou quelque fleur. A dix-sept ans, on en est encore à la poésie de Dorat.

Bénédict, lors même que sa cousine ne lui apportait aucune bonne nouvelle, était heureux d'entendre parler de Valentine. Il l'interrogeait sur les moindres actes de sa vie, il se faisait redire mot pour mot ses entretiens avec Athénaïs. Enfin, il s'abandonnait à la douceur d'être encouragé et consolé, sans se douter des funestes conséquences que devaient avoir ses relations si pures avec sa cousine.

Pendant ce temps, Pierre Blutty était allé en Marche pour donner un coup d'œil à ses affaires particulières. A la fin de la semaine, il revint par un village où se tenait une foire, et où il s'arrêta pour vingt-quatre heures. Il y rencontra son ami Simonneau.

Un malheureux hasard avait voulu que Simonneau se fût enamouré depuis peu d'une grosse gardeuse d'oies, dont la chaumière était située dans un chemin creux à trois pas de la prairie. Il s'y rendait chaque jour, et de la lucarne d'un grenier à foin qui servait de temple à ses amours rustiques, il voyait passer et repasser dans le sentier Athénaïs, appuyée sur le bras de Bénédict. Il ne manqua pas d'incriminer ces rendez-vous. Il se rappelait l'ancien amour de mademoiselle Lhéry pour son cousin ; il savait la jalousie de Pierre Blutty, et il n'imaginait pas qu'une femme pût venir trouver un homme, causer confidentiellement avec lui, sans y porter des sentiments et des intentions contraires à la fidélité conjugale.

Dans son gros bon sens, il se promit d'avertir Pierre Blutty, et il n'y manqua pas. Le fermier entra dans une fureur épouvantable, et voulut partir sur-le-champ pour assommer son rival et sa femme. Simonneau le calma un peu en lui faisant observer que le mal n'était peut-être pas aussi grand qu'il pouvait le devenir.

— Foi de Simonneau, lui dit-il, j'ai presque toujours vu *le garçon à mademoiselle Louise* avec eux, mais à environ trente pas ; il pouvait les voir, aussi je pense bien qu'ils ne pouvaient pas faire grand mal ; mais ils pouvaient en dire ; car, lorsqu'il s'approchait d'eux, ils avaient soin de le renvoyer. Ta femme lui tapait doucement sur la joue, et le faisait courir bien loin, afin de causer à son aise apparemment.

— Voyez-vous, l'effrontée ! disait Pierre Blutty en se

mordant les poings. Ah ! je devais bien m'en douter que cela finirait ainsi. Ce freluquet-là ! il en conte à toutes les femmes. Il a fait la cour à mademoiselle Louise en même temps qu'à ma femme avant son mariage. Depuis, il est au *su* de tout le monde qu'il a osé courtiser madame de Lansac. Mais celle-là est une femme honnête et respectable, qui a refusé de le voir, et qui a déclaré qu'il ne mettrait jamais les pieds à la ferme tant qu'elle y serait. Je le sais bien, peut-être ! j'ai entendu qu'elle le disait à sa sœur, le jour où elle est venue loger chez nous. Maintenant, faute de mieux, ce monsieur veut bien revenir à ma femme ! Qu'est-ce qui me répondra d'ailleurs qu'ils ne s'entendent pas depuis longtemps ? Pourquoi était-elle si entichée, ces derniers mois, d'aller au château tous les soirs, contre mon gré ? C'est qu'elle le voyait là. Et il y a un diable de parc où ils se promenaient tous deux tant qu'ils voulaient. A présent qu'on a fermé le parc, ils se donnent rendez-vous dans le bois, c'est tout clair ! Sais-je ce qui se passe la nuit ? Mais, triple diable ! me voici ; nous verrons si cette fois Satan défendra sa peau. Je leur ferai voir qu'on n'insulte pas impunément Pierre Blutty.

— S'il te faut un camarade, tu sais que je suis là, répondit Simonneau.

Les deux amis se pressèrent la main et prirent ensemble le chemin de la ferme.

Cependant Athénaïs avait si bien plaidé pour Bénédict, elle avait avec tant de candeur et de zèle défendu la cause de l'amour ; elle avait surtout si bien peint sa tristesse, l'altération de sa santé, sa pâleur, ses anxiétés ; elle l'avait montré si soumis, si timide, que la faible Valentine s'était laissé fléchir. En secret même, elle avait été bien aise de voir solliciter son rappel ; car à elle aussi les journées semblaient bien longues et sa résolution bien cruelle.

Bientôt il n'avait plus été question que de la difficulté de se voir.

— Je suis forcée, avait dit Valentine, de me cacher de cet amour comme d'un crime. Un ennemi que j'ignore, et qui sans doute me surveille de bien près, a réussi à me brouiller avec ma mère. Maintenant je sollicite mon pardon ; car quel autre appui me reste ? Mais si je me compromets par quelque nouvelle imprudence, elle le saura, et il ne faudra plus espérer la fléchir. Je ne puis donc pas aller chez toi à la prairie.

— Non, sans doute, dit Athénaïs, mais il peut venir ici.

— Y songes-tu ? reprit Valentine. Outre que ton mari s'est prononcé souvent à cet égard d'une manière hostile, et que la présence de Bénédict à la ferme pourrait faire naître des querelles dans ta famille et dans ton ménage, rien ne serait plus manifeste pour me compromettre que cette démarche, après deux ans écoulés sans reparaître ici. Son retour serait remarqué et commenté comme un événement, et nul ne pourrait douter que j'en fusse la cause.

— Tout cela est fort bien, dit Athénaïs ; mais qui l'empêche de venir ici à la brune, sans être observé ? Nous voici en automne, les jours sont courts ; à huit heures il fait nuit noire ; à neuf heures tout le monde est couché ; mon mari, qui est un peu moins dormeur que les autres, est absent. Quand Bénédict serait, je suppose, à la porte du verger sur les neuf heures et demie, quand j'irais lui ouvrir, quand vous causeriez dans la salle basse une heure ou deux, quand il retournerait chez lui vers onze heures, avant le lever de la lune, eh bien ! qu'y aurait-il de si difficile et de si dangereux ?

Valentine fit bien des objections. Athénaïs insista, supplia, pleura même, déclara que ce refus causerait la mort de Bénédict. Elle finit par l'emporter. Le lendemain elle courut triomphante à la prairie, et y porta cette bonne nouvelle.

Le soir même, Bénédict, muni des instructions de sa protectrice, et connaissant parfaitement les lieux, fut introduit auprès de Valentine, et passa deux heures avec elle ; il réussit, dans cette entrevue, à reconquérir tout son empire. Il la rassura sur l'avenir, lui jura de renoncer à tout bonheur qui lui coûterait un regret, pleura

d'amour et de joie à ses pieds, et la quitta, heureux de la voir plus calme et plus confiante, après avoir obtenu un second rendez-vous pour le lendemain.

Mais le lendemain Pierre Blutty et Georges Simonneau arrivèrent à la ferme. Blutty dissimula assez bien sa fureur et observa sa femme attentivement. Elle n'alla point à la prairie, il n'en était plus besoin ; et d'ailleurs elle craignait d'être suivie.

Blutty prit des renseignements autour de lui avec autant d'adresse qu'il en fut capable, et il est vrai de dire que les paysans n'en manquent point lorsqu'une des cordes épaisses de leur sensibilité est enfin mise en jeu. Tout en affectant un air d'indifférence assez bien joué, il eut tout le jour l'œil et l'oreille au guet. D'abord il entendit un garçon de charrue dire à son compagnon que Charmette, la grande chienne fauve de la ferme, n'avait pas cessé d'aboyer depuis neuf heures et demie jusqu'à minuit. Ensuite il se promena dans le verger, et vit le sommet d'un mur en pierres sèches qui l'entourait un peu dérangé. Mais un indice plus certain, ce fut un talon de botte marqué en plusieurs endroits sur la glaise du fossé. Or, personne à la ferme ne faisait usage de bottes ; on n'y connaissait que les sabots ou les souliers ferrés à triple rang de clous.

Alors Blutty n'eut plus de doutes. Pour s'emparer à coup sûr de son ennemi, il sut renfermer sa colère et sa douleur, et vers le soir il embrassa assez cordialement sa femme, en disant qu'il allait passer la nuit à une métairie que possédait Simonneau, à une demi-lieue de là. On venait de finir les vendanges ; Simonneau, qui avait fait sa récolte un des derniers, avait besoin d'aide pour surveiller et contenir pendant cette nuit la fermentation de ses cuves. Cette fable n'inspira de doute à personne ; Athénaïs se sentait trop innocente pour s'effrayer des projets de son mari.

Il se retira donc chez son compagnon, et brandissant avec fureur une de ces lourdes fourches en fer dont on se sert dans le pays pour *affêter* le foin sur les charrettes en temps de récolte, il attendit la nuit avec une cuisante impatience. Pour lui donner du cœur et du sang-froid, Simonneau le fit boire.

## XXXVIII.

Sept heures sonnèrent. La soirée était froide et triste. Le vent mugissait sur le chaume de la maisonnette, et le ruisseau, gonflé par les pluies des jours précédents, remplissait le ravin de son murmure plaintif et monotone. Bénédict se préparait à quitter son jeune ami, et il commençait, comme la veille, à lui bâtir une fable sur la nécessité de sortir à une pareille heure, lorsque Valentin l'interrompit.

— Pourquoi me tromper ? lui dit-il tout à coup en jetant sur la table d'un air résolu le livre qu'il tenait. Vous allez à la ferme.

Immobile de surprise, Bénédict ne trouva point de réponse.

— Eh bien, mon ami, dit le jeune homme avec une amertume concentrée, allez donc, et soyez heureux, vous le méritez mieux que moi ; et si quelque chose peut adoucir ce que je souffre, c'est de vous savoir pour rival.

Bénédict tombait des nues ; les hommes ont peu de perspicacité pour ces sortes de découvertes, et d'ailleurs ses propres chagrins l'avaient trop absorbé depuis longtemps pour qu'il pût s'être aperçu que l'amour avait fait irruption aussi chez cet enfant dont il avait la tutelle. Étourdi de ce qu'il entendait, il s'imagina que Valentin était amoureux de sa tante, et son sang se glaça de surprise et de chagrin.

— Mon ami, dit Valentin en se jetant sur une chaise d'un air accablé, vous m'avez offensé, je vous irrite, je vous afflige peut-être ! Vous que j'aime tant ! me voilà forcé de lutter contre la haine que vous m'inspirez quelquefois ! Tenez, Bénédict, prenez garde à moi, il y a des jours où je suis tenté de vous assassiner.

— Malheureux enfant ! s'écria Bénédict en lui saisissant fortement le bras; vous osez nourrir un pareil sentiment pour celle que vous devriez respecter comme votre mère!

— Comme ma mère, reprit-il avec un sourire triste; elle serait bien jeune, ma mère!

— Grand Dieu! dit Bénédict consterné, que dira Valentine?

— Valentine! Et que lui importe? D'ailleurs, pourquoi n'a-t-elle pas prévu ce qui arriverait? Pourquoi a-t-elle permis que chaque soir nous réunît sous ses yeux? Et vous-même pourquoi m'avez-vous pris pour le confident et le témoin de vos amours? Car vous l'aimez, maintenant je ne puis m'y tromper. Hier, je vous ai suivi, vous alliez à la ferme, et je ne suppose point que vous y alliez si secrètement pour voir ma mère ou ma tante. Pourquoi vous en cacheriez-vous?

— Ah çà, que voulez-vous donc dire? s'écria Bénédict dégagé d'un poids énorme; vous me croyez amoureux de ma cousine?

— Qui ne le serait? répondit le jeune homme avec un naïf enthousiasme.

— Viens, mon enfant, dit Bénédict en le pressant contre sa poitrine. Crois-tu à la parole d'un ami? Eh bien! je te jure sur l'honneur que je n'eus jamais d'amour pour Athénaïs, et que je n'en aurai jamais. Es-tu content maintenant?

— Serait-il vrai? s'écria Valentin en l'embrassant avec transport; mais, en ce cas, que vas-tu donc faire à la ferme?

— M'occuper, répondit Bénédict embarrassé, d'une affaire importante pour l'existence de madame de Lansac. Forcé de me cacher pour ne pas rencontrer Blutty, avec lequel je suis brouillé, et qui pourrait à juste titre s'offenser de ma présence chez lui, je prends quelques précautions pour parvenir auprès de ma tante. Ses intérêts exigent tous mes soins... C'est une affaire d'argent que tu comprendrais peu... Que t'importe, d'ailleurs? Je te l'expliquerai plus tard, il faut que je parte.

— Il suffit, dit Valentin; je n'ai pas d'explication à vous demander. Vos motifs ne peuvent être que nobles et généreux. Mais permets-moi de t'accompagner, Bénédict.

— Je le veux bien, pendant une partie du chemin, répondit-il.

Ils sortirent ensemble.

— Pourquoi ce fusil? dit Bénédict en voyant Valentin passer à ses côtés l'arme sur l'épaule.

— Je ne sais. Je veux aller avec toi jusqu'à la ferme. Ce Pierre Blutty te hait, je le sais. S'il te rencontrait, il te ferait un mauvais parti. Il est lâche et brutal; laisse-moi t'escorter. Tiens, hier soir je n'ai pu dormir tant que tu n'as pas été rentré. Je faisais des rêves affreux; et à présent que j'ai le cœur déchargé d'une horrible jalousie, à présent que je devrais être heureux, je me sens dans l'humeur la plus noire que j'aie eue de ma vie.

— Je t'ai dit souvent, Valentin, que tu as les nerfs d'une femme. Pauvre enfant! Ton amitié m'est douce pourtant. Je crois qu'elle réussirait à me faire supporter la vie quand tout le reste me manquerait.

Ils marchèrent quelque temps en silence, puis ils reprirent une conversation interrompue et brisée à chaque instant. Bénédict sentait son cœur se gonfler de joie à l'approche du moment qui devait le réunir à Valentine. Son jeune compagnon, d'une nature plus frêle et plus impressionnable, se débattait sous le poids de je ne sais quel pressentiment. Bénédict voulut lui montrer la folie de son amour pour Athénaïs, et l'engager à lutter contre ce penchant dangereux. Il lui fit des maux de la passion une peinture sinistre, et pourtant d'ardentes palpitations de joie démentaient intérieurement ses paroles.

— Tu as raison peut-être! lui dit Valentin. Je crois que je suis destiné à être malheureux. Du moins je le crois ce soir, tant je me sens oppressé et abattu. Reviens de bonne heure, entends-tu? ou laisse-moi t'accompagner jusqu'au verger.

— Non, mon enfant, non, dit Bénédict en s'arrêtant sous un vieux saule qui formait l'angle du chemin. Ren-

tre; je serai bientôt près de toi, et je reprendrai ma mercuriale. Eh bien! qu'as-tu?

— Tu devrais prendre mon fusil.

— Quelle folie!

— Tiens, écoute! dit Valentin.

Un cri rauque et funèbre partit au-dessus de leurs têtes.

— C'est un engoulevent, répondit Bénédict. Il est caché dans le tronc pourri de cet arbre. Veux-tu l'abattre? Je vais le faire partir.

Il donna un coup de pied contre l'arbre. L'oiseau partit d'un vol oblique et silencieux. Valentin l'ajusta, mais il faisait trop sombre pour qu'il pût l'atteindre. L'engoulevent s'éloigna en répétant son cri sinistre.

— Oiseau de malheur! dit le jeune homme, je t'ai manqué! n'est-ce pas celui-là que les paysans appellent *l'oiseau de la mort?*

— Oui, dit Bénédict avec indifférence; ils prétendent qu'il chante sur la tête d'un homme une heure avant sa fin. Gare à nous! nous étions sous cet arbre quand il a chanté.

Valentin haussa les épaules, comme s'il eût été honteux de ses puérilités. Cependant il pressa la main de son ami avec plus de vivacité que de coutume.

— Reviens bientôt, lui dit-il.

Et ils se séparèrent.

Bénédict entra sans bruit et trouva Valentine à la porte de la maison.

— J'ai de grandes nouvelles à vous apprendre, lui dit-elle; mais ne restons pas dans cette salle, la première personne venue pourrait nous y surprendre. Athénaïs me cède sa chambre pour une heure. Suivez-moi.

Depuis le mariage de la jeune fermière, on avait arrangé et décoré, pour les nouveaux époux, une assez jolie chambre au rez-de-chaussée. Athénaïs l'avait offerte à son amie, et avait été attendre la fin de sa conférence dans la chambre que celle-ci occupait à l'étage supérieur.

Valentine y conduisit Bénédict.

Pierre Blutty et Georges Simonneau quittèrent, à peu près à la même heure, la métairie où ils avaient passé l'après-dîné. Tous deux suivaient en silence un chemin creux sur le bord de l'Indre.

— Sacrebleu! Pierre, tu n'es pas un homme, dit Georges en s'arrêtant. On dirait que tu vas faire un crime. Tu ne dis rien, tu as été pâle et défait comme un linceul tout le jour, à peine si tu marches droit. Comment! c'est pour une femme que tu te laisses ainsi démoraliser?

— Ce n'est plus tant l'amour que j'ai pour la femme, répondit Pierre d'une voix creuse et en s'arrêtant, que la haine que j'ai pour l'homme. Celle-ci me fige le sang autour du cœur; et quand tu dis que je vais faire un crime, je crois que tu ne te trompes pas.

— Ah çà, plaisantes-tu? dit Georges en s'arrêtant à son tour. Je me suis associé avec toi pour donner une *roulée.*

— Une *roulée* jusqu'à ce que mort s'ensuive, reprit l'autre d'un ton grave. Il y a assez longtemps que sa figure me fait souffrir. Il faut que l'un de nous deux cède la place à l'autre cette nuit.

— Diable! c'est plus sérieux que je ne pensais. Qu'est-ce donc que tu tiens là en guise de bâton? Il fait si noir! Est-ce que tu t'es obstiné à emporter cette diable de fourche?

— Peut-être!

— Mais, dis donc, n'allons pas nous jeter dans une affaire qui nous mènerait aux assises, da! Cela ne m'amuserait pas, moi qui ai femme et enfants!

— Si tu as peur, ne viens pas!

— J'irai, mais pour t'empêcher de faire un mauvais coup.

Ils se remirent en marche.

— Écoutez, dit Valentine en tirant de son sein une lettre cachetée de noir; je suis bouleversée, et ce que je sens en moi me fait horreur de moi-même. Lisez; mais si votre cœur est aussi coupable que le mien, taisez-vous, car j'ai peur que la terre ne s'ouvre pour nous engloutir.

Bénédict, effrayé, ouvrit la lettre; elle était de Franck, le valet de chambre de M. de Lansac. M. de Lansac venait d'être tué en duel.

Le sentiment d'une joie cruelle et violente envahit toutes les facultés de Bénédict. Il se mit à marcher avec agitation dans la chambre pour dérober à Valentine une émotion qu'elle condamnait, mais dont elle-même ne pouvait se défendre. Ses efforts furent vains. Il s'élança vers elle, et, tombant à ses pieds, il la pressa contre sa poitrine dans un transport d'ivresse sauvage.

— A quoi bon feindre un recueillement hypocrite? s'écria-t-il. Est-ce toi, est-ce Dieu que je pourrais tromper? N'est-ce pas Dieu qui règle nos destinées? N'est-ce pas lui qui te délivre de la chaîne honteuse de ce mariage? N'est-ce pas lui qui purge la terre de cet homme faux et stupide?...

— Taisez-vous! dit Valentine en lui mettant ses mains sur la bouche. Voulez-vous donc attirer sur nous la vengeance du ciel? N'avons-nous pas assez offensé la vie de cet homme? faut-il l'insulter jusqu'après sa mort! Oh! taisez-vous, cela est un sacrilège. Dieu n'a peut-être permis cet événement que pour nous punir et nous rendre plus misérables encore.

— Craintive et folle Valentine! que peut-il donc nous arriver maintenant? N'es-tu pas libre? L'avenir n'est-il pas à nous? Eh bien! n'insultons pas les morts, j'y consens. Bénissons, au contraire, la mémoire de cet homme qui s'est chargé d'aplanir entre nous les distances de rang et de fortune. Béni soit-il pour t'avoir faite pauvre et délaissée comme te voilà! car sans lui je n'aurais pu prétendre à toi. Ta richesse, ta considération, eussent été des obstacles que ma fierté n'eût pas voulu franchir... A présent tu m'appartiens, tu ne peux pas, tu ne dois pas m'échapper, Valentine; je suis ton époux, j'ai des droits sur toi. Ta conscience, ta religion, t'ordonnent de me prendre pour appui et pour vengeur. Oh! maintenant, qu'on vienne t'insulter dans mes bras, si on l'ose! Moi, je comprendrai mes devoirs; moi, je saurai la valeur du dépôt qui m'est confié; moi, je ne te quitterai pas; je veillerai sur toi avec amour! Que nous serons heureux! Vois donc comme Dieu est bon! comme, après les rudes épreuves, il nous envoie les biens dont nous étions avides! Te souviens-tu qu'un jour tu regrettais ici de n'être pas fermière, de ne pouvoir te soustraire à l'esclavage d'une vie opulente pour vivre en simple villageoise sous un toit de chaume? Eh bien, voilà ton vœu exaucé. Tu seras suzeraine dans la chamière du ravin; tu courras parmi les taillis avec ta chèvre blanche. Tu cultiveras tes fleurs toi-même, tu dormiras sans crainte et sans souci sur le sein d'un paysan. Chère Valentine, que tu seras belle sous le chapeau de paille des faneuses! Que tu seras adorée et obéie dans ta nouvelle demeure! Tu n'auras qu'un serviteur qu'un esclave, ce sera moi; mais j'aurai plus de zèle à moi seul que toute une livrée. Tous les ouvrages pénibles me concerneront; toi, tu n'auras d'autre soin que d'embellir ma vie et de dormir parmi les fleurs à mon côté.

Et d'ailleurs nous serons riches. J'ai doublé déjà la valeur de mes terres; j'ai mille francs de rente! et toi, quand tu auras vendu ce qui te reste, tu en auras à peu près autant. Nous arrondirons notre propriété. Oh! ce sera une terre magnifique! Nous aurons ta bonne Catherine pour factotum. Nous aurons une vache et son veau, que sais-je?... Allons, réjouis-toi donc, fais donc des projets avec moi!...

— Hélas! je suis accablée de tristesse, dit Valentine, et je n'ai pas la force de repousser vos rêves. Ah! parle-moi! parle-moi encore de ce bonheur; dis-moi qu'il ne peut nous fuir: je voudrais y croire.

— Et pourquoi donc t'y refuser?

— Je ne sais, dit-elle en mettant sa main sur sa poitrine, je sens là un poids qui m'étouffe. Le remords! Oh! oui, c'est le remords! je n'ai pas mérité d'être heureuse, moi, je ne dois pas l'être. J'ai été coupable; j'ai trahi mes serments; j'ai oublié Dieu; Dieu me doit des châtiments, et non des récompenses.

— Chasse ces noires idées. Pauvre Valentine! te laisseras-tu donc ainsi ronger et flétrir par le chagrin? En quoi donc as-tu été si criminelle? N'as-tu pas résisté assez longtemps? N'est-ce pas moi qui suis le coupable? N'as-tu pas expié ta faute par ta douleur?

— Oh! oui, mes larmes auraient dû m'en laver! Mais, hélas! chaque jour m'enfonçait plus avant dans l'abîme; et qui sait si je n'y aurais pas croupi toute ma vie? Quel mérite aurai-je à présent? Comment réparerai-je le passé? Toi-même, pourras-tu m'aimer toujours? Auras-tu confiance en celle qui a trahi ses premiers serments?

— Mais, Valentine, pense donc à tout ce qui devrait te servir d'excuse. Songe donc à ta position malheureuse et fausse. Rappelle-toi ce mari qui t'a poussée à ta perte avec préméditation, à cette mère qui a refusé de t'ouvrir ses bras dans le danger, à cette vieille femme qui n'a trouvé rien de mieux à te dire à son lit de mort que ces religieuses paroles: *Ma fille, prends un amant de ton rang.*

— Ah! il est vrai, dit Valentine faisant un amer retour sur le passé, ils traitaient tous la vertu avec une incroyable légèreté. Moi seule, qu'ils accusaient, je concevais la grandeur de mes devoirs, et je voulais faire du mariage une obligation réciproque et sacrée. Mais ils riaient de ma simplicité; l'un me parlait d'argent, l'autre de dignité, un troisième de convenances. L'ambition ou le plaisir, c'était là toute la morale de leurs actions, tout le sens de leurs préceptes; ils m'invitaient à faillir et m'exhortaient à savoir seulement professer les dehors de la vertu. Si, au lieu d'être le fils d'un paysan, tu eusses été duc et pair, mon pauvre Bénédict, ils m'auraient portée en triomphe!

— Sois-en sûre, et ne prends donc plus les menaces de leur sottise et leur méchanceté pour les reproches de ta conscience.

Lorsque onze heures sonnèrent au *coucou* de la ferme, Bénédict s'apprêta à quitter Valentine. Il avait réussi à la calmer, à l'enivrer d'espoir, à la faire sourire; mais au moment où il la pressa contre son cœur pour lui dire adieu, elle fut saisie d'une étrange terreur.

— Et si j'allais te perdre! lui dit-elle en pâlissant. Nous avons prévu tout, hormis cela! Avant que tout ce bonheur se réalise, tu peux mourir, Bénédict!

— Mourir! lui dit-il en la couvrant de baisers, est-ce qu'on meurt quand on s'aime ainsi?

Elle lui ouvrit doucement la porte du verger, et l'embrassa encore sur le front.

— Te souviens-tu, lui dit-il tout bas, que tu m'as donné ici ton premier baiser sur le front?...

— A demain! lui répondit-elle.

Elle avait à peine regagné sa chambre qu'un cri profond et terrible retentit dans le verger; ce fut le seul bruit; mais il fut horrible, et toute la maison l'entendit.

En approchant de la ferme, Pierre Blutty avait vu de la lumière dans la chambre de sa femme, qu'il ne savait pas être occupée par Valentine. Il avait pu passer distinctement deux ombres sur le rideau, celle d'un homme et celle d'une femme; plus de doutes pour lui. Simonneau avait voulu le calmer; désespérant d'y parvenir et craignant d'être inculpé dans une affaire criminelle, il avait pris le parti de s'éloigner. Blutty avait vu la porte s'entr'ouvrir, un rayon de lumière qui s'en échappait lui avait fait reconnaître Bénédict; une femme venait derrière lui, il ne put voir son visage parce que Bénédict le lui cacha en l'embrassant; mais ce ne pouvait être qu'Athénaïs. Le malheureux jaloux dressa alors sa fourche de fer au moment où Bénédict, voulant franchir la clôture du verger, monta sur le mur en pierres sèches à l'endroit qui portait encore les traces de son passage de la veille; il s'élança pour sauter et se jeta sur l'arme aiguë; les deux pointes s'enfoncèrent bien avant dans sa poitrine, et il tomba baigné dans son sang.

A cette même place, deux ans auparavant, il avait soutenu Valentine dans ses bras la première fois qu'elle était venue furtivement à la ferme pour voir sa sœur.

Une rumeur affreuse s'éleva dans la maison à la vue de ce crime; Blutty s'enfuit et s'alla remettre à la discrétion du procureur du roi. Il lui raconta franchement l'affaire:

Alors il vit distinctement Valentine à genoux. ( Page 77.)

l'homme était son rival, il avait été assassiné dans le jardin du meurtrier ; celui-ci pouvait se défendre en assurant qu'il l'avait pris pour un voleur. Aux yeux de la loi il devait être acquitté ; aux yeux du magistrat auquel il confiait avec franchise la passion qui l'avait fait agir et le remords qui le déchirait, il trouva grâce. Il fût résulté des débats un horrible scandale pour la famille Lhéry, la plus nombreuse et la plus estimée du département. Il n'y eut point de poursuites contre Pierre Blutty.

On apporta le cadavre dans la salle.

Valentine recueillit encore un sourire, une parole d'amour et un regard vers le ciel. Il mourut sur son sein.

Alors elle fut entraînée dans sa chambre par Lhéry, tandis que madame Lhéry emmenait de son côté Athénaïs évanouie.

Louise, pâle, froide, et conservant toute sa raison, toutes ses facultés pour souffrir, resta seule auprès du cadavre.

Au bout d'une heure Lhéry vint la rejoindre.

— Votre sœur est bien mal, lui dit le vieillard consterné. Vous devriez aller la secourir. Je remplirai, moi, le triste devoir de rester ici.

Louise ne répondit rien, et entra dans la chambre de Valentine.

Lhéry l'avait déposée sur son lit. Elle avait la face verdâtre, ses yeux rouges et ardents ne versaient pas de larmes. Ses mains étaient raidies autour de son cou ; une sorte de râle convulsif s'exhalait de sa poitrine.

Louise, pâle aussi, mais calme en apparence, prit un flambeau et se pencha vers sa sœur.

Quand ces deux femmes se regardèrent, il y eut entre elles comme un magnétisme horrible. Le visage de Louise exprimait un mépris féroce, une haine glaciale ; celui de Valentine, contracté par la terreur, cherchait vainement à fuir ce terrible examen, cette vengeresse apparition.

— Ainsi, dit Louise en passant sa main furieuse dans les cheveux épars de Valentine, comme si elle eût voulu les arracher, c'est vous qui l'avez tué !

— Oui, c'est moi ! moi ! moi ! bégaya Valentine hébétée.

— Cela devait arriver, dit Louise. Il l'a voulu ; il s'est attaché à votre destinée, et vous l'avez perdu ! Eh bien ! achevez votre tâche, prenez aussi ma vie ; car ma vie, c'était la sienne, et moi je ne lui survivrai pas ! Savez-vous quel double coup vous avez frappé? Non , vous ne vous flattiez pas d'avoir fait tant de mal ! Eh bien ! triomphez ! Vous m'avez supplantée; vous m'avez rongé le cœur tous les jours de votre vie, et vous venez d'y enfoncer le couteau. C'est bien ! Valentine, vous avez complété l'œuvre de votre race. Il était écrit que de votre famille sortiraient pour moi tous les maux. Vous avez été la fille de votre mère, la fille de votre père, qui savait, lui aussi, faire si bien couler le sang ! C'est vous qui m'avez attirée dans ces lieux, que je ne devais jamais revoir, vous qui, comme un basilic, m'y avez fascinée et attachée afin d'y dévorer mes entrailles à votre aise. Ah ! vous ne savez pas comme vous m'avez fait souffrir ! Le succès a dû passer votre attente. Vous ne savez pas comme je l'aimais, cet homme qui est mort ! mais vous lui aviez jeté un charme, et il ne voyait plus clair autour de lui. Oh ! je l'aurais rendu heureux, moi ! Je ne l'aurais pas torturé comme vous avez fait ! Je lui aurais sacrifié une vaine gloire et d'orgueilleux principes. Je n'aurais pas fait de sa vie un supplice de tous les jours. Sa jeunesse, si belle et si suave, ne se serait pas flétrie sous mes caresses égoïstes ! Je ne l'aurais pas condamné à dépérir rongé de chagrins et de privations. Ensuite je ne l'aurais pas attiré dans un piége pour le livrer à un assassin. Non ! il serait aujourd'hui plein d'avenir et de vie, s'il eût voulu m'aimer ! Soyez maudite, vous qui l'en avez empêché ! -

En proférant ces imprécations , la malheureuse Louise s'affaiblit, et finit par tomber mourante aux pieds de sa sœur.

Quand elle revint à la vie, elle ne se souvint plus de ce qu'elle avait dit. Elle soigna Valentine avec amour ; elle l'accabla de caresses et de larmes. Mais elle ne put effacer l'affreuse impression que cette confession involontaire lui avait faite. Dans ses accès de fièvre, Valentine se jetait dans ses bras en lui demandant pardon, avec toutes les terreurs de la démence.

Elle mourut huit jours après. La religion versa quelque baume sur ses derniers instants, et la tendresse de Louise adoucit ce rude passage de la terre au ciel.

Louise avait tant souffert, que ses facultés, rompues au joug de la douleur, trempées au feu des passions dévorantes, avaient acquis une force surnaturelle. Elle résista à ce coup affreux, et vécut pour son fils.

Pierre Blutty ne put jamais se consoler de sa méprise. Malgré la rudesse de son organisation , le remords et le chagrin le rongeaient secrètement. Il devint sombre, hargneux, irritable. Tout ce qui ressemblait à un reproche l'exaspérait, parce que le reproche s'élevait encore plus haut en lui-même. Il eut peu de relations avec sa famille durant l'année qui suivit son crime. Athénaïs faisait de vains efforts pour dissimuler l'effroi et l'éloignement qu'il lui inspirait. Madame Lhéry se cachait pour ne pas le voir, et Louise quittait la ferme les jours où il devait y venir. Il chercha dans le vin une consolation à ses ennuis, et parvint à s'étourdir en s'enivrant tous les jours. Un soir il s'alla jeter dans la rivière, que la clarté blanche de la lune lui fit prendre pour un chemin sablé. Les paysans remarquèrent, comme une juste punition du ciel, que sa mort arriva, jour pour jour, heure pour heure, un an après celle de Bénédict.

Plusieurs années après, on vit bien du changement dans le pays. Athénaïs, héritière de deux cent mille francs légués par son parrain le maître de forges, acheta le château de Raimbault et les terres qui l'environnaient. M. Lhéry, poussé par sa femme à cet acte de vanité, vendit ses propriétés, ou plutôt les troqua (les malins du pays disent avec perte) contre les autres terres de Raimbault. Les bons fermiers s'installèrent donc dans l'opulente demeure de leurs anciens seigneurs, et la jeune veuve put satisfaire enfin ces goûts de luxe qu'on lui avait inspirés dès l'enfance.

## XXXIX.

Louise, qui avait été achever à Paris l'éducation de son fils, fut invitée alors à venir se fixer auprès de ses fidèles amis. Valentin venait d'être reçu médecin. On l'engageait à se fixer dans le pays, où M. Faure, devenu trop vieux pour exercer, lui léguait avec empressement sa clientèle.

Louise et son fils revinrent donc, et trouvèrent chez cette honnête famille l'accueil le plus sincère et le plus tendre. Ce fut une triste consolation pour eux que d'habiter le pavillon. Pendant cette longue absence, le jeune Valentin était devenu un homme ; sa beauté, son instruction, sa modestie, ses nobles qualités, lui gagnaient l'estime et l'affection des plus récalcitrants sur l'article de la naissance. Cependant il portait bien légitimement le nom de Raimbault. Madame Lhéry ne l'oubliait pas, et disait que l'on n'était seigneur ; ce qui signifiait, en d'autres termes, qu'il ne manquait plus à leur fille que le nom de leurs anciens maîtres. M. Lhéry trouvait le jeune médecin bien jeune.

— Eh ! disait la mère Lhéry, notre Athénaïs l'est bien aussi. Est-ce que nous ne sommes pas de *la même âge*, toi et moi ? Est-ce que nous en avons été moins heureux pour ça ?

Le père Lhéry était plus positif que sa femme ; il disait que *l'argent attire l'argent;* que sa fille était un assez beau parti pour prétendre non-seulement à un noble, mais encore à un riche propriétaire. Il fallut céder, car l'ancienne inclination de madame Blutty se réveilla avec une intensité nouvelle en retrouvant son *jeune écolier* si grand et si perfectionné. Louise hésita ; Valentin, partagé entre son amour et sa fierté, se laissa pourtant convaincre par les brûlants regards de la belle veuve. Athénaïs devint sa femme.

Elle ne put pas résister à la démangeaison de se faire annoncer dans les salons aristocratiques des environs sous le titre de comtesse de Raimbault. Les voisins en firent des gorges chaudes, les uns par mépris, les autres par envie. La vraie comtesse de Raimbault intenta à la nouvelle un procès pour ce fait ; mais elle mourut, et personne ne songea plus à réclamer. Athénaïs était bonne, elle fut heureuse ; son mari, doué de l'excellent caractère et de la haute raison de Valentine, la facilement dominée et corrigée doucement de beaucoup de ses travers. Ceux qui lui restent la rendent piquante et la font aimer comme le feraient des qualités, tant elle les reconnaît avec franchise.

La famille Lhéry est raillée dans le pays pour ses vanités et ses ridicules; cependant nul pauvre n'est rebuté à la porte du château ; nul voisin n'y réclame vainement un service ; on en rit par jalousie plutôt que par pitié. Si quelque ancien compagnon du vieux Lhéry lui adresse parfois une lourde épigramme sur son changement de fortune, Lhéry s'en console en voyant que la moindre avance de sa part est reçue avec orgueil et reconnaissance.

Louise se repose auprès de sa nouvelle famille de la triste carrière qu'elle a fournie. L'âge des passions a fui derrière elle ; une teinte de mélancolie religieuse s'est répandue sur ses pensées de chaque jour. Sa plus grande joie est d'élever sa petite-fille blonde et blanche, qui perpétue le nom bien-aimé de Valentine , et qui rappelle à sa très-jeune grand'mère les premières années de cette sœur chérie. En passant devant le cimetière du village, le voyageur a vu souvent le bel enfant jouer aux pieds de Louise, et cueillir des primevères qui croissent sur la double tombe de Valentine et de Bénédict.

FIN DE VALENTINE.

T. JOHANNOT. &TAN.SC.

# LA MARQUISE

---

## I.

La marquise de R... n'était pas fort spirituelle, quoiqu'il soit reçu en littérature que toutes les vieilles femmes doivent pétiller d'esprit. Son ignorance était extrême sur toutes les choses que le frottement du monde ne lui avait point apprises. Elle n'avait pas non plus cette excessive délicatesse d'expression, cette pénétration exquise, ce tact merveilleux qui distinguent, à ce qu'on dit, les femmes qui ont beaucoup vécu. Elle était, au contraire, étourdie, brusque, franche, quelquefois même cynique. Elle détruisait absolument toutes les idées que je m'étais faites d'une marquise du bon temps. Et pourtant elle était bien marquise, et elle avait vu la cour de Louis XV; mais, comme c'avait été dès lors un caractère d'exception, je vous prie de ne pas chercher dans son histoire l'étude sérieuse des mœurs d'une époque. La société me semble si difficile à connaître bien et à bien peindre dans tous les temps, que je ne veux point m'en mêler. Je me bornerai à vous raconter de ces faits particuliers qui établissent des rapports de sympathie irrécusable entre les hommes de toutes les sociétés et de tous les siècles.

Je n'avais jamais trouvé un grand charme dans la société de cette marquise. Elle ne me semblait remarquable que pour la prodigieuse mémoire qu'elle avait conservée du temps de sa jeunesse, et pour la lucidité virile avec laquelle s'exprimaient ses souvenirs. Du reste, elle était, comme tous les vieillards, oublieuse des choses de la veille et insouciante des événements qui n'avaient point sur sa destinée une influence directe.

Elle n'avait pas eu une de ces beautés piquantes qui, manquant d'éclat et de régularité, ne pouvaient se passer d'esprit. Une femme ainsi faite en acquérait pour devenir aussi belle que celles qui l'étaient davantage. La marquise, au contraire, avait eu le malheur d'être incontestablement belle. Je n'ai vu d'elle que son portrait, qu'elle avait, comme toutes les vieilles femmes, la coquetterie d'étaler dans sa chambre à tous les regards. Elle y était représentée en nymphe chasseresse, avec un corsage de satin imprimé imitant la peau de tigre, des manches de dentelle, un arc de bois de sandal et un croissant de perles qui se jouait sur ses cheveux crêpés. C'était, malgré tout, une admirable peinture, et surtout une admirable femme ; grande, svelte, brune, avec des yeux noirs, des traits sévères et nobles, une bouche vermeille qui ne souriait point, et des mains qui, dit-on, avaient fait le désespoir de la princesse de Lamballe. Sans la dentelle, le satin et la poudre, c'eût été vraiment là une de ces nymphes fières et agiles que les mortels apercevaient au fond des forêts ou sur le flanc des montagnes pour en devenir fous d'amour et de regret.

Pourtant la marquise avait eu peu d'aventures. De son propre aveu, elle avait passé pour manquer d'esprit. Les hommes blasés d'alors aimaient moins la beauté pour elle-même que pour ses agaceries coquettes. Des femmes infiniment moins admirées lui avaient ravi tous ses adorateurs, et, ce qu'il y a d'étrange, elle n'avait pas semblé s'en soucier beaucoup. Ce qu'elle m'avait raconté, *à bâtons rompus*, de sa vie me faisait penser que ce cœur-là n'avait point eu de jeunesse, et que la froideur de l'égoïsme avait dominé toute autre faculté. Cependant je voyais autour d'elle des amitiés assez vives pour la vieillesse : ses petits-enfants la chérissaient, et elle faisait du bien sans ostentation ; mais comme elle ne se piquait pas de principes, et avouait n'avoir jamais aimé son amant, le vicomte de Larrieux, je ne pouvais pas trouver d'autre explication à son caractère.

Un soir je la vis plus expansive encore que de coutume. Il y avait de la tristesse dans ses pensées. « Mon cher enfant, me dit-elle, le vicomte de Larrieux vient de mourir de sa goutte ; c'est une grande douleur pour moi, qui fus son amie pendant soixante ans. Et puis il est effrayant de voir comme l'on meurt ! Ce n'est pas étonnant, il était si vieux !

— Quel âge avait-il ? demandai-je.

— Quatre-vingt-quatre ans. Pour moi, j'en ai quatre-vingts ; mais je ne suis pas infirme comme il l'était ; je dois espérer de vivre plus que lui. N'importe ! voici plusieurs de mes amis qui s'en vont cette année, et on a beau se dire qu'on est plus jeune et plus robuste, on ne peut pas s'empêcher d'avoir peur, quand on voit partir ainsi ses contemporains.

→ Ainsi, lui dis-je, voilà tous les regrets que vous lui accordez, à ce pauvre Larrieux, qui vous a adorée pendant soixante ans, qui n'a cessé de se plaindre de vos rigueurs, et qui ne s'en est jamais rebuté ? C'était le modèle des amants, celui-là ! On ne fait plus de pareils hommes !

— Laissez donc, dit la marquise avec un sourire froid, cet homme avait la manie de se lamenter et de se dire malheureux. Il ne l'était pas du tout, chacun le sait. »

Voyant ma marquise en train de babiller, je la pressai de questions sur ce vicomte de Larrieux et sur elle-même ; et voici la singulière réponse que j'en obtins.

« Mon cher enfant, je vois bien que vous me regardez comme une personne d'un caractère très-maussade et très-inégal. Il se peut que cela soit. Jugez-en vous-même : je vais vous dire toute mon histoire, et vous confesser des travers que je n'ai jamais dévoilés à personne. Vous qui êtes d'une époque sans préjugés, vous me trouverez moins coupable peut-être que je ne me le semble à moi-même ; mais, quelle que soit l'opinion que vous prendrez de moi, je ne mourrai pas sans m'être fait connaître à quelqu'un. Peut-être me donnerez-vous quelque marque de compassion qui adoucira la tristesse de mes souvenirs.

Je fus élevée à Saint-Cyr. L'éducation brillante qu'on y recevait produisait effectivement fort peu de chose. J'en sortis à seize ans pour épouser le marquis de R..., qui en avait cinquante, et je n'osai pas m'en plaindre, car tout le monde me félicitait sur ce beau mariage, et toutes les filles sans fortune enviaient mon sort.

J'ai toujours eu peu d'esprit ; dans ce temps-là j'étais tout à fait bête. Cette éducation claustrale avait achevé d'engourdir mes facultés déjà très-lentes. Je sortis du couvent avec une de ces niaises innocences dont on .a bien tort de nous faire un mérite, et qui nuisent souvent au bonheur de toute notre vie.

En effet, l'expérience que j'acquis en six mois de mariage trouva un esprit si étroit pour le recevoir, qu'elle ne me servit de rien. J'appris, non pas à connaître la vie, mais à douter de moi-même. J'entrai dans le monde avec des idées tout à fait fausses et des préventions dont toute ma vie n'a pu détruire l'effet.

A seize ans et demi j'étais veuve ; et ma belle-mère, qui m'avait prise en amitié pour la nullité de mon caractère, m'exhorta à me remarier. Il est vrai que j'étais grosse, et que le faible douaire qu'on me laissait devait retourner à la famille de mon mari au cas où je donnerais un beau-père à son héritier. Dès que mon deuil fut passé, on me produisit donc dans le monde, et l'on m'y entoura de galants. J'étais alors dans tout l'éclat de la beauté, et,

de l'aveu de toutes les femmes, il n'était point de figure ni de taille qui pussent m'être comparées.

Mais mon mari, ce libertin vieux et blasé qui n'avait jamais eu pour moi qu'un dédain ironique, et qui m'avait épousée pour obtenir une place promise à une considération, m'avait laissé tant d'aversion pour le mariage que jamais je ne voulus consentir à contracter de nouveaux liens. Dans mon ignorance de la vie, je m'imaginais que tous les hommes étaient les mêmes, que tous avaient cette sécheresse de cœur, cette impitoyable ironie, ces caresses froides et insultantes qui m'avaient tant humiliée. Toute bornée que j'étais, j'avais fort bien compris que les rares transports de mon mari ne s'adressaient qu'à une belle femme, et qu'il n'y mettait rien de son âme. Je redevenais ensuite pour lui une sotte dont il rougissait en public, et qu'il eût voulu pouvoir renier.

Cette funeste entrée dans la vie me désenchanta pour jamais. Mon cœur, qui n'était peut-être pas destiné à cette froideur, se resserra et s'entoura de méfiances. Je pris les hommes en aversion et en dégoût. Leurs hommages m'insultèrent ; je ne vis en eux que des fourbes qui se faisaient esclaves pour devenir tyrans. Je leur vouai un ressentiment et une haine éternels.

Quand on n'a pas besoin de vertu, on n'en a pas ; voilà pourquoi, avec les mœurs les plus austères, je ne fus point vertueuse. Oh ! combien je regrettai de ne pouvoir l'être ! combien je l'enviai, cette force morale et religieuse qui combat les passions et colore la vie ! la mienne fut si froide et si nulle ! que n'eussé-je point donné pour avoir des passions à réprimer, une lutte à soutenir, pour pouvoir me jeter à genoux et prier comme ces jeunes femmes que je voyais, au sortir du couvent, se maintenir sages dans le monde durant quelques années à force de ferveur et de résistance ! Moi, malheureuse, qu'avais-je à faire sur la terre ? Rien qu'à me parer, à me montrer et à m'ennuyer. Je n'avais point de cœur, point de remords, point de terreurs ; mon ange gardien dormait au lieu de veiller. La Vierge et ses chastes mystères étaient pour moi sans consolation et sans poésie. Je n'avais nul besoin de protections célestes : les dangers n'étaient pas faits pour moi, et je me méprisais pour ce dont j'eusse dû me glorifier.

Car il faut vous dire que je m'en prenais à moi autant qu'aux autres quand je trouvais en moi cette volonté de ne pas aimer dégénérée en impuissance. J'avais souvent confié aux femmes qui me pressaient de faire choix d'un mari ou d'un amant l'éloignement que m'inspiraient l'ingratitude, l'égoïsme et la brutalité des hommes. Elles me riaient au nez quand je parlais ainsi, m'assurant que tous n'étaient pas semblables à mon vieux mari, et qu'ils avaient des secrets pour se faire pardonner leurs défauts et leurs vices. Cette manière de raisonner me révoltait ; j'étais humiliée d'être femme en entendant d'autres femmes exprimer des sentiments aussi grossiers, et rire comme des folles quand l'indignation me montait au visage. Je m'imaginais un instant valoir mieux qu'elles toutes.

Et puis je retombais avec douleur sur moi-même ; l'ennui me rongeait. La vie des autres était remplie, la mienne était vide et oisive. Alors je m'accusais de folie et d'ambition démesurée ; je me mettais à croire tout ce que m'avaient dit ces femmes rieuses et philosophes, qui prenaient si bien leur siècle comme il était. Je me disais que l'ignorance m'avait perdue, que je m'étais forgé des espérances chimériques, que j'avais rêvé des hommes loyaux et parfaits qui n'étaient point de ce monde. En un mot, je m'accusais de tous les torts qu'on avait eus envers moi.

Tant que les femmes espérèrent me voir bientôt convertie à leurs maximes et à ce qu'elles appelaient leur sagesse, elles me supportèrent. Il y en avait même plus d'une qui fondait sur moi un grand espoir de justification pour elle-même, plus d'une qui avait passé des témoignages exagérés d'une vertu farouche à une conduite éventée, et qui se flattait de me voir donner au monde l'exemple d'une légèreté capable d'excuser la sienne. Mais quand elles virent que cela ne se réalisait point, que j'avais déjà vingt ans et que j'étais incorruptible, elles me prirent en horreur; elles prétendirent que j'étais leur critique incarnée et vivante; elles me tournèrent en ridicule avec leurs amants, et ma conquête fut l'objet des plus outrageants projets et des plus immorales entreprises. Des femmes d'un haut rang dans le monde ne rougirent point de tramer en riant d'infâmes complots contre moi, et, dans la liberté de mœurs de la campagne, je fus attaquée de toutes les manières avec un acharnement de désirs qui ressemblait à de la haine. Il y eut des hommes qui promirent à leurs maitresses de m'apprivoiser, et des femmes qui permirent à leurs amants de l'essayer. Il y eut des maîtresses de maison qui s'offrirent à égarer ma raison avec l'aide des vins de leurs soupers. J'eus des amis et des parents qui me présentèrent pour me tenter, des hommes dont j'aurais fait de très-beaux cochers pour ma voiture. Comme j'avais eu l'ingénuité de leur ouvrir toute mon âme, elles savaient fort bien que ce n'était ni la piété, ni l'honneur, ni un ancien amour qui me préservait, mais bien la méfiance et un sentiment de répulsion involontaire; elles ne manquèrent pas de divulguer mon caractère, et, sans tenir compte des incertitudes et des angoisses de mon âme, elles répandirent hardiment que je méprisais tous les hommes. Il n'est rien qui les blesse plus que ce sentiment; ils pardonnent plutôt le libertinage que le dédain. Aussi partagèrent-ils l'aversion que les femmes avaient pour moi; ils ne me recherchèrent plus que pour satisfaire leur vengeance et me railler ensuite. Je trouvai l'ironie et la fausseté écrites sur tous les fronts, et ma misanthropie s'en accrut chaque jour.

Une femme d'esprit eût pris son parti sur tout cela; elle eût persévéré dans la résistance, ne fût-ce que pour augmenter la rage de ses rivales; elle se fût jetée ouvertement dans la piété pour se rattacher à la société de ce petit nombre de femmes vertueuses qui, même en ce temps-là, faisaient l'édification des honnêtes gens. Mais je n'avais pas assez de force dans le caractère pour faire face à l'orage qui grossissait contre moi. Je me voyais délaissée, haïe, méconnue; déjà ma réputation était sacrifiée aux imputations les plus horribles et les plus bizarres. Certaines femmes, vouées à la plus licencieuse débauche, feignaient de se voir en danger auprès de moi.

## II.

Sur ces entrefaites arriva de province un homme sans talent, sans esprit, sans aucune qualité énergique ou séduisante, mais doué d'une grande candeur et d'une droiture de sentiments bien rare dans le monde où je vivais. Je commençais à me dire qu'il fallait faire enfin un *choix*, comme disaient mes compagnes. Je ne pouvais pas me marier, étant mère, et, n'ayant confiance à la bonté d'aucun homme, je ne croyais pas avoir ce droit. C'était donc un amant qu'il me fallait accepter pour être au niveau de la compagnie où j'étais jetée. Je me déterminai en faveur de ce provincial, dont le nom et l'état dans le monde me couvraient d'une assez belle protection. C'était le vicomte de Larrieux.

Il m'aimait lui, et dans la sincérité de son âme! Mais son âme! en avait-il une? C'était un de ces hommes froids et positifs qui n'ont pas même pour eux l'élégance du vice et l'esprit du mensonge. Il m'aimait à son ordinaire, comme mon mari m'avait quelquefois aimée. Il n'était frappé que de ma beauté, et ne se mettait pas en peine de découvrir mon cœur. Chez lui ce n'était pas dédain, c'était ineptie. S'il eût trouvé en moi la puissance d'aimer, il n'eût pas su comment y répondre.

Je ne crois pas qu'il ait existé un homme plus matériel que ce pauvre Larrieux. Il mangeait avec volupté, il s'endormait sur tous les fauteuils, et le reste du temps il prenait du tabac. Il était ainsi toujours occupé à satisfaire quelque appétit physique. Je ne pense pas qu'il eût une idée par jour.

Avant de l'élever jusqu'à mon intimité, j'avais de l'amitié pour lui, parce que je ne trouvais en lui rien de grand, du moins je n'y trouvais rien de méchant; et en cela seul consistait sa supériorité sur tout ce qui m'entourait. Je me flattai donc, en écoutant ses galanteries, qu'il me réconcilierait avec la nature humaine, et je me confiai à sa loyauté. Mais à peine lui eus-je donné sur moi ces droits que les femmes faibles ne reprennent jamais, qu'il me persécuta d'un genre d'obsession insupportable, et réduisit tout son système d'affection aux seuls témoignages qu'il fût capable d'apprécier.

Vous voyez, mon ami, que j'étais tombée de Charybde en Scylla. Cet homme, qu'à son large appétit et à ses habitudes du sieste j'avais cru d'un sang si calme, n'avait même pas en lui le sentiment de cette forte amitié que j'espérais rencontrer. Il disait en riant qu'il lui était impossible d'avoir de l'amitié pour une belle femme. Et si vous saviez ce qu'il appelait l'amour!

Je n'ai point la prétention d'avoir été pétrie d'un autre limon que toutes les autres créatures humaines. A présent que je ne suis plus d'aucun sexe, je pense que j'étais alors tout aussi femme qu'une autre, mais qu'il a manqué au développement de mes facultés de rencontrer un homme que je pusse aimer assez pour jeter un peu de poésie sur les faits de la vie animale. Mais cela n'étant point, vous-même, qui êtes un homme, et par conséquent moins délicat sur cette perception de sentiment, vous devez comprendre le dégoût qui s'empare du cœur quand on se soumet aux exigences de l'amour sans en avoir compris les besoins. En trois jours le vicomte de Larrieux me devint insoutenable.

Eh bien! mon cher, je n'eus jamais l'énergie de me débarrasser de lui! Pendant soixante ans il a fait mon tourment et ma satiété. Par complaisance, par faiblesse ou par ennui, je l'ai supporté. Toujours mécontent de mes répugnances, et toujours attiré vers moi par les obstacles que je mettais à sa passion, il a eu pour moi l'amour le plus patient, le plus courageux, le plus soutenu et le plus ennuyeux qu'un homme ait jamais eu pour une femme.

Il est vrai que, depuis que je l'avais érigé auprès de moi en protecteur, mon rôle dans le monde était infiniment moins désagréable. Les hommes n'osaient plus me rechercher; car le vicomte était un terrible ferrailleur et un atroce jaloux. Les femmes, qui avaient prédit que j'étais incapable de fixer un homme, voyaient avec dépit le vicomte enchaîné à mon char; et peut-être entrait-il dans ma patience envers lui un peu de cette vanité qui ne permet point à une femme de paraître délaissée. Il n'y avait pourtant pas de quoi se glorifier beaucoup dans la personne de ce pauvre Larrieux; mais c'était un fort bel homme; il avait du cœur, il savait se taire à propos, il menait un grand train de vie, il ne manquait pas non plus de cette fatuité modeste qui fait ressortir le mérite d'une femme. Enfin, outre que les femmes n'étaient point du tout dédaigneuses de cette fastidieuse beauté qui me semblait être le principal défaut du vicomte, elles étaient surprises du dévouement sincère qu'il me marquait, et le proposaient pour modèle à leurs amants. Je m'étais donc placée dans une situation enviée; mais cela, je vous assure, me dédommageait médiocrement des ennuis de l'intimité. Je les supportai pourtant avec résignation, et je gardai à Larrieux une inviolable fidélité. Voyez, mon cher enfant, si je fus aussi coupable envers lui que vous l'avez pensé.

— Je vous ai parfaitement comprise, lui répondis-je; c'est vous dire que je vous plains et que je vous estime. Vous avez fait aux mœurs de votre temps un véritable sacrifice, et vous fûtes persécutée parce que vous valiez mieux que ces mœurs-là. Avec un peu plus de force morale, vous eussiez trouvé dans la vertu tout le bonheur que vous ne trouvâtes point dans une intrigue. Mais laissez-moi m'étonner d'un fait : c'est que vous n'ayez point rencontré, dans tout le cours de votre vie, un seul homme capable de vous comprendre et digne de vous convertir au véritable amour. Faut-il en conclure que les hommes d'aujourd'hui valent mieux que les hommes d'autrefois?

— Ce serait de votre part une grande fatuité, me répondit-elle en riant. J'ai fort peu à me louer des hommes de mon temps, et cependant je doute que vous ayez fait beaucoup de progrès ; mais ne moralisons point. Qu'ils soient ce qu'ils sont ; la faute de mon malheur est toute à moi ; je n'avais pas l'esprit de le juger. Avec ma sauvage fierté, il aurait fallu être une femme supérieure, et choisir d'un coup d'œil d'aigle entre tous ces hommes si plats, si faux et si vides, un de ces êtres vrais et nobles, qui sont rares et exceptionnels dans tous les temps. J'étais trop ignorante, trop bornée pour cela. A force de vivre, j'ai acquis plus de jugement : je me suis aperçue que certains d'entre eux, que j'avais confondus dans ma l..ne, méritaient d'autres sentiments ; mais alors j'étais vieille. Il n'était plus temps de m'en aviser.

— Et tant que vous fûtes jeune, repris-je, vous ne fûtes pas une seule fois tentée de faire un nouvel essai ? Cette aversion farouche n'a jamais été ébranlée ? Cela est étrange. »

### III.

La marquise garda un instant le silence ; mais tout à coup, posant avec bruit sur la table sa tabatière d'or, qu'elle avait longtemps roulée entre ses doigts, « Eh bien, puisque j'ai commencé à me confesser, dit-elle, je veux tout avouer. Écoutez bien :

« Une fois, une seule fois dans ma vie j'ai été amoureuse, mais amoureuse comme personne ne l'a été, d'un amour passionné, indomptable, dévorant, et pourtant idéal et platonique s'il en fut. Oh ! cela vous étonne bien d'apprendre qu'une marquise du dix-huitième siècle n'ait eu dans toute sa vie qu'un amour, et un amour platonique ! C'est que, voyez-vous, mon enfant, vous autres jeunes gens, vous croyez bien connaître les femmes, et vous n'y entendez rien. Si beaucoup de vieilles de quatre-vingts ans se mettaient à vous raconter franchement leur vie, peut-être découvririez-vous dans l'âme féminine des sources de vice et de vertu dont vous n'avez pas l'idée.

Maintenant devinez de quel rang fut l'homme pour qui, moi, marquise, et marquise hautaine et fière entre toutes, je perdis tout à fait la tête.

— Le roi de France ou le dauphin Louis XVI.

— Oh ! si vous débutez ainsi, il vous faudra trois heures pour arriver jusqu'à mon amant. J'aime mieux vous le dire : c'était un comédien.

— C'était toujours bien un roi, j'imagine.

— Le plus noble et le plus élégant qui monta jamais sur les planches. Vous n'êtes pas surpris ?

— Pas trop. J'ai ouï dire que ces unions disproportionnées n'étaient pas rares, même dans les temps où les préjugés avaient le plus de force en France. Laquelle des amies de madame d'Épinay vivait donc avec Jéliotte ?

— Comme vous connaissez notre temps ! Cela fait pitié. Eh ! c'est précisément parce que ces traits-là sont consignés dans les mémoires, et cités avec étonnement, que vous devriez conclure leur rareté et leur contradiction avec les mœurs du temps. Soyez sûr qu'ils faisaient dès lors un grand scandale ; et lorsque vous entendez parler d'horribles dépravations, du duc de Guiche et de Manicamp, de madame de Lionne et de sa fille, vous pouvez être assuré que ces choses-là étaient aussi révoltantes au temps où elles se passèrent qu'au temps où vous les lisez. Croyez-vous donc que ceux dont la plume indignée vous les a transmises fussent les seuls honnêtes gens de France ? »

Je n'osais point contredire la marquise. Je ne sais lequel de nous deux était compétent pour juger la question. Je la ramenai à son histoire, qu'elle reprit ainsi :

« Pour vous prouver combien peu cela était toléré, je vous dirai que la première fois que je le vis, et que j'exprimai mon admiration à la comtesse de Ferrières, qui se trouvait auprès de moi, elle me répondit : « Ma toute belle, vous ferez bien de ne pas dire vore avis si chaudeleent devant une autre que moi ; on vous raillerait cruellement si l'on vous soupçonnait d'oublier qu'aux yeux

d'une femme bien née un comédien ne peut pas être un homme. »

Cette parole de madame de Ferrières me resta dans l'esprit, je ne sais pourquoi. Dans la situation où j'étais, ce ton de mépris me paraissait absurde ; et cette crainte que je ne vinsse à me compromettre par mon admiration semblait une hypocrite méchanceté.

Il s'appelait Lélio, était Italien de naissance, mais parlait admirablement le français. Il pouvait bien avoir trente-cinq ans, quoique sur la scène il parût souvent n'en avoir pas vingt. Il jouait mieux Corneille que Racine ; mais dans l'un et dans l'autre il était inimitable.

— Je m'étonne, dis-je en interrompant la marquise, que son nom ne soit pas resté dans les annales du talent dramatique.

— Il n'eut jamais de réputation, répondit-elle ; on ne l'appréciait ni à la ville et à la cour. A ses débuts, j'ai ouï dire qu'il fut outrageusement sifflé. Par la suite, on lui tint compte de la chaleur de son âme et de ses efforts pour se perfectionner ; on le toléra, on l'applaudit parfois ; mais, en somme, on le considéra toujours comme un comédien de mauvais goût.

C'était un homme qui, en fait d'art, n'était pas plus de son siècle qu'en fait de mœurs je n'étais du mien. Ce fut peut-être là le rapport immatériel, mais tout-puissant, qui des deux extrémités de la chaîne sociale attira nos âmes l'une vers l'autre. Le public n'a pas plus compris Lélio que le monde ne m'a jugée. « Cet homme est exagéré, disait-on de lui ; il se force, il ne sent rien ; » et ce moi l'on disait ailleurs : « Cette femme est méprisante et froide ; elle n'a pas de cœur. » Qui sait si nous n'étions pas les deux êtres qui sentaient le plus vivement de l'époque !

Dans ce temps-là, on jouait la tragédie *décemment ;* il fallait avoir bon ton, même en donnant un soufflet ; il fallait mourir convenablement et tomber avec grâce. L'art dramatique était façonné aux convenances du beau monde ; la diction et le geste des acteurs étaient en rapport avec les paniers et la poudre dont on affublait encore Phèdre et Clytemnestre. Je n'avais pas calculé et senti les défauts de cette école. Je n'allais pas loin dans mes réflexions ; seulement la tragédie m'ennuyait à mourir ; et comme il était de mauvais ton d'en convenir, j'allais courageusement m'y ennuyer deux fois par semaine ; mais l'air froid et contraint dont j'écoutais ces pompeuses tirades faisait dire de moi que j'étais insensible au charme des beaux vers.

J'avais fait une assez longue absence de Paris, quand je retournai un soir à la Comédie-Française pour voir jouer *le Cid.* Pendant mon séjour à la campagne, Lélio avait été admis à ce théâtre, et je le voyais pour la première fois. Il joua Rodrigue. Je n'entendis pas plus tôt le son de sa voix que je fus émue. C'était une voix plus pénétrante que sonore, une voix nerveuse et accentuée. Sa voix était une des choses que l'on critiquait en lui. On voulait que le Cid eût une basse-taille, comme on voulait que tous les héros de l'antiquité fussent grands et forts. Un roi qui n'avait pas cinq pieds six pouces ne pouvait pas ceindre le diadème : cela était contraire aux arrêts du bon goût.

Lélio était petit et grêle ; sa beauté ne consistait pas dans les traits, mais dans la noblesse du front, dans la grâce irrésistible des attitudes, dans l'abandon de la démarche, dans l'expression fière et mélancolique de la physionomie. Je n'ai jamais vu dans une statue, dans une peinture, dans un homme, une puissance de beauté plus idéale et plus suave. C'est pour lui qu'aurait dû être créé le mot de *charme,* qui s'appliquait à toutes ses paroles, à tous ses regards, à tous ses mouvements.

Que vous dirai-je ! Ce fut en effet un *charme* jeté sur moi. Cet homme, qui marchait, qui parlait, qui agissait sans méthode et sans prétention, qui sanglotait avec le cœur autant qu'avec la voix, qui s'oubliait lui-même pour s'identifier avec la passion ; cet homme que l'âme semblait user et briser, et dont un regard renfermait tout l'amour que j'avais cherché vainement dans le monde, exerça sur moi une puissance vraiment électrique ; cet homme, qui n'était pas né dans son temps de gloire et de sympathies, et qui n'avait que moi pour le comprendre et marcher avec lui, fut, pendant cinq ans, mon roi, mon dieu, ma vie, mon amour.

Je ne pouvais plus vivre sans le voir : il me gouvernait, il me dominait. Ce n'était pas un homme pour moi ; mais je l'entendais autrement que madame de Ferrières ; c'était bien plus : c'était une puissance morale, un maître intellectuel, dont l'âme pétrissait la mienne à son gré. Bientôt il me fut impossible de renfermer les impressions que je recevais de lui. J'abandonnai ma loge à la Comédie-Française pour ne pas me trahir. Je feignis d'être devenue dévote, et d'aller, le soir, prier dans les églises. Au lieu de cela, je m'habillais en grisette, et j'allais me mêler au peuple pour l'écouter et le contempler à mon aise. Enfin, je gagnai un des employés du théâtre, et j'eus, dans un coin de la salle, une place étroite et secrète où nul regard ne pouvait m'atteindre et où je me rendais par un passage dérobé. Pour plus de sûreté, je m'habillais en écolier. Ces folies que je faisais pour un homme avec lequel je n'avais jamais échangé un mot ni un regard, avaient pour moi tout l'attrait du mystère et toute l'illusion du bonheur. Quand l'heure de la comédie sonnait à l'énorme pendule de mon salon, de violentes palpitations me saisissaient. J'essayais de me recueillir, tandis qu'on apprêtait ma voiture ; je marchais avec agitation, et si Larrieux était près de moi, je le brutalisais pour le renvoyer ; j'éloignais avec un art infini les autres importuns. Tout l'esprit que me donna cette passion de théâtre n'est pas croyable. Il faut que j'aie eu bien de la dissimulation et bien de la finesse pour le cacher pendant cinq ans à Larrieux, qui était le plus jaloux des hommes, et à tous les méchants qui m'entouraient.

Il faut vous dire qu'au lieu de la combattre je m'y livrais avec avidité, avec délices. Elle était si pure ! Pourquoi donc en aurais-je rougi ? Elle me créait une vie nouvelle ; elle m'initiait enfin à tout ce que j'avais désiré connaître et sentir ; jusqu'à un certain point elle me faisait femme.

J'étais heureuse, j'étais fière de me sentir trembler, étouffer, défaillir. La première fois qu'une violente palpitation vint éveiller mon cœur inerte, j'eus autant d'orgueil qu'une jeune mère au premier mouvement de l'enfant renfermé dans son sein. Je devins jalouse, rieuse, maligne, inégale. Le bon Larrieux observa que la dévotion me donnait de singuliers caprices. Dans le monde, on trouva que j'embellissais chaque jour davantage, que mon œil noir se veloutait, que mon sourire avait de la pensée, que mes remarques sur toutes choses portaient plus juste et allaient plus loin qu'on ne m'aurait crue capable. On en fit tout l'honneur à Larrieux, qui en était pourtant bien innocent.

Je suis décousue dans mes souvenirs, parce que voici une époque de ma vie où ils m'inondent. En vous les disant, il me semble que je rajeunis et que mon cœur bat encore au nom de Lélio. Je vous disais tout à l'heure qu'en entendant sonner la pendule je frémissais de joie et d'impatience. Maintenant encore il me semble ressentir l'espèce de suffocation délicieuse qui s'emparait de moi au timbre de cette sonnerie. Depuis ce temps-là des vicissitudes de fortune m'ont amenée à me trouver fort heureuse dans un petit appartement du Marais. Eh bien ! je ne regrette rien du mien riche hôtel, de mon noble faubourg et de ma splendeur passée, que les objets qui m'eussent rappelé ce temps d'amour et de rêves. J'ai sauvé du désastre quelques meubles qui datent de cette époque, et que je regarde avec la même émotion que si l'heure allait sonner, et je vois au pied de mes chevaux battait le pavé. Oh ! mon enfant, n'aimez jamais ainsi ; car c'est un orage qui ne s'apaise qu'à la mort !

Alors je partais, vive et légère, joie et heureuse ! Je commençais à apprécier tout ce dont se composait ma vie, le luxe, la jeunesse, la beauté. Le bonheur se révélait à moi par tous les sens, par tous les pores. Doucement pliée au fond de mon carrosse, les pieds enfoncés dans la fourrure, je voyais ma figure brillante et parée se répéter dans la glace encadrée d'or placée vis-à-vis de moi. Le costume des femmes, dont on s'est tant moqué

depuis, était alors d'une richesse et d'un éclat extraordinaires ; porté avec goût et châtié dans ses exagérations, il prêtait à la beauté une noblesse et une grâce moelleuse dont les peintures ne sauraient vous donner l'idée. Avec tout cet attirail de plumes, d'étoffes et de fleurs, une femme était forcée de mettre une sorte de lenteur à tous ses mouvements. J'en ai vu de fort blanches qui, lorsqu'elles étaient poudrées et habillées de blanc, traînant leur longue queue de moire et balançant avec souplesse les plumes de leur front, pouvaient, sans hyperbole, être comparées à des cygnes. C'était, en effet, quoi qu'en ait dit Rousseau, bien plus à des oiseaux qu'à des guêpes que nous ressemblions avec ces énormes plis de satin, cette profusion de mousselines et de bouffantes qui cachaient un petit corps tout frêle, comme le duvet cache la tourterelle ; avec ces longs ailerons de dentelle qui tombaient du bras, avec ces vives couleurs qui bigarraient nos jupes, nos rubans et nos pierreries ; et quand nous tenions nos petits pieds en équilibre dans de jolies mules à talons, c'est alors vraiment que nous semblions craindre de toucher la terre, et que nous marchions avec la précaution dédaigneuse d'une bergeronnette au bord d'un ruisseau.

A l'époque dont je vous parle, on commençait à porter de la poudre blonde, qui donnait aux cheveux une teinte douce et cendrée. Cette manière d'atténuer la crudité des tons de la chevelure donnait au visage beaucoup de douceur et aux yeux un éclat extraordinaire. Le front, entièrement découvert, se perdait dans les pâles nuances de ces cheveux de convention ; il en paraissait plus large, plus pur, et toutes les femmes avaient l'air noble. Aux crêpés, qui n'ont jamais été gracieux, à mon sens, avaient succédé les coiffures basses, les grosses boucles rejetées en arrière et tombant sur le cou et sur les épaules. Cette coiffure m'allait fort bien, et j'étais renommée pour la richesse et l'invention de mes parures. Je sortais tantôt avec une robe de velours nacarat garnie de grèbe, tantôt avec une tunique de satin blanc, bordée de peau de tigre, quelquefois avec un habit complet de damas lilas lamé d'argent, et des plumes blanches montées en perles. C'est ainsi que j'allais faire quelques visites en attendant l'heure de la seconde pièce ; car Lélio ne jouait jamais dans la première.

Je faisais sensation dans les salons, et lorsque je remontais dans mon carrosse je regardais avec complaisance la femme qui aimait Lélio, et qui pouvait s'y faire aimer. Jusque-là le seul plaisir que j'eusse trouvé à être belle consistait dans la jalousie que j'inspirais. Le soin que je prenais à m'embellir était une bien bénigne vengeance envers ces femmes qui avaient ourdi de si horribles complots contre moi. Mais du moment que j'aimai, je me mis à jouir de ma beauté pour moi-même. Je n'avais que cela à offrir à Lélio en compensation de tous les triomphes qu'on lui déniait à Paris, et je m'amusais à me représenter l'orgueil et la joie de ce pauvre comédien si moqué, si méconnu, si rebuté, le jour où il apprendrait que la marquise de R... lui avait voué son culte.

Au reste, ce n'étaient là que des rêves riants et fugitifs ; c'étaient tous les résultats, tous les profits que je tirais de ma position. Dès que mes pensées prenaient un corps et que je m'apercevais de la consistance d'un projet quelconque de mon amour, je l'étouffais courageusement ; et tout l'orgueil du rang reprenait ses droits sur mon âme. Vous me regardez d'un air étonné ? Je vous expliquerai cela tout à l'heure. Laissez-moi parcourir le monde enchanté de mes souvenirs.

Vers huit heures, je me faisais descendre à la petite église des Carmélites, près du Luxembourg ; je renvoyais ma voiture, et j'étais censée assister à des conférences religieuses qui s'y tenaient à cette heure-là ; mais je ne faisais que traverser l'église et le jardin ; je sortais par une autre rue. J'allais trouver dans sa mansarde une jeune ouvrière nommée Florence, qui m'était toute dévouée. Je m'enfermais dans sa chambre, et je déposais avec joie sur son grabat tous mes atours pour endosser l'habit noir carré, l'épée à gaîne de chagrin et la perruque symétrique d'un jeune proviseur de collège aspirant à la prêtrise. Grande comme j'étais, brune et le regard inoffensif, j'avais bien l'air gauche et hypocrite d'un petit prestolet qui se cache pour aller au spectacle. Florence, qui me supposait une intrigue véritable au dehors, riait avec moi de mes métamorphoses, et j'avoue que je ne les eusse pas prises plus gaiement pour aller m'enivrer de plaisir et d'amour, comme toutes ces jeunes folles qui avaient des soupers clandestins dans les petites maisons.

Je montais dans un fiacre, et j'allais me blottir dans ma logette du théâtre. Ah! alors mes palpitations, mes terreurs, mes joies, mes impatiences cessaient. Un recueillement profond s'emparait de toutes mes facultés, et je restais comme absorbée jusqu'au lever du rideau, dans l'attente d'une grande solennité.

Comme le vautour prend une perdrix dans son vol magnétique, comme il la tient haletante et immobile dans le cercle magique qu'il trace au-dessus d'elle, l'âme de Lélio, sa grande âme de tragédien et de poëte, enveloppait toutes mes facultés et me plongeait dans la torpeur de l'admiration. J'écoutais, les mains contractées sur mon genou, le menton appuyé sur le velours d'Utrecht de la loge, le front baigné de sueur. Je retenais ma respiration, je maudissais la clarté fatigante des lumières, qui lassait mes yeux secs et brûlants, attachés à tous ses gestes, à tous ses pas. J'aurais voulu saisir le moindre palpitation de son sein, le moindre pli de son front. Ses émotions feintes, ses malheurs de théâtre, me pénétraient comme des choses réelles. Je ne savais bientôt plus distinguer l'erreur de la vérité. Lélio n'existait plus pour moi : c'était Rodrigue, c'était Bajazet, c'était Hippolyte. Je haïssais ses ennemis, je tremblais pour ses dangers ; ses douleurs me faisaient répandre avec lui des flots de larmes ; sa mort m'arrachait des cris que j'étais forcée d'étouffer en mâchant mon mouchoir. Dans les entr'actes, je tombais épuisée au fond de ma loge ; j'y restais comme morte, jusqu'à ce que l'aigre ritournelle m'eût annoncé le lever du rideau. Alors je ressuscitais, je redevenais forte et ardente, pour admirer, pour sentir, pour pleurer. Que de fraîcheur, que de poésie, que de jeunesse il y avait dans le talent de cet homme ! Il fallait que toute cette génération fût de glace pour ne pas tomber à ses pieds.

Et pourtant, quoiqu'il choquât toutes les idées reçues, quoiqu'il lui fût impossible de se faire au goût de ce soit public, quoiqu'il scandalisât les femmes par le désordre de sa tenue, quoiqu'il offensât les hommes par ses mépris pour leurs sottes exigences, il avait des moments de puissance sublime et de fascination irrésistible, où il prenait tout ce public rétif et ingrat dans son regard et dans sa parole, comme dans le creux de sa main, et il le forçait d'applaudir et de frissonner. Cela était rare, parce que l'on ne change pas subitement tout l'esprit d'un siècle ; mais quand cela arrivait, les applaudissements étaient frénétiques ; il semblait que, subjugués alors par son génie, les Parisiens voulussent expier toutes leurs injustices. Moi, je croyais plutôt que cet homme avait par instants une puissance surnaturelle, et que ses plus amers comtempteurs se sentaient entraînés à le faire triompher malgré eux. En vérité, dans ces moments-là la salle de la Comédie-Française semblait frappée de délire, et en sortant on se regardait tout étonné d'avoir applaudi Lélio. Pour moi, je me livrais alors à mon émotion ; je criais, je pleurais, je le nommais avec passion, je l'appelais avec folie ; ma faible voix se perdait heureusement dans le grand orage qui éclatait autour de moi.

D'autres fois on le sifflait dans les situations où il me semblait sublime, et je quittais le spectacle avec rage. Ces jours-là étaient les plus dangereux pour moi. J'étais violemment tentée d'aller le trouver, de pleurer avec lui, de maudire le siècle et de le consoler en lui offrant mon enthousiasme et mon amour.

Un soir que je sortais par le passage dérobé où j'étais admise, je vis passer rapidement devant moi un homme petit et maigre qui se dirigeait vers la rue. Un machiniste lui ôta son chapeau en lui disant : « Bonsoir, monsieur Lélio. » Aussitôt, avide de regarder de près cet homme extraordinaire, je m'élance sur ses traces, je traverse la

rue, et sans me soucier du danger auquel je m'expose, j'entre avec lui dans un café. Heureusement c'était un café borgne, où je ne devais rencontrer aucune personne de mon rang.

Quand, à la clarté d'un mauvais lustre enfumé, j'eus jeté les yeux sur Lélio, je crus m'être trompée et avoir suivi un autre que lui. Il avait au moins trente-cinq ans : il était jaune, flétri, usé ; il était mal mis ; il avait l'air commun ; il parlait d'une voix rauque et éteinte, donnait la main à des pleutres, avalait de l'eau-de-vie et jurait horriblement. Il me fallut entendre prononcer plusieurs fois son nom pour m'assurer que c'était bien là le dieu du théâtre et l'interprète du grand Corneille. Je ne retrouvais plus rien en lui des charmes qui m'avaient fascinée, pas même son regard si noble, si ardent et si triste. Son œil était morne, éteint, presque stupide ; sa prononciation accentuée devenait ignoble en s'adressant au garçon de café, en parlant de jeu, de cabaret et de filles. Sa démarche était lâche, sa tournure sale, ses joues mal essuyées de fard. Ce n'était plus Hippolyte, c'était Lélio. Le temple était vide et pauvre ; l'oracle était muet ; le dieu s'était fait homme ; pas même homme, comédien.

Il sortit, et je restai longtemps stupéfaite à ma place, ne songeant point à avaler le vin chaud épicé que j'avais demandé pour me donner un air cavalier. Quand je m'aperçus du lieu où j'étais et des regards qui s'attachaient sur moi, la peur me prit ; c'était la première fois de ma vie que je me trouvais dans une situation si équivoque et dans un contact si direct avec des gens de cette classe ; depuis, l'émigration m'a bien aguerrie à ces inconvenances de position.

Je me levai et j'essayai de fuir, mais j'oubliai de payer. Le garçon courut après moi. J'eus une honte effroyable ; il fallut rentrer, m'expliquer au comptoir, soutenir tous les regards méfiants et moqueurs dirigés sur moi. Quand je fus sortie, il me sembla qu'on me suivait. Je cherchai vainement un fiacre pour m'y jeter, il n'y en avait plus devant la Comédie. Des pas lourds se faisaient entendre toujours sur les miens. Je me retournai en tremblant ; je vis un grand escogriffe que j'avais remarqué dans un coin du café, et qui avait bien l'air d'un mouchard ou de quelque chose de pis. Il me parla ; je ne sais pas ce qu'il me dit, la frayeur m'ôtait l'intelligence ; cependant j'eus assez de présence d'esprit pour m'en débarrasser. Transformée tout d'un coup en héroïne par ce courage que donne la peur, je lui allongeai rapidement un coup de canne dans la figure, et, jetant aussitôt la canne pour mieux courir, tandis qu'il restait étourdi de mon audace, je pris ma course, légère comme un trait, et ne m'arrêtai que chez Florence. Quand je m'éveillai le lendemain à midi dans mon lit à rideaux ouatés et à chapiteaux de plumes roses, je crus avoir fait un rêve, et j'éprouvai de ma déception et de mon aventure de la veille une grande mortification. Je me crus sérieusement guérie de mon amour, et j'essayai de m'en féliciter ; mais ce fut en vain. J'en éprouvais un regret mortel ; l'ennui retombait sur ma vie, tout se désenchantait. Ce jour-là je mis Larrieux à la porte.

Le soir arriva et ne m'apporta plus ces agitations bienfaisantes des autres soirs. Le monde me sembla insipide. J'allai à l'église ; j'écoutai la conférence, résolue à me faire dévote ; je m'y enrhumai : j'en revins malade.

Je gardai le lit plusieurs jours. La comtesse de Ferrières vint me voir, m'assura que je n'avais point de fièvre, que le lit me rendait malade, qu'il fallait me distraire, sortir, aller à la Comédie. Je crois qu'elle avait des vues sur Larrieux, et qu'elle voulait ma mort.

Il en arriva autrement ; elle me força d'aller avec elle voir jouer *Cinna*. « Vous ne venez plus au spectacle, me disait-elle ; c'est la dévotion et l'ennui qui vous minent. Il y a longtemps que vous n'avez vu Lélio ; il a fait des progrès ; on l'applaudit quelquefois maintenant ; j'ai dans l'idée qu'il deviendra supportable. »

Je ne sais comment je me laissai entraîner. Au reste, désenchantée de Lélio comme je l'étais, je ne risquais plus de me perdre en affrontant ses séductions en public. Je me parai excessivement, et j'allai en grande loge d'avant-scène braver un danger auquel je ne croyais plus.

Mais le danger ne fut jamais plus imminent. Lélio fut sublime, et je m'aperçus que jamais je n'en avais été plus éprise. L'aventure de la veille ne me paraissait plus qu'un rêve ; il ne se pouvait pas que Lélio fût autre qu'il ne me paraissait sur la scène. Malgré moi, je retombai dans toutes les agitations terribles qu'il savait me communiquer. Je fus forcée de couvrir mon visage en pleurs de mon mouchoir ; dans mon désordre, j'effaçai mon rouge, j'enlevai mes mouches, et la comtesse de Ferrières m'engagea à me retirer au fond de ma loge, parce que mon émotion faisait événement dans la salle. Heureusement j'eus l'adresse de faire croire que tout cet attendrissement était produit par le jeu de mademoiselle Hippolyte Clairon. C'était, à mon avis, une tragédienne bien froide et bien compassée, trop supérieure peut-être, par son éducation et son caractère, à la profession du théâtre comme on l'entendait alors ; mais la manière dont elle disait *Tout beau*, dans *Cinna*, lui avait fait une réputation de haut lieu.

Il est vrai de dire que, lorsqu'elle jouait avec Lélio, elle devenait très-supérieure à elle-même. Quoiqu'elle affichât aussi un mépris de bon ton pour sa méthode, elle subissait l'influence de son génie sans s'en apercevoir, et s'inspirait de lui lorsque la passion les mettait en rapport sur la scène.

Ce soir-là Lélio me remarqua, soit pour ma parure, soit pour mon émotion ; car je le vis se pencher, dans un instant où il était hors de scène, vers un des hommes qui étaient assis à cette époque sur le théâtre, et lui demander mon nom. Je compris cela à la manière dont leurs regards me désignèrent. J'en eus un battement de cœur qui faillit m'étouffer, et je remarquai que dans le cours de la pièce les yeux de Lélio se dirigèrent plusieurs fois de mon côté. Que n'aurais-je pas donné pour savoir ce que lui avait dit de moi le chevalier de Brétillac, celui qu'il avait interrogé, et qui, en me regardant, lui avait parlé à plusieurs reprises ! La figure de Lélio, forcée de rester grave pour ne pas déroger à la dignité de son rôle, n'avait rien exprimé qui pût me faire deviner le genre de renseignements qu'on lui donnait sur mon compte. Je connaissais du reste fort peu ce Brétillac ; je n'imaginais pas ce qu'il avait pu dire de moi en bien ou en mal.

De ce soir seulement je compris l'espèce d'amour qui m'enchaînait à Lélio : c'était une passion tout intellectuelle, toute romanesque. Ce n'était pas lui que j'aimais, mais le héros des anciens jours qu'il savait représenter ; ces types de franchise, de loyauté et de tendresse à jamais perdus revivaient en lui, et je me trouvais avec lui et par lui reportée à une époque de vertus désormais oubliées. J'avais l'orgueil de penser qu'en ces jours-là je n'eusse pas été méconnue et diffamée, que mon cœur eût pu se donner, et que je n'eusse pas été réduite à n'aimer un fantôme de comédie. Lélio n'était pour moi que l'ombre du Cid, que le représentant de l'amour antique et chevaleresque dont on se moquait maintenant en France. Lui, l'homme, l'histrion, je ne le craignais guère, je l'avais vu ; je ne pouvais l'aimer qu'en public. Mon Lélio à moi, c'était un être factice que je ne pouvais plus saisir dès qu'on éloignait le lustre de la Comédie. Il lui fallait l'illusion de la scène, le reflet des quinquets, le fard du costume pour être celui que j'aimais. En dépouillant tout cela, il rentrait pour moi dans le néant ; comme une étoile il s'effaçait à l'éclat du jour. Hors les planches il ne me prenait plus la moindre envie de le voir, et même j'en eusse été désespérée. C'eût été pour moi comme de contempler un grand homme réduit à un peu de cendre dans un vase d'argile.

Mes fréquentes absences aux heures où j'avais l'habitude de recevoir Larrieux, et surtout mon refus formel d'être désormais sur un autre pied avec lui que sur celui de l'amitié, lui inspirèrent un accès de jalousie mieux fondé, je l'avoue, qu'aucun de ceux qu'il eût ressentis. Un soir que j'allais aux Carmélites dans l'intention de m'en échapper par l'autre issue, je m'aperçus qu'il me suivait, et je compris qu'il serait désormais presque impossible de lui cacher mes courses nocturnes. Je pris donc le parti d'aller publiquement au théâtre. J'acquis peu à

peu l'hypocrisie nécessaire pour renfermer mes impressions, et d'ailleurs je me mis à professer hautement pour Hippolyte Clairon une admiration qui pouvait donner le change sur mes véritables sentiments. J'étais désormais plus gênée ; forcée comme je l'étais de m'observer attentivement, mon plaisir était moins vif et moins profond. Mais de cette situation il en naquit une autre qui établit une compensation rapide. Lélio me voyait, il m'observait ; ma beauté l'avait frappé, ma sensibilité le flattait. Ses regards avaient peine à se détacher de moi. Quelquefois il en eut des distractions qui mécontentèrent le public. Bientôt il me fut impossible de m'y tromper ; il m'aimait à en perdre la tête.

Ma loge ayant semblé faire envie à la princesse de Vaudemont, je la lui avais cédée pour en prendre une plus petite, plus enfoncée et mieux située. J'étais tout à fait sur la rampe, et je ne perdais pas un regard de Lélio, et les siens pouvaient m'y chercher sans me compromettre. D'ailleurs, je n'avais même plus besoin de ce moyen pour correspondre avec toutes ses sensations : dans le son de sa voix, dans les soupirs de son sein, dans l'accent qu'il donnait à certains vers, à certains mots, je comprenais qu'il s'adressait à moi. J'étais la plus fière et la plus heureuse des femmes ; car à ces heures-là ce n'était pas du comédien, c'était du héros que j'étais aimée.

Eh bien ! après deux années d'un amour que j'avais nourri inconnu et solitaire au fond de mon âme, trois hivers s'écoulèrent encore sur cet amour désormais partagé sans que jamais mon regard donnât à Lélio le droit d'espérer autre chose que ces rapports intimes et mystérieux. J'ai su depuis que Lélio m'avait souvent suivie dans les promenades ; je ne daignai pas l'apercevoir ni le distinguer dans la foule, tant j'étais peu avertie par le désir de le distinguer moi-même. Ces cinq années sont les seules que j'aie vécu sur quatre-vingts.

Un jour enfin je lus dans le *Mercure de France* le nom d'un nouvel acteur engagé à la Comédie-Française, à la place de Lélio, qui partait pour l'étranger. Cette nouvelle fut un coup mortel pour moi ; je ne concevais point comment je pourrais vivre désormais sans cette émotion, sans cette existence de passion et d'orage. Cela fit faire à mon amour un progrès immense et faillit me perdre.

Désormais je ne me combattis plus pour étouffer dès sa naissance toute pensée contraire à la dignité de mon rang. Je ne m'applaudis plus de ce qu'était réellement Lélio. Je souffris, je murmurai en secret de ce qu'il n'était point ce qu'il paraissait être sur les planches, j'allai jusqu'à le souhaiter beau et jeune comme l'art le faisait chaque soir, afin de pouvoir lui sacrifier tout l'orgueil de mes préjugés et toutes les répugnances de mon organisation. Maintenant que j'allais perdre cet être moral qui remplissait depuis si longtemps mon âme, il me prenait envie de réaliser tous mes rêves et d'essayer de la vie positive, sauf à détester ensuite et la vie, et Lélio, et moi-même.

J'en étais à ces irrésolutions, lorsque je reçus une lettre d'une écriture inconnue ; c'est la seule lettre d'amour que j'aie conservée parmi les mille protestations écrites de Larrieux et les mille déclarations parfumées de cent autres. C'est qu'en effet c'est la seule lettre d'amour que j'aie reçue. »

La marquise s'interrompit, se leva, alla ouvrir d'une main assurée un coffre de marqueterie, et en tira une lettre bien froissée, bien amincie, que je lus avec peine.

« MADAME,

« Je suis moralement sûr que cette lettre ne vous inspi-
« rera que du mépris ; vous ne la trouverez même pas
« digne de votre colère. Mais qu'importe à l'homme qui
« tombe dans un abîme une pierre de plus ou de moins
« dans le fond ? Vous me considérerez comme un fou, et
« vous ne vous tromperez pas. Eh bien ! vous me plain-
« drez peut-être en secret, car vous ne pourrez pas douter
« de ma sincérité. Quelque humble que la piété vous ait
« faite, vous comprendrez peut-être l'étendue de mon
« désespoir ; vous devez savoir déjà, Madame, ce que vos
« yeux peuvent faire de mal et de bien.

« Eh bien ! dis-je, si j'obtiens de vous une seule pensée
« de compassion , si ce soir, à l'heure avidement appelée
« où chaque soir je recommence à vivre, j'aperçois sur
« vos traits une légère expression de pitié, je partirai
« moins malheureux ; j'emporterai de France un souvenir
« qui me donnera peut-être la force de vivre ailleurs et d'y
« poursuivre mon ingrate et pénible carrière.

« Mais vous devez le savoir déjà, Madame : il est im-
« possible que mon trouble, mon emportement , mes cris
« de colère et de désespoir ne m'aient pas trahi vingt fois
« sur la scène. Vous n'avez pas pu allumer tous ces feux
« sans avoir un peu la conscience de ce que vous faisiez.
« Ah! vous avez peut-être joué comme le tigre avec sa
« proie, vous vous êtes fait un amusement peut-être de
« mes tourments et de mes folies.

« Oh ! non : c'est trop de présomption. Non , Madame,
« je ne le crois pas; vous n'y avez jamais songé. Vous êtes
« sensible aux vers du grand Corneille, vous vous identi-
« fiez avec les nobles passions de la tragédie : voilà tout.
« Et moi , insensé, j'ai osé croire que ma voix seule éveil-
« lait quelquefois vos sympathies, que mon cœur avait
« un écho dans le vôtre, qu'il y avait entre vous et moi
« quelque chose de plus qu'entre moi et le public. Oh !
« c'était une insigne, mais bien douce folie ! Laissez-la-
« moi , Madame; que vous importe? Craindriez-vous que
« j'allasse m'en vanter? De quel droit pourrais-je le faire,
« et quel titre aurais-je pour être cru sur ma parole? Je
« ne ferais que me livrer à la risée des gens sensés. Lais-
« sez-la-moi , vous dis-je, cette conviction que j'accueille
« en tremblant et qui m'a donné plus de bonheur à elle
« seule que la sévérité du public envers moi ne m'a donné
« de chagrin. Laissez-moi vous bénir, vous remercier à
« genoux de cette sensibilité que j'ai découverte dans
« votre âme et que nulle autre âme ne m'a accordée, de
« ces larmes que je vous ai vue verser sur mes malheurs
« de théâtre, et qui ont souvent porté mes inspirations
« jusqu'au délire ; de ces regards timides qui , je l'ai cru
« du moins, cherchaient à me consoler des froideurs de
« mon auditoire.

« Oh ! pourquoi êtes-vous née dans l'éclat et dans le
« faste ! pourquoi ne suis-je qu'un pauvre artiste sans
« gloire et sans nom ! Que n'ai-je la faveur du public et la
« richesse d'un financier à troquer contre un nom , contre
« un de ces titres que jusqu'ici j'ai dédaignés, et qui me
« permettraient peut-être d'aspirer à vous ! Autrefois je
« préférais la distinction du talent à toute autre; je me de-
« mandais à quoi bon être chevalier ou marquis, si ce n'est
« pour être sot, fat et impertinent ; je haïssais l'orgueil
« des grands, et je me croyais assez vengé de leurs dé-
« dains si je m'élevais au-dessus d'eux par mon génie.

« Chimères et déceptions ! mes forces ont trahi mon
« ambition insensée. Je suis resté obscur ; j'ai fait pis, j'ai
« frisé le succès, et je l'ai laissé échapper. Je croyais me
« sentir grand , et on m'a jeté dans la poussière; je
« m'imaginais toucher au sublime, on m'a condamné au
« ridicule. La destinée m'a pris avec mes rêves déme-
« surés et mon âme audacieuse , et elle m'a brisé comme
« un roseau! Je suis un homme bien malheureux !

« Mais la plus grande de mes folies, c'est d'avoir jeté
« mes regards au delà de cette rampe de quinquets qui
« trace une ligne invincible entre moi et le reste de la so-
« ciété. C'est pour moi le cercle de Popilius. J'ai voulu le
« franchir ! J'ai osé avoir des yeux, moi comédien, et les
« arrêter sur une belle femme ! sur une femme si jeune,
« si noble, si aimante et placée si haut ! car vous êtes tout
« cela, Madame, je le sais. Le monde vous accuse de froi-
« deur et de dévotion outrée, moi seul je vous juge et je
« vous connais. Un seul de vos sourires, une seule de vos
« larmes, ont suffi pour démentir les fables stupides qu'un
« chevalier de Brétilac m'a débitées contre vous.

« Mais quelle destinée est donc aussi la vôtre! Quelle
« étrange fatalité pèse donc sur vous comme sur moi pour
« qu'au sein d'un monde si brillant et si gai se soit si éclairé,
« vous n'ayez trouvé pour vous rendre justice que le cœur
« d'un pauvre comédien? Eh bien ! rien ne m'ôtera cette
« pensée triste et consolante; c'est que, si nous étions nés
« sur le même échelon de la société, vous n'auriez pas pu

« m'échapper, quels qu'eussent été mes rivaux, quelle que
« soit ma médiocrité. Il aurait fallu vous rendre à une vé-
« rité, c'est qu'il y a en moi quelque chose de plus grand
« que leurs fortunes et leurs titres, la puissance de vous
« aimer.                                        « LÉLIO. »

Cette lettre, continua la marquise, étrange pour le
temps où elle fut écrite, me sembla, malgré quelques souvenirs de déclamation racinienne qui percent dans le
commencement, tellement forte et vraie, j'y trouvai un
sentiment de passion si neuf et si hardi, que j'en fus bouleversée. Le reste de fierté qui combattait en moi s'évanouit. J'eusse donné tous mes jours pour une heure d'un
pareil amour.

Je ne vous raconterai pas mes anxiétés, mes fantaisies,
mes terreurs; moi-même je ne pourrais en retrouver le
fil et la liaison. Je répondis quelques mots que voici , autant que je me les rappelle :

« Je ne vous accuse pas, Lélio, j'accuse la destinée ; je
« ne vous plains pas seul, je me plains aussi. Pour au-
« cune raison d'orgueil, de prudence ou de pruderie , je
« ne voudrais vous retirer la consolation de vous croire
« distingué de moi. Gardez-la , parce que c'est la seule
« que j'aie à vous offrir. Je ne puis jamais consentir à
« vous voir. »

Le lendemain je reçus un billet que je lus à la hâte, et
que j'eus à peine le temps de jeter au feu pour le dérober
à Larrieux, qui me surprit occupée à le lire. Il était à peu
près conçu en ces termes :

« Madame , il faut que je vous parle ou que je meure.
« Une fois, une seule fois, une heure seulement , si vous
« voulez. Que craignez-vous donc d'une entrevue, puis-
« que vous vous fiez à mon honneur et à ma discrétion?
« Madame, je sais qui vous êtes; je connais l'austérité de
« vos mœurs, je connais votre piété, je connais même vos
« sentiments pour le vicomte de Larrieux. Je n'ai pas la
« sottise d'espérer de vous autre chose qu'une parole de
« pitié ; mais il faut qu'elle tombe de vos lèvres sur moi.
« Il faut que mon cœur la recueille et l'emporte, où il faut
« que mon cœur se brise.              « LÉLIO. »

Je dirai pour ma gloire, car toute noble et courageuse
confiance est glorieuse dans le danger, que je n'eus pas
un instant la crainte d'être raillée par un impudent libertin. Je crus religieusement à l'humble sincérité de Lélio.
D'ailleurs j'étais payée pour avoir confiance en ma force;
je résolus de le voir. J'avais complètement oublié sa figure
flétrie, son mauvais ton , son air commun ; je ne connaissais plus de lui que le prestige de son génie, son style et
son amour. Je lui répondis :

« Je vous verrai ; trouvez un lieu sûr ; mais n'espérez
« de moi que ce que vous demandez. J'ai foi en vous
« comme en Dieu. Si vous cherchiez à en abuser, vous
« seriez un misérable, et je ne vous craindrais pas. »

RÉPONSE. « Votre confiance vous sauverait du dernier
« des scélérats. Vous verrez, Madame, que Lélio n'en est
« pas indigne. Le duc de *** a eu la bonté de me proposer
« souvent sa maison de la rue de Valois; qu'en aurais-je
« fait? Il y a trois ans qu'il n'existe plus pour moi qu'une
« femme sous le ciel. Daignez être au rendez-vous au
« sortir de la comédie. »
Suivaient les indications de lieu.

Je reçus ce billet à quatre heures. Toute cette négociation s'était passée dans l'espace d'un jour. J'avais employé
cette journée à parcourir mes appartements comme une
personne privée de raison ; j'avais la fièvre. Cette rapidité
d'événements et de décisions, contraires à cinq ans de résolutions, m'emportait comme un rêve ; et quand j'eus
pris le dernier parti, quand je vis que je m'étais engagée
et qu'il n'était plus temps de reculer, je tombai accablée
sur mon ottomane, ne respirant plus et voyant ma chambre
tourner sous mes pieds.

Je fus sérieusement incommodée ; il fallut envoyer chercher un chirurgien qui me saigna. Je défendis à mes gens de dire un mot à qui que ce fût de mon indisposition ; je craignais les importunités des donneurs de conseils, et je ne voulais pas qu'on m'empêchât de sortir le soir. En attendant l'heure, je me jetai sur mon lit et je défendis ma porte même à M. de Larrieux.

La saignée m'avait physiquement soulagée en m'affaiblissant. Je tombai dans un grand accablement d'esprit ; toutes mes illusions s'envolèrent avec l'excitation de la fièvre. Je retrouvai la raison et la mémoire ; je me rappelai la terrible déception du café, la misérable allure de Lélio ; je m'apprêtai à rougir de ma folie, à tomber du faîte de mes chimères dans une plate et ignoble réalité. Je ne pouvais plus comprendre comment je m'étais décidée à troquer cette héroïque et romanesque tendresse contre le dégoût qui m'attendait et la honte qui empoisonnerait tous mes souvenirs. J'eus alors un mortel regret de ce que j'avais fait ; je pleurai mes enchantements, ma vie d'amour, et l'avenir de satisfaction pure et intime que j'allais renverser. Je pleurai surtout Lélio, qu'en le voyant j'allais perdre à jamais, que j'avais eu tant de bonheur à aimer pendant cinq ans, et que je ne pourrais plus aimer dans quelques heures.

Dans mon chagrin je me tordis les bras avec force ; ma saignée se rouvrit, le sang coula avec abondance ; je n'eus que le temps de sonner ma femme de chambre qui me trouva évanouie dans mon lit. Un profond et lourd sommeil, contre lequel je luttai vainement, s'empara de moi. Je ne rêvai point, je ne souffris point, je fus comme morte pendant quelques heures. Quand j'ouvris les yeux ma chambre était sombre, mon hôtel silencieux ; ma suivante dormait sur une chaise au pied de mon lit. Je restai quelque temps dans un état d'engourdissement et de faiblesse qui ne me permettait pas un souvenir, pas une pensée. Tout d'un coup ma mémoire me revient ; je me demande si l'heure et le jour du rendez-vous sont passés, si j'ai dormi une heure ou un siècle, s'il fait jour ou nuit, si mon manque de parole n'a pas tué Lélio, s'il est temps encore. J'essaie de me lever, mes forces s'y refusent ; je lutte quelques instants comme dans le cauchemar. Enfin je rassemble toute ma volonté, je l'appelle au secours de mes membres accablés. Je m'élance sur le parquet ; j'entr'ouvre mes rideaux ; je vois briller la lune sur les arbres de mon jardin ; je cours à la pendule, elle marque dix heures. Je saute sur ma femme de chambre, je la secoue, je l'éveille en sursaut : « Quinette, quel jour sommes-nous ? » Elle quitte sa chaise en criant et veut fuir, car elle me croit dans le délire ; je la retiens, je la rassure ; j'apprends que j'ai dormi trois heures seulement. Je remercie Dieu. Je demande un fiacre ; Quinette me regarde avec stupeur. Enfin elle se convainc que j'ai toute ma tête ; elle me transmet mon ordre et s'apprête à m'habiller.

Je me fis donner le plus simple et le plus chaste de mes habits ; je ne plaçai dans mes cheveux aucun ornement ; je refusai de mettre du rouge. Je voulais avant tout inspirer à Lélio l'estime et le respect, qui m'étaient plus précieux que son amour. Cependant j'eus un sentiment de plaisir lorsque Quinette, étonnée de tout ce qui me passait par l'esprit, me dit, en me regardant de la tête aux pieds : « En vérité, Madame, je ne sais pas comment vous faites ; vous n'avez qu'une simple robe blanche sans queue et sans panier ; vous êtes malade et pâle comme la mort ; vous n'avez pas seulement voulu mettre une mouche ; eh bien ! je veux mourir si je vous ai jamais vue aussi belle que ce soir. Je plains les hommes qui vous regarderont !

— Tu me crois donc bien sage, ma pauvre Quinette ?

— Hélas ! madame la marquise, je demande tous les jour au ciel de le devenir comme vous ; mais jusqu'ici...

— Allons, ingénue, donne-moi mon mantelet et mon manchon.

A minuit j'étais à la maison de la rue de Valois. J'étais soigneusement voilée. Une espèce de valet de chambre vint me recevoir ; c'était le seul hôte visible de cette mystérieuse demeure. Il me conduisit à travers les détours d'un sombre jardin jusqu'à un pavillon enseveli dans l'ombre et le silence. Après avoir déposé dans le vestibule sa lanterne de soie verte, il m'ouvrit la porte d'un appartement obscur et profond, me montra d'un geste respectueux et d'un air impassible le rayon de lumière qui arrivait du fond de l'enfilade, et me dit à voix basse, comme s'il eût craint d'éveiller les échos endormis : « Madame est seule, personne n'est encore arrivé. Madame trouvera dans le salon d'été une sonnette à laquelle je repondrai si elle a besoin de quelque chose. » Et il disparut comme par enchantement, en refermant la porte sur moi.

Il me prit une peur horrible ; je craignis d'être tombée dans un guet-apens. Je le rappelai. Il parut aussitôt ; son air solennellement bête me rassura. Je lui demandai quelle heure il était ; je le savais fort bien : j'avais fait sonner plus de dix fois ma montre dans la voiture. « Il est minuit, répondit-il sans lever les yeux sur moi. » Je vis que c'était un homme parfaitement instruit des devoirs de sa charge. Je me décidai à pénétrer jusqu'au salon d'été, et je me convainquis de l'injustice de mes craintes en voyant toutes les portes qui donnaient sur le jardin fermées seulement par des portières de soie peinte à l'orientale. Rien n'était délicieux comme ce boudoir, qui n'était, à vrai dire, qu'un salon de musique, le plus honnête du monde. Les murs étaient de stuc blanc comme la neige, les cadres des glaces en argent mat ; des instruments de musique, d'une richesse extraordinaire, étaient épars sur des meubles de velours blanc à glands de perles. Toute la lumière arrivait du haut, mais cachée par des feuilles d'albâtre, qui formaient comme un plafond à la rotonde. On aurait pu prendre cette clarté mate et douce pour celle de la lune. J'examinai avec curiosité, avec intérêt, cette retraite, à laquelle mes souvenirs ne pouvaient rien comparer. C'était et ce fut la seule fois de ma vie que je mis le pied dans une petite maison ; mais soit que ce ne fût pas la pièce destinée à servir de temple aux galants mystères qui s'y célébraient, soit que Lélio en eût fait disparaître tout objet qui eût pu blesser ma vue et me faire souffrir de ma situation, ce lieu ne justifiait aucune des répugnances que j'avais senties en y entrant. Une seule statue de marbre blanc en décorait le milieu ; elle était antique, et représentait Isis voilée, avec un doigt sur ses lèvres. Les glaces qui nous réflétaient, elle et moi, pâles et vêtues de blanc, et chastement drapées toutes deux, me faisaient illusion au point qu'il me fallait remuer pour distinguer sa forme de la mienne.

Tout d'un coup ce silence morne, effrayant et délicieux à la fois, fut interrompu ; la porte du fond s'ouvrit et se referma ; des pas légers firent doucement craquer les parquets. Je tombai sur un fauteuil, plus morte que vive ; j'allais voir Lélio de près, hors du théâtre. Je fermai les yeux, et je lui dis intérieurement adieu avant de les rouvrir.

Mais quelle fut ma surprise ! Lélio était beau comme les anges ; il n'avait pas pris le temps d'ôter son costume de théâtre ; c'était le plus élégant que je lui eusse vu. Sa taille, mince et souple, était serrée dans un pourpoint espagnol de satin blanc. Ses nœuds d'épaule et de jarretière étaient en ruban rouge-cerise ; un court manteau, de même couleur, était jeté sur son épaule. Il avait une énorme fraise de point d'Angleterre, les cheveux courts et sans poudre ; une toque ombragée de plumes blanches se balançait sur son front, où brillait une rosace de diamants. C'était ce costume qu'il venait de jouer le rôle de don Juan du Festin de Pierre. Jamais je ne l'avais vu aussi beau, aussi jeune, aussi poétique, que dans ce moment. Vélasquez se fût prosterné devant un tel modèle.

Il se mit à mes genoux. Je ne pus m'empêcher de lui tendre la main. Il avait l'air si craintif et si soumis ! Un homme épris au point d'être timide devant une femme, c'était si rare dans le temps-là et un homme de trente-cinq ans, un comédien !

N'importe : il me sembla, il me semble encore qu'il était dans toute la fraîcheur de l'adolescence. Sous ces blancs habits, il ressemblait à un jeune page ; son front avait toute la pureté, son cœur agité toute l'ardeur d'un premier amour. Il prit mes mains et les couvrit de baisers dévorants. Alors je devins folle ; j'attirai sa tête sur mes genoux ; je caressai son front brûlant, ses cheveux rudes et noirs, son cou brun, qui se perdait dans la molle blancheur de sa collerette, et Lélio ne s'enhardit point. Tous ses transports se concentrèrent dans son cœur ; il se mit à pleurer comme une femme. Je fus inondée de ses sanglots.

Oh ! je vous avoue que j'y mêlai les miens avec délices. Je le forçai de relever sa tête et de me regarder. Qu'il était beau, grand Dieu ! Que ses yeux avaient d'éclat et de tendresse ! Que son âme vraie et chaleureuse prêtait de charmes aux défauts même de sa figure et aux outrages des veilles et des années ! Oh ! la puissance de l'âme ! qui n'a pas compris ses miracles n'a jamais aimé ! En voyant des rides prématurées à son beau front, de la langueur à son sourire, de la pâleur à ses lèvres, j'étais attendrie ; j'avais besoin de pleurer sur les chagrins, les dégoûts et les travaux de sa vie. Je m'identifiais à toutes ses peines, même à celles de son long amour sans espoir pour moi, et je n'avais plus qu'une volonté, celle de réparer le mal qu'il avait souffert.

« Mon cher Lélio, mon grand Rodrigue, mon beau don Juan ! lui disais-je dans mon égarement. » Ses regards me brûlaient. Il me parla, il me raconta toutes les phases, tous les progrès de son amour ; il me dit comment, d'un histrion aux mœurs relâchées, j'avais fait de lui un homme adroit et vivace, comme je l'avais élevé à ses propres yeux, comme je lui avais rendu le courage et les illusions de la jeunesse ; il me dit son respect, sa vénération pour moi, son mépris pour les sottes forfanteries de l'amour à la mode ; il me dit qu'il me donnerait tous les jours qui lui restaient à vivre pour une heure passée dans mes bras, mais qu'il sacrifierait cette heure-là et tous les jours à la crainte de m'offenser. Jamais éloquence plus pénétrante n'entraîna le cœur d'une femme ; jamais le tendre Racine ne fit parler l'amour avec cette conviction, cette poésie et cette force. Tout ce que la passion peut inspirer de délicat et de grave, de suave et d'impétueux, ses paroles, sa voix, ses yeux, ses caresses et sa soumission me l'apprirent. Hélas ! s'abusait-il lui-même ? jouait-il la comédie ?

— Je ne le crois certainement pas, » m'écriai-je en regardant la marquise. Elle semblait rajeunir en parlant et dépouiller ses cent ans, comme la fée Urgèle. Je ne sais qui a dit que le cœur d'une femme n'a point de rides.

« Écoutez la fin, me dit-elle. Brûlée, égarée, perdue par tout ce qu'il me disait, je jetai mes deux bras autour de lui, je frissonnai en touchant le satin de son habit, en respirant le parfum de ses cheveux. Ma tête s'égara. Tout ce que j'ignorais, tout ce que je croyais être incapable de ressentir, se révéla à moi ; mais ce fut trop violent, je m'évanouis.

Il me rappela à moi-même par de prompt secours. Je le trouvai à mes pieds, plus timide, plus ému que jamais. « Ayez pitié de moi, me dit-il ; tuez-moi, chassez-moi... » Il était plus pâle et plus mourant que moi.

Mais toutes ces révolutions nerveuses que j'avais éprouvées dans le cours d'une si orageuse journée me faisaient rapidement passer d'une disposition à une autre. Ce rapide éclair d'une nouvelle existence avait pâli ; mon sang était redevenu calme, et les délicatesses du véritable amour reprirent le dessus.

« Écoutez, Lélio, lui dis-je, ce n'est point le mépris qui m'arrache à vos transports. Il se peut faire que j'aie toutes les susceptibilités qu'on nous inculque dès l'enfance, et qui deviennent pour nous comme une seconde nature ; mais ce n'est pas ici que je pourrais m'en souvenir ; puis-

que ma nature elle-même vient d'être transformée en une autre qui m'était inconnue. Si vous m'aimez, aidez-moi à vous résister. Laissez-moi emporter d'ici la satisfaction délicieuse de ne vous avoir aimé qu'avec le cœur. Peut-être, si je n'avais appartenu à personne, me donnerais-je à vous avec joie ; mais sachez que Larrieux m'a profanée ; sachez qu'entraînée par l'horrible nécessité de faire comme tout le monde, j'ai subi les caresses d'un homme que je n'ai jamais aimé ; sachez que le dégoût que j'en ai ressenti a éteint chez moi l'imagination au point que je vous haïrais peut-être à présent si j'avais succombé tout à l'heure. Ah ! ne faisons point ce terrible essai ; restez pur dans mon cœur et dans ma mémoire. Séparons-nous pour jamais, et emportons d'ici tout un avenir de pensées riantes et de souvenirs adorés. Je jure, Lélio, que je vous aimerai jusqu'à la mort. Je sens que les glaces de l'âge n'éteindront pas cette flamme ardente. Je jure aussi de n'être jamais à un autre homme après vous avoir résisté. Cet effort ne me sera pas difficile, et vous pouvez m'en croire. »

Lélio se prosterna devant moi ; il ne m'implora point, il ne me fit point de reproches ; il me dit qu'il n'avait pas espéré tout le bonheur que je lui avais donné, et qu'il n'avait pas le droit d'en exiger davantage. Cependant, en recevant ses adieux, son abattement et l'émotion de sa voix m'effrayèrent. Je lui demandai s'il ne penserait pas à moi avec bonheur, si les extases de cette nuit ne répandraient pas leurs charmes sur tous ses jours, si ses peines passées et futures n'en seraient pas adoucies chaque fois qu'il l'invoquerait. Il se ranima pour jurer et promettre tout ce que je voulus. Il tomba de nouveau à mes pieds, et baisa ma robe avec emportement. Je sentis que je chancelais ; je lui fis un signe, et il s'éloigna. La voiture que j'avais fait demander arriva. L'intendant automate de ce séjour clandestin frappa trois coups en dehors pour m'avertir. Lélio se jeta devant la porte avec désespoir ; il avait l'air d'un spectre. Je le repoussai doucement, et il céda. Alors je franchis la porte, et, comme il voulait me suivre, je lui montrai une chaise au milieu du salon, audessous de la statue d'Isis. Il s'y assit. Un sourire passionné erra sur ses lèvres, ses yeux firent jaillir un dernier éclair de reconnaissance et d'amour. Il était encore beau, encore jeune, encore grand d'Espagne. Au bout de quelques pas, et au moment de le perdre pour jamais, je me retournai et jetai sur lui un dernier regard. Le désespoir l'avait brisé. Il était redevenu vieux, décomposé, effrayant. Son corps semblait paralysé. Sa lèvre contractée essayait un sourire égaré. Son œil était vitreux et terne : ce n'était plus que Lélio, l'ombre d'un amant et d'un prince. »

La marquise fit une pause ; puis, avec un sourire sombre et en se décomposant elle-même comme une ruine qui s'écroule, elle reprit : « Depuis ce moment je n'ai pas entendu parler de lui. »

La marquise fit une nouvelle pause plus longue que la première ; mais avec cette terrible force d'âme que donnent l'effet des longues années, l'amour obstiné du vice ou l'espoir prochain de la mort, elle redevint gaie et me dit en souriant : « Eh bien ! croirez-vous désormais à la vertu du dix-huitième siècle ?

— Madame, lui répondis-je, je n'ai point envie d'en douter ; cependant, si j'étais moins attendri, je vous dirais peut-être que vous fûtes très-bien avisée de vous faire saigner ce jour-là.

— Misérables hommes ! dit la marquise, vous ne comprenez rien à l'histoire du cœur. »

GEORGE SAND.

FIN DE LA MARQUISE.

PARIS. IMPRESSIONS ALBERT BORNET ET MONTIGNY AÎNÉ, 10, RUE JACQUES DE BROSSE.

www.ingramcontent.com/pod-product-compliance
Lightning Source LLC
Chambersburg PA
CBHW060642100426
42744CB00008B/1725